The Theory of
Learning in Games

当 代 世 界 学 术 名 著

博弈学习理论

[美] 朱·弗登伯格（Drew Fudenberg） /著
戴维·K·莱文（David K. Levine）

肖争艳　侯成琪/译
陈彦斌/校

中国人民大学出版社
· 北京 ·

"当代世界学术名著"
出版说明

中华民族历来有海纳百川的宽阔胸怀，她在创造灿烂文明的同时，不断吸纳整个人类文明的精华，滋养、壮大和发展自己。当前，全球化使得人类文明之间的相互交流和影响进一步加强，互动效应更为明显。以世界眼光和开放的视野，引介世界各国的优秀哲学社会科学的前沿成果，服务于我国的社会主义现代化建设，服务于我国的科教兴国战略，是新中国出版工作的优良传统，也是中国当代出版工作者的重要使命。

中国人民大学出版社历来注重对国外哲学社会科学成果的译介工作，所出版的"经济科学译丛"、"工商管理经典译丛"等系列译丛受到社会广泛欢迎。这些译丛侧重于西方经典性教材；同时，我们又推出了这套"当代世界学术名著"系列，旨在迻译国外当代学术名著。所谓"当代"，一般指近几十年发表的著作；所谓"名著"，是指这些著作在该领域产生巨大影响并被各类文献反复引用，成为研究者的必读著作。我们希望经过不断的筛选和积累，使这套丛书成为当代的"汉译世界学术名著丛书"，成为读书人的精神殿堂。

由于本套丛书所选著作距今时日较短，未经历史的充分淘洗，加之判断标准见仁见智，以及选择视野的局限，这项工作肯定难以尽如人意。我们期待着海内外学界积极参与推荐，并对我们的工作提出宝贵的意见和建议。我们深信，经过学界同仁和出版者的共同努力，这套丛书必将日臻完善。

中国人民大学出版社

致　谢

为了使这本书成为一本合适的关于博弈学习理论的著作，在写作过程中我们向我们的同事学习了很多知识，因此我们要对很多人表示感谢。在准备阶段，埃迪·德科尔（Eddie Dekel）和格伦·埃利森（Glenn Ellison）对如何理解和组织本书试图考察的数量众多且不断增多的文献提出了有用的建议。稍后一段时间，当我们意识到我们对进化博弈理论知之甚少时，肯·宾默尔（Ken Binmore）和约瑟夫·霍夫波尔（Josef Hofbauer）在回答我们的疑问以及对我们应该考虑的文献提出建议方

· 1 ·

面提供了非常有益的帮助。在博弈学习理论方面，我们还从约瑟夫·霍夫波尔的经典著作《进化理论和动力系统》（*The Theory of Evolution and Dynamical Systems*）[1]和尤根·威布尔（Jörgen Weibull）的经典著作《进化博弈理论》（*Evolution Game Theory*）[2]中学习了许多知识。很明显，在本书第四章、第六章和第七章讨论的工作主要归功于戴维·克雷普斯（David Kreps）；我们希望对多年来在博弈学习理论，主要是在博弈理论的研究中进行的引人入胜的讨论和富有成效的合作的人表示特殊的感谢。迪安·福斯特（Dean Foster）和Rakesh Vohra 给我们介绍了计算机科学方面的文献，我们在第八章参考了其中的许多文献。

在本书的第一稿完成之后，我们有幸从许多读者的评论和建议中获益。肯·宾默尔，丹尼尔·本杰明（Daniel Benjamin），格伦·埃利森，丹·弗里德曼（Dan Friedman），森蒂尔·穆林奈坦（Sendhil Mullinaithan）和几个匿名审稿人对从第一章到第五章的论述提出了许多改进意见。德夫·蒙德若（Dov Monderer）发现了第二章的初期草稿中的一些错误。约瑟夫·霍夫波尔，克劳斯·尼兹伯格（Klaus Nitzberger），拉里·萨缪尔森（Larry Samuelson）和卡尔·施拉格（Karl Schlag）发现了第三章中的错误；拉里还给我们发送了一份关于第三章以及整本书的详细的评论。米歇尔·贝纳姆（Michel Benaim），格伦·埃利森，乔治·迈拉斯（George Mailath）和佩顿·杨（Peyton Young）帮助我们更正了第五章中的错误。迈西萨·俄雷（Mathisa Erlei）发现了一些错误并提出了阐述上的改进意见，特别是对第七章。李特·亚里弗（Leat Yarriv）非常仔细地阅读了第八章，她的建议使我们进行了许多改进和更正。对刺激－反应模型和试验证据的讨论得益于与肯·宾默尔，蒂尔曼·博格斯（Tilman Börgers），阿尔·罗思（Al Roth），拉里·萨缪尔森和约翰·范·哈伊克（John Van Huyck）的大量交谈和通信，以及与加里·鲍尔顿（Gary Bolton）和 Ido Er'ev 的通信。我们还希望对斯蒂凡诺·第拉瑞格纳

（Stefano Dellarigna）的仔细校对表示感谢。

　　我们感谢麻省理工学院（MIT）出版社出版和发行这本书；特别是对 Dana Andrus 的认真的编辑排版和 Terry Vaughn 的鼓励表示感谢。我们感谢加利福尼亚大学洛杉矶分校学术评议会（UCLA Academic Senate）和美国国家科学基金会（National Science Foundation）的资助（SBR-93-20695 和 SBR-94-24013）。特别地，我们对我们的妻子在我们为了对某一章进行临时修改而牺牲与家人共度时光的那些晚上所表现出的容忍和支持表示感谢。

【注释】

[1] 英译本于 1988 年由剑桥大学出版社出版。

[2] MIT 出版社，1995。

To our wives,

Geneen O'Brien and Joyce Davidson,

who have taught us much

献给我们的妻子，

吉宁·奥布赖恩和乔伊斯·戴维森，

她们教会了我们很多东西

目　录

第 1 章 引 论

1.1 前 言

这本书研究博弈学习理论。绝大多数 *1* 的非合作博弈理论（noncooperative game theory）集中研究博弈中的均衡问题，尤其是纳什均衡（Nash equilibrium）及其精炼，比如精炼纳什均衡。这就引发了一个问题：什么时候以及为什么我们可以预期在一个博弈中观察到的行动与这些均衡中的一个相对应？对均衡的传统解释是，均衡是在博弈的规则、参与人的理性以及参与人的支付函数都是共同知识的情况下，由参与人的分析和自省所得出的结果。不论是在概念上还是在实证上，这些理论都存在许多问题。[1]

本书对均衡提出了另一种解释：均衡是并非完全理性的参与人随着时间的推移寻求最优化这一过程的长期结果。我们将要讨论的学习模型（learning model）为均衡提供了理论基础。这并不是说学习模型将为文献中的所有均衡概念提供理论基础，也不主张在任何情况下都使用纳什均衡；实际上，在某些情况下，大多数学习模型并不会带来比非常弱的理性化概念（notion of rationalizability）更强的均衡概念。然而，学习模型能够为评价和改进传统的均衡概念提供有用的方法。学习模型会产生纳什均衡的精炼，例如，考虑学习过程的长期随机特性会使得风险占优均衡在某些博弈中出现。学习模型也会产生比纳什均衡更弱的对长期行为的描述，例如，考虑到在扩展式博弈中参与人无法观察到对手将怎样对不会发生的事件做出反应。学习模型认为，并非纳什均衡的自确认均衡（self-confirming equilibria）可能在某些博弈中作为长期行为被观察到。

我们应该承认，我们所分析的学习过程不一定收敛（converge），而且即使它们收敛，在某些情况下收敛也需要很长的时间。文献的一个分支利用这些事实来说明博弈很难达到均衡，尤其在短期内。基于如下原因，我们对这些非均衡的讨论不予重视。首先，我们知道在一些有趣的经济环境中，绝大多数参与人似乎对预期未来有很好的主意，这或许是因为我们观察到的社会协议和社会规范（social arrangements and social norms）反映了几千年来从前人的经验中学习的过程。其次，虽然在一些时间内社会规范的突然变化导致它们失效，例如从管制经济到市场经济的转变，但迄今为止，已开发出的动态学习模型似乎不能对在这种环境中发生的中期行为提供更多的解释。[2]再次，学习理论很少讨论高度依赖于学习过程的细节和先验信念的短期预测；而对于这一指定的模型而言，长期预测通常更稳健。

最后，从实证的观点看，我们很难随着调整路径收集充分的数据以检验对短期波动的预测。由于这一原因，我们将集中研究我们所要研究的模型的长期性质。然而，学习理论会对中期的收敛速度和行为进行一些预测，我们也将针对这些问题进行讨论。

即使给定长期分析的限制条件，一个相对重要的问题是：在什么情况下行为收敛，在什么情况下行为不收敛。我们强调收敛的结果，部分原因是收敛的结果更明显，同时也因为我们认为在这些情况下的参与人行为极可能是对参与人将如何行动的一个好的描述。我们认为，现在所研究的学习模型不能完全正确地描述参与人识别其他参与人行为模式的能力。结果，当学习模型不收敛时，模型中的参与人的行为显得很幼稚（naive）。例如，参与人可能忽视如下事实：模型被锁定在一个持久的循环（persistent cycle）中。我们怀疑，如果循环持续的时间足够长，参与人将最终使用更老练的推理规则以发现循环。因此，我们不相信学习中的循环模型是对实际行动的有用描述。然而，这并不能为我们将主要精力放在收敛的结果上这一做法辩护：正如我们将在第 8 章中讨论的那样，更老练的行为可能仅仅导致更加复杂的循环。

我们发现，区分两个相关但不同类的模型是有用的，这两类模型都被用来对参与人在博弈中所使用战略的改变过程进行建模。在我们的术语中，"学习模型"（learning model）用来说明个体参与人使用的学习规则，并在博弈重复进行时检验它们之间的相互作用。特别地，当贝叶斯学习（Bayesian learning）确实是一种学习形式时（我们将讨论这种学习形式），学习模型并不复杂，比如说由布什（Bush）和莫斯特勒（Mosteller）在 19 世纪 50 年代率先研究，最近主要由经济学家们研究的刺激—反应模型。[3]我们倾向于赞成那些假设参与人不一定完全理性但有点老练的学习模型，这一点在本书的论述过程中变得清晰起来。我们将经常批评那些假设参与人的幼稚程度超出我们认为是合理的范围的模型。

个体层次（individual-level）的模型在数学上很复杂，尤其是在具有大群参与人的模型中。结果，有大量的工作用来直接对人群总体（aggregate population）的行为做出假设。基本的假设是，在个体层次上未规划好的过程将导致作为一个整体的参与人群体采取可能改进其支付的战略。一般习惯称这些模型为"进化模型"（evolutionary），这可能是因为该过程的第一个例子来自进化生物学领域。然而，该术语可能有点误导作用，因为在经济学和社会科学领域中，人们对该过程感兴趣的主要原因，不是因为我们认为这些行为是由遗传学决定的，而是因为对个体代理人来说这个进化过程对应于似乎合理的学习规则的总体。例如，第3章讨论了从个体层次的特定学习模型中得到标准的模仿者动态（replicator dynamics）的一些文章。

进化模型通常允许变异（mutation）的可能，即在群体中重复的引入（不管是确定性的还是随机的）新战略。这些变异的原因没有直接模型化，但是正如我们将要看到的那样，变异与试验这一概念相关，而试验在个人学习规则的形成中起了重要作用。

1.2　大群体模型和匹配模型

本书研究学习理论，如果要发生学习，参与人必须重复进行相同或者相关的博弈才可能从中学到一些东西。迄今为止，大多数有关学习理论的文献集中研究重复进行的相同博弈，而不是更为复杂的问题，即两个博弈足够相似以至于一个博弈的结果对另外一个博弈有暗示作用。[4]我们也将避免讨论这个问题，尽管我们认为关于参与人在他们认为是相似的博弈中类推的假设是学习理论与真实世界相关的重要原因。

为了集中思考，我们从分析两人博弈（two-player games）开始。研究学习模型的一个自然起点是想像两个参与人重复进行两人博弈，并试图通过观察过去的行动学习预测另外一个参与人的未来行动。我们称之为固定参与人模型（fixed-player model）。然而，在这种情况下，参与人不仅应该考虑其对手在未来将如何行动，而且应该考虑他们当前的行动影响其对手未来行动的可能性。例如，参与人可能认为，如果他们是友好的，他们的对手也将采取友好的行动作为回报。或者他们会通过重复采取一个行动"教导"（teach）他们的对手对这一特定行动做出最优反应。

考虑图 1—1 中的博弈。在几乎所有的学习模型中，如果不考虑 5 重复行动，参与人 1 将采取行动 D。因为 D 是一种占优战略（dominant strategy），所以给定关于其对手的任何信念，D 都能够最大化参与人 1 的当前预期支付。如果参与人 2 最终了解到参与人 1 将采取行动 D，系统将收敛于 (D, L)。此时参与人 1 的支付是 2。但是如果参与人 1 有耐心（patient），并且知道给定参与人 2 对参与人 1 行动的预测，参与人 2 将"天真地"选择每一阶段的行动以最大化该阶段的支付，那么参与人 1 将通过总是采取行动 U 来改善自己的支付，因为这将导致参与人 2 采取行动 R。实质上，面对幼稚的对手，老练而且有耐心的参与人能够通过采取一个固定不变的行动为自己博得"声誉"（reputation），长期这样做将获得一个"斯塔克尔伯格领导者"（Stackelberg leader）的支付。

	L	R
U	1，0	3，2
D	2，1	4，0

图 1—1　参与人 1 希望"教导"正在采取行动 D 的参与人 2

通过直接或者间接地依赖于一个认为试图改变对手未来行动的动机小到可以忽略的模型，大多数学习理论都是从这种重复博弈中抽象出来的。这类模型中的一种就是假设参与人的选择被锁定而且折现因子（discount factors）与系统进行调整的最大速度相比很小。然而，这并非总是一个明智的假设。第二种模型认为考虑重复博弈微不足道，该模型假设有大量参与人彼此匿名地进行相互作用，而且具有与折现因子相比规模很大的参与人群体。

在群体中的参与人被配对进行博弈的条件下，我们能够嵌入一个特定的两人（或 N 人）博弈。根据参与人如何相遇和在每一回合结束时揭示什么信息，可以建立各种各样的模型。

单对模型（single-pair model）：在每个阶段，随机地选择一对参与人进行博弈。在每轮博弈结束时，向所有参与人揭示他们的行动。这里，如果群体很大，那么今天进行博弈的参与人很有可能在较长时间内不再参与博弈。如果与折现因子相比参与人群体的规模充分大，即使对于有耐心的参与人来说，为了影响其对手的未来行动而牺牲他们当前的收益也是不值得的。

总体统计模型（aggregate statistic model）：在每一阶段，所有参与人都被随机地匹配。在每轮博弈结束时，公布群体的总体博弈情况（population aggregates）。如果群体足够大，每个参与人对群体的总体博弈影响很小，从而对未来的行动也影响很小。参与人同样没有理由拒绝采取短视的（myopic）行动。

随机匹配模型（random-matching model）：在每一阶段，所有参与人都被随机地匹配。在每轮博弈结束时，每个参与人只能观察到自己对手的行动。一个参与人今天的行动方式将影响当前对手明天的行动方式，但是在很长时间内该参与人不太可能再次和其当前的对手或者和他当前对手相遇的任何其他参与人配对。如果参与人群体虽然有限但与参与人的折现因子相比较大，短视的行动将再次成为近似最优的行动。[5]这种处理方法在博弈试验中用得最频繁。

大群体模型为"天真"的行动提供了另一种解释；当然，这将以减少其在相关群体可能被认为很大的情形下的适用性为代价。[6]应该指出，实验者通常声明发现了"大"群体模型，其实这些群体只由 6 个那样少的参与人组成。弗里德曼（1996）对此进行了一些讨论。

从技术的观点来看，有两个常用的大群体模型：有限群体(finite populations) 模型和连续群体（continuum populations）模型。一般来说，连续群体模型更易处理。

建立模型时涉及的另一个重要的问题是，用来从中抽取参与人的群体怎样与每一阶段博弈中的"参与人角色"（player roles）数目相关。让我们区分在博弈中与一个特定的参与人角色相应的代理人和在某一个特定的匹配中担任该代理人角色的实际参与人。如果博弈是对称的，我们可以想像两个代理人从一个群体中抽取。这被称作同质群体模型（homogeneous population model）。相应的，我们可以假设两个代理人从两个不同的群体中选出。这种模型被称作非对称群体模型（asymmetric population）。在总体统计模型中，博弈的频率被公布而且人群是同质的。依赖于个体参与人是否足够聪明从而可以在对总体统计结果做出反应之前从总体统计结果中消除自己的行动，这可以形成两个模型。似乎没有任何理由认为他们不可能这样做。但是，在一个较大的群体中，这并没有什么区别。假设所有参与人对相同的统计结果进行反应通常是很容易处理的。

最后，在对称博弈中，除了同质群体和异质群体这两个极端的情况之外，还可以考虑两者的混合，如弗里德曼（Freedman，1991），在这种情况下每一个参与人有机会与来自不同群体的参与人配对，也有机会与来自相同群体的参与人配对。这提供了处于同质群体和不对称群体之间的可能性范围。

1.3 三个常用的学习和/或进化模型

在学习与进化理论中，有三个特定的动态调整过程最受关注。在虚拟行动（fictitious play）中，参与人仅观察到他们自己匹配的结果，并且对行动的历史频率做出最优反应。该模型频繁地在固定参与人

（因而是非对称群体）模型中进行分析。但是进行这种分析的动机是得到与大群体模型相同或相似的结果的信念（第 4 章将讨论在何种程度上该信念是正确的）。在部分最优反应动态（partial best-response dynamic）中，群体中固定部分的参与人每一阶段都将他们当前的行动转换为对前一阶段总体统计结果的最优反应。在此，代理人被假设具有计算最优反应所需的全部信息，因而，各种匹配模型之间的差异就不再重要，如下一节将要讨论的库诺特调整过程（Cournot adjustment process）。最后，在模仿者动态（replicator dynamic）中，使用每一种战略的参与人在群体中所占的比重以与该战略的当前支付成比例的速率增长，所以相对于前一时期总体统计结果而言具有最大效用的战略增长得最快，而具有最小效用的战略下降得最快。通常在大群体和随机匹配的环境中考虑这种动态，尽管我们将在第 4 章看到，在一个固定参与人模型中作为有限理性学习的结果能够得到一个类似的过程。

本书的第一部分将研究这三种动态，它们之间的联系以及它们在一次性同时行动博弈（one-shot simultaneous-move games）中的一些变化形式。我们将集中研究在各种博弈中系统的长期行为，尤其是系统是否收敛于纳什均衡，以及如果系统收敛于纳什均衡则将选择哪一个均衡。本书的第二部分在一般的扩展式博弈（extensive form games）中研究类似的问题。本书的最后一章将研究这些简单学习模型的更老练、更有远见的替代模型。

1.4 库诺特调整

为了给出本书考虑的分析方式的特点，我们现在以企业库诺特调整模型为例。该模型可能是博弈论中最古老、人们最熟悉的非均衡调整模型（nonequilibrium adjustment model）。尽管作为一种学习模型，库诺特过程有许多问题，但它可以用于说明那些在更复杂的模型中还会出现的大量问题和关心的事情。该模型没有大量的参与人，而且每一个企业角色只有一个"代理人"。事实上，正如下面所解释的那样，该模型隐含地依赖于"锁定"（lock-in）或者惯性（inertia）与急躁（impatience）的结合以解释为什么参与人不试图影响他们对手的未来行动。

考虑一个简单的两寡头垄断（duopoly），其参与人是企业，以 $i=1,2$ 表示。每一个参与人的战略就是选择要生产的某一同质商品的产量 $s^i \in (0, \infty)$。战略组合是由两个参与人的战略构成的向量，用 $s \in S$ 表示。s^{-i} 表示参与人 i 的对手的战略。$u^i(s^i, s^{-i})$ 为参与人 i 的效用（或收益），我们假设 $u^i(\cdot, s^{-i})$ 是严格凹的。$BR^i(s^{-i})$ 表示参与人 i 对一个战略的最优反应（在原文的公式中，对参与人 i 和除 i 外的参与人 $-i$ 的表示方法很不一致，有时用上标，有时用下标。为了表达上的一致，译文中统一用上标表示。——译者注），即

$$BR^i(s^{-i}) = \text{argmax}_{\tilde{s}^i} u^i(\tilde{s}^i, s^{-i})$$

（假设效用关于自己的行动严格凹意味着最优反应是惟一的。）

在库诺特调整模型中，时间期间 $t = 1, 2, \cdots$ 是离散的（discrete），有一个初始的状态组合 $\theta_0 \in S$。调整过程本身是通过假设每一阶段参与人选择一种相对于前一阶段是最优反应的纯战略（pure strategy）得到的。即在每个时期 t，参与人 i 选择纯战略 $s_t^i = BR^i(s_{t-1}^{-i})$。也就是说，库诺特过程是 $\theta_{t+1} = f^C(\theta_t)$，其中 $f^{Ci}(\theta_t) = BR^i(\theta_t^{-i})$。该过程的一个定态（steady state）是满足 $\hat{\theta} = f^C(\hat{\theta})$ 的状态 $\hat{\theta}$。一旦 $\theta_t = \hat{\theta}$，系统将永远保持在这个状态。

定态的一个重要特征是，由定态的定义，它满足 $\hat{\theta}^i = BR^i(\hat{\theta}^{-i})$，因此每一个定态都是一个纳什均衡。

1.5 库诺特动态分析[7]

我们通过画出与最优反应函数对应的反应曲线来分析具有两个参与人的库诺特过程的动态，如图1—2所示。该过程收敛于反应曲线的交点，这是惟一的纳什均衡。

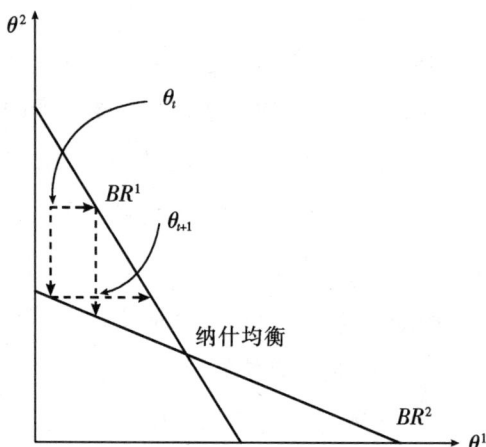

图1—2 库诺特调整动态

在这个例子中，企业的产出水平在每一阶段都发生变化。因此，即使它们起初认为其对手的产出是固定的，它们也将迅速了解到实际情况并非如此。然而，稍后我们将看到库诺特过程有各种变化形式，在这些变化形式中参与人的信念并不明显错误。

在图1—2中，从任何初始条件出发，该过程都收敛于惟一的纳什均衡，即该定态是全局稳定的（globally stable）。如果有多个纳什均衡，我们确实不能希望博弈的结果不依赖于初始条件，因而，我们不能希望任意一个均衡都是全局稳定的。我们能做的是弄清楚，一旦状态充分地接近一个特定的均衡，行动是否收敛于这个均衡。本章的附录回顾了这个例子和其他例子中用到的动态系统的相关稳定理论。

1.6　具有锁定功能的库诺特过程

我们在上面将库诺特调整解释为一个学习模型其实是假设参与人并非特别机敏。他们根据对手上一阶段的行动选择自己的行动以最大化自己的效用，仿佛他们预期今天的行动将与昨天的相同。此外，每个参与人给对手的单一战略分配的概率等于 1，因此没有任何主观的不确定性。虽然参与人具有认为其对手的行动不变的强大信念，但是他们对手的实际行动可能变化相当大。在这种环境下，可能发生的是：由于参与人认识到其对手的行动随着时间而改变，从而他们也将改变自己的行动。[8]

对这种批评的一种回应是考虑一个带有交替行动（alternating moves）的不同的动态过程：假设企业被限定轮流采取行动，企业 1 在 1，3，5 阶段行动，企业 2 在 2，4，6 阶段行动。每一企业的决策被"锁定"在两个阶段：限定企业 1 将其第二阶段的产出 s_2^1 等于其第一阶段产出 s_1^1。

进一步假设每一个企业的目标是最大化每期支付的折现值之和：$\sum_{t=1}^{\infty} \delta^{t-1} u^i(s_t)$，其中 $\delta < 1$ 是固定的公共折现因子。高度理性的企业 1 之所以不选择其第一阶段产出以最大化其第一阶段的支付有两个理由。其一，由于所选择的产出也必须用于第二阶段，所以对于企业 2 产出的固定的时间路径，企业 1 的最优选择是最大化一、二两个阶段的利润的加权和，而不是仅仅最大化第一阶段的支付。其二，正如在第二节对斯塔克尔伯格领导者的讨论那样，企业 1 可能认识到它对第一阶段产出的选择将影响企业 2 在第二阶段的产出选择。

然而，如果企业 1 十分急躁，那么由于以上两点理由都与未来事件有关，因而都不起作用，从而企业 1 在第一阶段选择最大化其现阶段支付的产出至少是近似最优的（approximately optimal）。这样一个过程，即企业轮流采取行动来选择相对于对手的前期产量是静态最优反应的产量，被称为交替行动库诺特动态（alternating-move Cournot dynamic）。定性地看来，它与同时行动调整过程具有相同的长期性质，事实上它正是库诺特研究的过程。[9]

另一个我们感兴趣的行动时间的改变是：不是企业交替行动，而是假设在每个阶段，随机地选择一个企业并给它改变其产量的机会，而另一企业的产出被锁定。如果企业还是没有耐心，均衡行为是在给定对手当前产出的前提下选择能够最大化即期收益的行动。因为未来无关紧要，所以不必担心对未来的预测。应该注意的是，该模型与交替行动库诺特模型具有完全相同的动态，在这个意义上，如果参与人连续移动两次或更多次，他的最优反应与上一次相同。换句话说，移动仅发生在参与人转换角色时，在这种情况下它将与库诺特交替行动动态条件下的行动相同。当移动时间不同，且随机导入时，渐近稳定性（asymptotic stability）的条件相同。

对此我们如何进行解释？使短视行动最优要求折现因子很小，特别是与参与人改变他们产量的速度相比很小：参与人越不锁定，需要的折现因子越小。因此关键是理解为什么参与人会被锁定。一种情形是选择计算机系统之类的资本品，这些资本品只有当完全失效时才被替换。这样使得锁定更容易理解但却限制了模型的适用范围。另一种情形是，在完美的先见之明解释下，锁定模型听起来不像学习模型。更确切地，在因为参与人正好知道计算他们的最优行动所需的信息所以学习是不相关的情况下，锁定模型是动态的。[10]

1.7　回顾同时行动有限博弈

1.7.1　战略式博弈

由于经济学家都很熟悉库诺特博弈，所以我们将从分析库诺特博弈开始，由于在该博弈中每个参与人具有连续的可能产出水平，从而使得该博弈复杂化了。在本书的后半部分，我们将集中研究有限博弈。在有限博弈中，每个参与人仅有有限个可供选择的战略。我们的基本模型是有一组参与人 $i = 1, 2, \cdots, I$ 与另外一组参与人进行阶段博弈（stage game）。

本书的前半部分将讨论最简单的阶段博弈，即一次性同时行动博弈（one-shot simultaneous games），本节回顾同时行动博弈的基本理论并介绍我们描述这些理论时要用到的概念。本节并不是对博弈论的介绍，喜欢更从容或更仔细的介绍博弈论的读者请看其他专门介绍博弈论的书。[11]实际上，在本书中我们试图强调最重要的那些方面的博弈理论。我们主要研究学习理论被证明在分析这些问题时很有帮助的那些问题。

在一次性同时行动博弈中，每个参与人 i 同时选择战略 $s^i \in S^i$。由所有参与人的战略组成的向量表示一个战略组合（strategy profile），用 $s \in S \equiv \times_{i=1}^{I} S^i$ 表示。参与人选择的结果是每个参与人得到效用（utility）（也称支付或收益）$u^i(s)$。参与人集合，战略空间和支付函数被称为博弈的战略式表述或规范表述（strategic or normal form of the game）。在两人博弈中，战略式表述通常表示成一个矩阵，其中行表示参与人 1 的战略，列表示参与人 2 的战略，对应于每个战略组合 (s^1, s^2) 的是支付向量：

$$(u^1(s^1, s^2), u^2(s^1, s^2))$$

在"标准"的博弈理论中，即分析纳什均衡及其精炼的理论，参与人在博弈结束时观察到什么是无关紧要的。[12]当参与人从该阶段博弈中学会在下一阶段的博弈中如何行动时，他们观察到的与他们能够学到的大不相同。然而，除了同时行动博弈之外，假设参与人能够观察到他的对手的战略有点牵强，因为在一般的扩展式博弈中一个战略说明了参与人在他的每一个信息集中如何行动。例如，假设扩展式博弈如图 1—3 所示，参与人 1 选择 L，则参与人 2 实际上并没有采

13

取行动。参与人 1 为了观察参与人 2 的战略，就必须观察如果自己选择 R 参与人 2 将如何行动。我们能够进行这样的假设。例如，参与人 2 将在纸上写下自己的选择并将它交给第三方，第三方将在博弈到达参与人 2 的信息集时执行参与人 2 选择的战略。而参与人 1 将在这一阶段结束时看到这张纸。这听起来很牵强。因此，当我们处理战略式博弈并假设在每一阶段结束时公布所选择的战略时，实际上我们在考虑同时行动博弈，即每个参与人只行动一次且所有参与人同时做出选择。这就是我们在本书的前半部分考虑的情况。

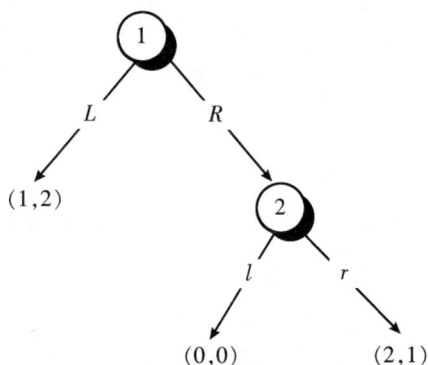

图 1—3 扩展式博弈中的可观察性

除了纯战略，我们也允许参与人使用随机或混合战略（random or mixed strategy）的可能性。我们用 $\Delta(\cdot)$ 表示概率分布的空间。参与人纯战略的一个随机化被称为一个混合战略（mixed strategy），记为 $\sigma^i \in \overset{i}{\Sigma} \equiv \Delta(S^i)$。混合战略组合记为 $\sigma \in \Sigma = \times_{i=1}^{I} \overset{i}{\Sigma}$。参与人被认为是追求效用最大化的，因此一个混合战略的支付是期望值 $u^i(\sigma) \equiv \underset{s}{\Sigma} u^i(s) \prod_{j=1}^{I} \sigma^i(s^j)$。应该注意，每个参与人的随机化独立于其他参与人的行动。[13]

正如在库诺特博弈中的分析一样，区分一个参与人的行动和他对手的行动是有用的。我们将用 s^{-i}，σ^{-i} 表示参与人 i 的对手的战略（其中，s^{-i} 表示纯战略，σ^{-i} 表示混合战略）。

在博弈中，每个参与人都尽量使自己的期望效用最大化。他如何做到这一点取决于他认为他的对手将如何行动。学习理论关注的主要问题是他如何形成这些预期。假设参与人 i 相信他对手的行动的分布对应于混合战略组合 σ^{-i}。那么参与人 i 应该采取最优反应（best response），即采取战略 $\hat{\sigma}^i$ 使得对于任意的 σ^i，有 $u^i(\hat{\sigma}^i, \sigma^{-i}) \geqslant u^i(\sigma^i, \sigma^{-i})$。相对于 σ^{-i} 的所有最优反应的集合记为 $BR^i(\sigma^{-i})$，因此 $\hat{\sigma}^i \in BR^i(\sigma^{-i})$。在库诺特调整过程中，参与人预计他们的对手将采取与上一期相同的战略，所以他们采取相应的最优反应。

在库诺特过程以及在许多后面将要讨论的相关过程如虚拟行动中，动态由最优反应对应决定，即具有相同最优反应对应的两个博弈将有相同的动态学习过程。因此知道两个博弈何时具有相同的最优反应对应是很重要的。如果对任意一个参与人来说，两个博弈具有相同的最优反应对应，我们称它们是最优反应等价的（best-response equivalent）。

保持偏好和随后的最优反应不变的一个简单变换是支付函数的线性变换。下面这个命题是这一想法的一般化。

命题 1.1 假设对所有参与人 i 来说 $\tilde{u}^i(s) = a u^i(s) + v^i(s^{-i})$，则 $\tilde{u}$ 和 u 是最优反应等价的。

这个结论是显而易见的，因为加上一个只依赖于其他参与人行动的常数并不改变参与人的最优战略。

零和博弈是一类很重要的博弈。在两人零和博弈中，一个参与人的支付是另一个参与人支付的负数。[14]零和博弈特别简单，并且有广泛的应用。下面的结论将一般的两人两行动博弈的最优反应对应和两人两行动零和博弈的最优反应对应联系在一起。

命题 1.2 最优反应对应在战略空间内部具有惟一交集的任意的 2×2 博弈都与一个零和博弈是最优反应等价的。

证明 A、B 分别表示两个战略。不失一般性，假设 A 是参与人 1 对战略 A 的最优反应，B 是参与人 2 对战略 A 的最优反应（如果 A 也是参与人 2 对 A 的最优反应，则最优反应对应相交于纯战略组合，已经在假设中剔除了这种情况）。σ^i 表示参与人 i 采取战略 A 的概率，则两个参与人的最优反应对应由图1—4中的交点决定。这个交点可以由一个零和博弈的最优反应的交点实现。为了说明这一点，考虑图1—5中的零和博弈。注意到：如果 $a<1$，则参与人1对战略 A 的最优反应是 A，参与人2对战略 A 的最优反应是 B。而且当 $\sigma^2 = a\sigma^2 + b(1-\sigma^2)$ 时，A 和 B 对于参与人1来说是无差异的；当 $\sigma^1 + a(1-\sigma^1) = b(1-\sigma^1)$ 时，A 和 B 对于参与人2来说是无差异的。固定交点 σ^1 和 σ^2，我们求解这两个方程得到：

$$a = \frac{\sigma^2 - \sigma^1}{1 + \sigma^1\sigma^2}.$$

因为 $\sigma^2 - \sigma^1 < 1$，所以要求 $a<1$。

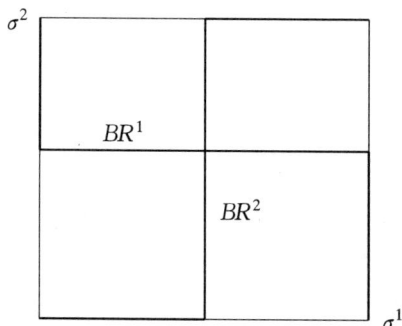

图1—4　具有惟一混合战略均衡的 2×2 博弈中的最优反应对应

	A	B
A	1, −1	0, 0
B	a, −a	b, −b

图1—5　等价零和博弈

1.7.2　占优和重复剔除占优

博弈论中最重要的概念是占优（dominance）。粗略地说，一个战略是被占优的（或称劣的），如果不管参与人预期他的对手如何行动，其他战略都比该战略有更好的支付。[15]最强的占优概念是严格占优

(strict dominance)。

定义 1.1　对于所有的 $\sigma^{-i} \in \Sigma^{-i}$，如果存在 $\tilde{\sigma}^i \in \Sigma^i$ 使得 $u^i(\tilde{\sigma}^i, \sigma^{-i}) > u^i(\sigma^i, \sigma^{-i})$，则对于参与人 i 来说，战略 σ^i 是被严格占优的（或称严格劣的）。

（这个条件等价于对参与人 i 的对手的所有纯战略组合 s^{-i} 来说，$u^i(\tilde{\sigma}^i, s^{-i}) > u^i(\sigma^i, s^{-i})$。因为当他的对手采取混合战略时，参与人 i 的支付是对应的纯战略支付的凸组合）。

占优战略发挥作用的一个著名博弈是图 1—6 中的一次性囚徒困境博弈（one-shot prisoner's dilemma game）。在这个博弈中，无论对手如何行动，B 都优于 A。如果我们剔除战略 A，则惟一的预期结果是两个参与人都选择 B。但值得注意的是，(A, A) 帕累托占优（Pareto dominates）(B, B)，这就是为什么称其为困境的原因。

	A	B
A	3, 3	1, 5
B	5, 1	2, 2

图 1—6　囚徒困境

在这个例子中，不管是被占优战略还是占优战略都是纯战略。它们不具有一般性。更准确地说，一个纯战略 s^i 能够被一个混合战略 σ^i 严格占优而不被任何纯战略占优，如图 1—7。对于参与人 1 来说，战略 C 并不被战略 A 或 B 占优，但是它被 A 和 B 的 50－50 混合战略占优。而且，尽管任意一个给被严格占优的纯战略分配正的概率的混合战略是被严格占优的，但是给每一个被占优的纯战略分配概率等于零的混合战略也可能是被严格占优的。

	A	B
A	5, 0	0, 0
B	0, 0	5, 0
C	2, 0	2, 0

图 1—7　被一个混合战略占优的纯战略

如果参与人 1 的一个战略是被严格占优的，那么这里有几个原因来解释为什么参与人 2 会给这个战略分配零概率。首先，传统的解释是：如果参与人 2 知道参与人 1 的支付函数，知道参与人 1 是理性的，则参与人 2 能推断出参与人 1 不会使用被严格占优的战略。其次，从学习理论的角度来看，如果一个战略是被严格占优的，则[16]参与人 1 没有理由采取该战略，因此参与人 2 最终知道这个被占优的战略不会被使用。

每一种情况都导致重复剔除严格占优（iterated strict dominance）的思想。这个想法认为剔除一个参与人的某些战略将有可能剔除其他参与人的某些战略，依此类推。（可以证明，只要剔除过程一直持续到不能再剔除为止，那么战略被剔除的顺序就是无关紧要的。）这里我们并不对重复剔除严格占优下一个正式定义，但图 1—8 中的例子会清楚地说明这个想法。对于参与人 2 来说，没有一个战略是被占优的，但是对参与人 1 来说，战略 A 是被严格占优的。剔除这个战略产生了图 1—9 中的博弈。在这个博弈中，对参与人 2 来说 B 是被严格占优的，因此重复剔除严格占优后的惟一幸存者是 (B, A)。但是参与人 2 必须确保参与人 1 不会采取战略 A，因为采取 (A, A) 会给他带来较大的损失。结果，只要参与人 1 有很小的概率采取战略 A，则对均衡 (B, A) 的预测就可能被推翻。（参与人 1 可能有机会获得与上面不同的支付，或参与人 1 可能会犯错。）

	A	B
A	1, −100	1, 1
B	2, 2	2, 1

图 1—8 对参与人 1 来说 B 占优 A

	A	B
B	2, 2	2, 1

图 1—9 剔除被严格占优战略之后的图 1—8

与严格占优相关的是弱占优（weak dominance）的概念。

定义 1.2　对于参与人 i 来说，战略 σ^i 被弱占优，如果对所有的 $\sigma^{-i} \in \Sigma^{-i}$，存在 $\tilde{\sigma}^i \in \Sigma^i$，$\tilde{\sigma}^i \neq \sigma^i$，使得 $u^i(\tilde{\sigma}^i, \sigma^{-i}) \geqslant u^i(\sigma^i, \sigma^{-i})$，且至少对于一个 σ^{-i} 不等式严格成立。

同样，似乎没有理由认为参与人会采取被弱占优的战略。实际上，在参与人"颤抖手"（tremble）博弈中，或者更一般的，在参与人相信其对手的战略对应于一个完全混合战略的博弈中，被弱占优的战略不会被执行。然而，重复剔除弱占优是一个有问题的概念，在本书中毫无作用。

1.7.3　纳什均衡

占优方法的问题之一是：在许多我们感兴趣的博弈中，重复剔除占优过程不会产生强的预期。这就促使了均衡理论的应用。在均衡理论中，当参与人根据自己的信念做出最优反应时，所有参与人都同时具有关于其他参与人的正确的信念。

定义 1.3　一个纳什均衡（Nash equilibrium）是一个战略组合 $\hat{\sigma}$，该战略组合满足对于任意的 i，有 $\hat{\sigma}^i \in BR^i(\hat{\sigma}^{-i})$。

由卡库塔尼不动点定理（Kakutani fixed-point theorem）可知，只要允许混合战略存在，在有限博弈就存在纳什均衡。（诸如便士匹配博弈等许多简单的博弈就没有纯战略均衡。）正如图 1—10 所示的协调博弈（coordination game）的例子，一个博弈可能有几个纳什均衡。如图，行代表参与人 1，列代表参与人 2。每个参与人有 A 和 B 两个纯战略，表中的数据分别代表参与人 1 和 2 的效用。该博弈有两个纯战略纳什均衡 (A, A) 和 (B, B)。同时还有一个混合战略纳什均衡：两个参与人随机地以 1/2 的机会选择战略 A 和 1/2 的机会选择战略 B。

	A	B
A	2, 2	0, 0
B	0, 0	2, 2

图 1—10　协调博弈

哪一个均衡会在该博弈中出现呢？相对于混合战略纳什均衡，两个参与人都偏好两个纯战略纳什均衡中的任一个，因为对每个参与人来说纯战略均衡的期望效用是 2，而混合战略均衡的期望效用是 1。但是在缺乏协调机制的条件下，参与人不清楚哪个均衡会出现，这可能意味着他们会采用混合战略均衡，而在混合均衡中，两个参与人是无差异的，所以当均衡要求他们给每个战略分配正好相同的概率时，对他们来说并没有理由这样做。而且，如果参与人 1 相信参与人 2 更可能采取战略 A 而不是战略 B，那么参与人 1 会以概率 1 采取战略 A。直观来看，这个混合战略均衡的稳定性似乎存在问题。

相反，让博弈保持在两个纯战略均衡之一似乎更容易，因为只要参与人相信对手会以更大的概率按照均衡战略采取行动，他就严格偏好按照纳什均衡战略采取行动。直观来看，这种类型的均衡似乎更稳健。更一般地，只要均衡在如下意义上是严格均衡这一个结论就成立。

定义 1.4 如果对于每个参与人来说，s^i 是对 s^{-i} 的惟一最优反应，则称纳什均衡 s 是严格的。也就是说，与其他反应相比，参与人 i 严格偏好 s^i。（注意：只有纯战略组合才可能是严格均衡的，因为如果一个混合战略是对对手行动的最优反应，则混合战略的支撑集中的每一个纯战略都是对该行动的最优反应。）

这个协调博弈的例子尽管简单，却可以解释博弈学习理论要解决的两个重要问题：何时以及为什么我们预期参与人的行动对应于一个纳什均衡？如果有多个纳什均衡，我们应该预期哪一个均衡会出现？

这些问题是紧密相关的。由于缺乏对参与人如何在同一个纳什均衡上协调其预期的解释，我们面对这样的可能：参与人 1 预期均衡 (A, A) 会出现因而选择 A，而参与人 2 预期均衡 (B, B) 会出现因而选择 B，结果导致非均衡的结果 (A, B)。简要地说，对均衡的基于学习理论的解释是共享同一观察历史的参与人会采取一种方法来协调他们在两个纯战略均衡之一上的预期。典型的学习模型预计这种协调最终会发生，而哪个均衡将最终发生取决于初始条件或随机机会。

然而，为了使历史起到这个协调作用，采取的行动序列最终必须不变或至少容易被参与人预测，而且并没有假设这一情况总是成立。也许学习的结果不是收敛于纳什均衡，而是所采取的战略会无目标地游动或可能收敛于其他比纳什均衡的集合更大的集合。

因为上面这个协调博弈的极端对称性，所以没有理由认为任一学习过程会更偏好其严格均衡中的一个均衡而不是其他的严格均衡。图1—11 中的协调博弈更有趣。它有两个严格纳什均衡 $(A，A)$ 和 $(B，B)$；因为均衡 $(A，A)$ 帕累托占优于 $(1，1)$ 处的均衡，所以两个参与人都宁愿选择支付为 $(2，2)$ 的纳什均衡 $(A，A)$。参与人是否知道采取帕累托有效均衡呢？应该考虑他们所面临的风险。即如果 a 非常大，猜测你的对手会采取 $(2，2)$ 的风险将非常大，因为如果你错了将面临较大损失。人们会预期在一个学习过程中不可能收敛于一个具有很大风险的均衡，即使该均衡是帕累托有效的。哈塞尼-塞尔顿提出的风险占优 (risk dominance) 反应了这一关于风险的思想。[17]在对称的 2×2 博弈中，风险占优的战略可以通过计算使 A 成为最优反应的 A 的最小概率并将之与 B 成为最优反应的 B 的最小概率相比较而得到。在这个例子中，如果对手采取战略 A 的概率至少为 $(a+1)／(3+a)$，则 A 是最优的；如果对手采取战略 B 的概率至少为 $2／(3+a)$，则 B 是最优的；因此如果 $a<1$ 则 A 是风险占优的。2×2 博弈中的风险占优等价于 $1/2$ - 占优这一简单的概念。如果无论何时只要他们的对手采取该战略的概率至少是 $1/2$，他们采取该战略就是最优的，则称该战略是 $1/2$ - 占优的。因此如果 $2-a>1$ 或 $a<1$，则 A 是风险占优的。

	A	B
A	2, 2	$-a$, 0
B	0, $-a$	1, 1

图 1—11 $(A，B)$ 帕累托占优 $(B，B)$，但如果 $1+a>2$，
则 $(B，B)$ 风险占优

在如上两个例子中纳什均衡的个数是有限的。尽管一些战略式博弈的均衡是个连续集（例如，每个参与人的支付函数都是常数），但一般来说并非总是如此。更确切地说，对于一个固定的战略空间 S，对于支付函数的一个开的稠密集，纳什均衡的集合是有限的（且为奇数个）（Wilson，1971）。[18]特别地，对于一般的战略式支付，每一个纳什均衡都被局部隔离。这个事实在分析学习过程的稳定性时很有用。但是它仅适用于一次性同时行动博弈，因为在一般的扩展式博弈中对结果或终结点的支付的一般分配不会产生一般的战略式支付。例如，在图1—3所示的博弈的战略式表述中，（L，1）和（L，r）都产生相同的结果，因此必然给每个参与人相同的支付。

1.7.4 相关均衡（correlated equilibrium）

还有一个同时行动博弈中的重要的非合作均衡的例子，即奥曼（Aumann，1974）的相关均衡的概念。它假设每个参与人都具有私人的随机化策略（randomization devices），但这些随机化策略是彼此相关的。在这种情况下，如果每个参与人根据自己的随机化策略的观察结果选择战略，则结果是定义在战略组合上的一个概率分布，我们用 $\mu \in \Delta(S)$ 表示。不像混合战略组合那样，这个概率分布允许行动相关。

正如在纳什均衡理论中一样，我们假设参与人已经计算出他们对手的行动如何依赖于他们私人的随机化策略，而且他们知道随机化策略如何工作。因为每个参与人知道他正在采取的纯战略，所以他能计算出他的对手接收到的信号的条件概率以及他们行动的条件概率。用 $\mu^{-i}(s^i) \in \Delta(S^{-i})$ 表示在条件 s^i 上由 μ 诱导的对手行动上的概率分布，用 μ^i 表示参与人 i 的边际分布。于是，如果 $\mu^i(s^i) > 0$ 以至于参与人愿意采取行动 s^i，那么它必然是对 $\mu^{-i}(s^i)$ 的最优反应。正式地说，如果 $\mu^{-i} \in \Delta(S^{-i})$，则我们能计算期望效用 $u^i(\sigma^i, \mu^{-i})$，而且如果对于任意的 σ^i，有 $u^i(\hat{\sigma}^i, \mu^{-i}) \geqslant u^i(\sigma^i, \mu^{-i})$，则定义最

优反应 $\hat{\sigma}^i \in BR^i(\mu^{-i})$。一个相关均衡就是一个相关的战略组合 μ 使得 $\mu^i(s^i) > 0$ 意味着 $s^i \in BR^i(\mu^{-i}(s^i))$。

乔丹 (Jordan, 1993) 的简单三人便士匹配博弈 (three-person matching-pennies game) 解释了相关均衡的思想。这个博弈是便士匹配博弈 (matching-pennies game) 的变化形式，在该博弈中，每个参与人同时选择 H 或 T，支付矩阵中的元素都为 $+1$ (赢) 或 -1 (输)。如果参与人 1 采取与参与人 2 相同的行动则参与人 1 赢；如果参与人 2 与参与人 3 匹配，则参与人 2 赢；如果参与人 3 与参与人 1 不匹配，则参与人 3 赢。支付如图 1—12 所示，其中行对应于参与人 1 (上面对应 H，下面对应 T)，列对应于参与人 2，矩阵对应于参与人 3。该博弈有一个惟一的纳什均衡，即所有参与人都采取行动 $(1/2, 1/2)$。然而，它还有许多相关均衡：一个是定义在组合 (H, H, H)，(H, H, T)，(H, T, T)，(T, T, T)，(T, T, H)，(T, H, H) 具有相等的权重 $1/6$ 的结果上的分布。注意，在这个分布中，每个参与人有 50% 的机会选择 H。但是，(H, T, H) 上的权重为 0，因此参与人的支付不独立 (是相关的)。以参与人 1 为例，注意到当他选择 H 时，他的每个对手都有 $1/3$ 的机会选择 (H, H)，(H, T) 和 (T, T)。由于参与人 1 的目标是与参与人 2 匹配，所以如果他选择 H 则有 $2/3$ 的机会赢，如果他选择 T 则只有 $1/3$ 的机会赢。故给定 H，H 是对手行动分布的最优反应。类似地，当他选择 T 时，他的对手选择 (T, T) (T, H) 和 (H, H) 的可能性相等。现在 T 有 $2/3$ 的机会赢，而 H 只有 $1/3$ 的机会赢。基于两个原因，相关行动的概念在学习理论中是很重要的。第一，假设参与人使用的学习模型的类型通常相对比较幼稚，例如库诺特调整模型。在库诺特模型中，行动可能无限循环。其结果之一是随着时间的过去，行动是相关的。在更老练的模型中，我们仍然面临着参与人利用时间作为相关策略使他们的行动相关的可能性，在某些情况下该学习过程收敛于相关均衡而不是纳什均衡。实际上，在某种意义上这就是在乔丹博弈中使用库诺特调整将发生什么。如果我们从 (H, H, H) 开始，参与人 3 将希望转换行动，这导致参与人 3 选择 (H, H, T)。那么参与人 2 将转移到 (H, T, T)，参与人 1 转移到 (T, T, T)。此时参与人 3 想再次转换行动，导致参与人 3 选择 (T, T, H)，参与人 2 转移到 (T, H, H)，最后参与人 1 转移到 (H, H, H)，循环结束。换言之，在这个例子中库诺特最优反应动态产生循环，而且如果我们观察不同的战略组合发生的频率，则对于相关均衡中的 6 个战略组合而言，每一个组合都有 1/6 的时间被观察到。也就是说，最优反应动态中的行动类似于一个相关均衡。

	H	T
H	+1, +1, −1	−1, −1, −1
T	−1, +1, +1	+1, −1, +1

	H	T
	+1, −1, +1	−1, +1, +1
	−1, −1, −1	+1, +1, −1

图 1—12　乔丹的三人便士匹配博弈

然而，应该注意的是，在这个特定的博弈中库诺特调整导致相关均衡实际上只是一个巧合。如果我们修改支付使得在采取战略 (H, T, T) 时，参与人 1 得到 −100 而不是 −1，则最优反应循环保持不变。然而，对于其对手有 1/3 的机会以相等的概率采取战略 (H, H)，(H, T) 和 (T, T)，采取行动 H 对参与人 1 来说不再是最优的。这表明对于某些更老练的学习过程，长期行为将近似地是一个相关均衡。[19]

相关行动在学习理论中很重要的第二个原因是，在学习过程中，参与人将具有关于对手正在使用的混合战略的信念。这个信念采取对手混合战略组合上的概率分布的形式。这样一个概率分布总是等价于对手纯战略组合上的一个相关分布，但不必等价于对手的混合战略的组合。例如，假设有两个对手，每个对手有两个选择 A 和 B。另外有一个参与人 1，他相信两个对手都采取行动 A 的机会是 50%，都采取行动 B 的机会是 50%。如果他和他们博弈一段时间，他希望知道哪个选择是正确的，即他并不认为他与他们的行动相关。然而，与此同时，他又希望使自己的支付相对于相关战略组合 50%(A,A)-50%(B,B)是最优的。

附录：动态系统和局部稳定性

一般来说，在任意时刻 t，某些参与人正在执行特定的战略，而且具有在此基础上进行决策的可利用的某些信息。我们用状态（state）表示所有与决定系统的未来相关的变量，用 $\theta_t \in \Theta$ 表示。在库诺特调整模型中当前的状态只是当前两个企业选择的产出水平。更一般地，θ_t 代表的变量依赖于我们所研究的特定模型。除了 $t=1$，2，…的离散时间模型，例如库诺特调整模型以外，我们也将研究一些 $t \in [0, \infty)$ 的连续时间模型。在离散时间模型中，状态变量将按确定性的运动规则（law of motion）$\theta_{t+1} = f_t(\theta_t)$ 随着时间进化，或者按照随机的（stochastic）（马尔可夫）运动规则 $\Pr(\theta_{t+1} = \theta) = \phi_t(\theta|\theta_t)$ 随着时间进化。在连续时间模型中，确定性的运动规则将是 $\dot{\theta}_t = f_t(\theta_t)$。尽管我们将在随机连续时间的情况下讨论一些结论，但是这些模型的概念很复杂，我们将在适当的时候引入。

我们从与动态过程的稳定性相关的一些基本定义和结论开始。这些材料的一个好的参考资料是赫希和斯梅尔（Hirsch and Smale，1974）。我们用 $F_t(\theta_0)$ 表示当 0 时刻的初始状态为 θ_0 时状态变量在 t 时刻的值。在离散时间模型中，$F_{t+1}(\theta_0) = f_t(F_t(\theta_0))$，在连续时间模型中 $D_t F_t(\theta_0) = f(F_t(\theta_0))$，而且在这两个例子中 $F_0(\theta_0) = \theta_0$；映射 F 被称为系统的流（flow）。

定义 1.5 一个流的定态（也称定常状态）（steady state）$\hat{\theta}$ 满足 $F_t(\hat{\theta}) = \hat{\theta}$，$t > 0$。

定义 1.6 一个流的定态 $\hat{\theta}$ 是稳定的（stable），如果对于 $\hat{\theta}$ 的每一个邻域 U，在 U 中存在 $\hat{\theta}$ 的一个邻域 U_1 使得如果 $\theta_0 \in U_1$ 则

$F_t(\theta_0) \in U$，$t > 0$；也就是说，如果系统的出发点与一个定态足够接近，则它停留在附近。如果一个定态是不稳定的，我们称它不稳定。

定义 1.7 一个流的定态 $\hat{\theta}$ 是渐近稳定的（asymptotically stable），如果它是稳定的，而且如果 $\theta_0 \in U_1$ 则 $\lim\limits_{t \to \infty} F_t(\theta_0) = \hat{\theta}$。一个渐近稳定的定态的吸引域（basin of attraction）是所有满足 $\lim\limits_{t \to \infty} F_t(\theta_0) = \hat{\theta}$ 的点 θ_0 构成的集合。如果存在惟一一个具有与整个状态空间 Θ 相同的吸引域的定态，则称它是全局稳定的（globally stable）。

定义 1.8 一个定态 $\hat{\theta}$ 是局部隔离的（locally isolated），如果它有一个不包含其他定态的开邻域。

注意：一个渐近稳定的定态一定是局部隔离的，但一个稳定的定态并不一定是局部隔离的。

定义 1.9 一个定态 $\hat{\theta}$ 被称为是双曲的（hyperbolic），如果 $Df(\hat{\theta})$ 在单位圆内没有特征值（离散时间），或者没有实部为 0 的特征值（连续时间）。如果所有的特征值都在单位圆内（离散时间）或者特征值的实部为负（连续时间），则称该定态为一个汇（sink）；如果特征值都在单位圆外（离散时间）或者特征值的实部为正（连续时间），则称该定态为一个源（source）。否则，称一个双曲的定态为鞍（saddle）。

在非线性动态系统中，双曲定态的一个重要方面是它在局部的行为与线性系统 $\theta_{t+1} = \hat{\theta} + Df(\hat{\theta})(\theta_t - \hat{\theta})$（离散时间）或者 $\dot{\theta} = Df(\hat{\theta})\theta$（连续时间）相似。这个结论的准确含义可以在哈特曼（Hartmann）的平滑线性化定理中找到（见 Irwin, 1980），该定理认为存在一个平滑局部协调系统（smooth local coordinate system），它能将非线性系统的轨道精确地映到线性系统的轨道上。

命题 1.3 一个汇是渐近稳定的。

在两人库诺特过程中，通过计算合适的特征值我们可以检验渐近稳定性。用 $BR^{i'}(s_{-i})$（原文为 $BR'_i(s_{-i})$。——译者注，下同）表示最优反应函数（$BR^i(s_{-i})$）（原文为 $BR_i(s_{-i})$）的斜率，我们有

$$Df = \begin{bmatrix} 0 & BR^{1'} \\ BR^{2'} & 0 \end{bmatrix} \left(\text{原文为 } Df = \begin{bmatrix} 0 & BR'_1 \\ BR'_2 & 0 \end{bmatrix}\right)$$

相应的特征值为 $\lambda = \pm\sqrt{BR^{1'} \cdot BR^{2'}}$（原文为 $\lambda = \pm\sqrt{BR'_1 \cdot BR'_2}$）。结果，如果 BR^2（原文为 BR_2）的斜率小于 BR^1（原文为 BR_1）的斜率，则 λ 的绝对值小于 1，在这种情况下该过程是渐近稳定的。[20]

在我们接受调整过程的范围内，我们认为源不会被观察到。然而鞍点的例子更为复杂；对应于鞍点的一个流的情况如图 1—13 所示。该图中，在原点处有路径与定态充分接近但最终远离。然而一旦系统接近定态，实际的移动速度将变得很慢，因此系统在离开之前会在定态附近停留很长时间。结果，在中期鞍点可能是一个好的模型，即使在长期它不是一个好的模型。这一点在宾默尔和萨缪尔森（Binmore and Samuelson，1995）中被强调，他们认为鞍点可能是长期的实际行动的一个明智的模型。

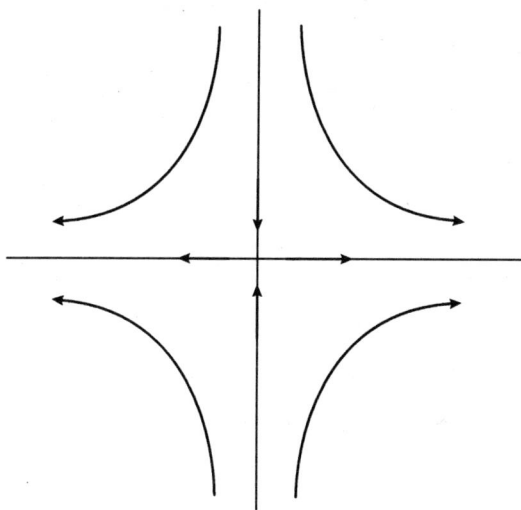

图 1—13　一个鞍点

即使一个博弈有稳定的均衡，它可能有不止一个稳定的均衡。结果，一般来说稳定性分析不会产生惟一的预测，尽管它能帮助简化可能结果的集合。而且，系统有一个或者多个稳定的均衡的事实并不意味着状态将接近任意均衡。因此，我们有时需要如下的更一般的描述动态系统的长期行为的概念。

定义 1.10 流 F 的 ω-极限点（ω-limit points）集是对于某些 θ_0 和时间序列 $t_n \to \infty$，满足 $\lim\limits_{t \to \infty} F_{t_n}(\theta_0) = \theta$ 的 θ 的集合。也就是说，如果存在一个初始条件使得从该初始条件出发可以无限频繁地接近 θ，则 θ 是一个 ω-极限点。集合 $\Theta' \sqsubseteq \Theta$ 是不变的（invariant），如果对于所有的 t，$\theta_0 \in \Theta'$ 意味着 $F_t(\theta_0) \in \Theta'$。一个不变集 $\Theta' \sqsubseteq \Theta$ 是一个吸引子(attractor)，如果它有一个紧的不变邻域 Θ'' 使得如果 $\theta_0 \in \Theta''$ 且存在时间序列 $t_n \to \infty$ 使得 $\theta = \lim\limits_{t \to \infty} F_{t_n}(\theta_0)$ 存在，则 $\theta \in \Theta'$。

除了包含定态之外，ω-极限点集还能包含循环或者其他极限集，如奇异吸引子。在学习理论中，已经有一定数量的研究奇异吸引子的工作，如斯克姆斯（Skyrms，1992，1993）。然而，到目前为止，奇异吸引子的存在性以及环绕它们的混沌轨迹在博弈学习理论中还没有起到重要作用。

参考文献

Aumann, R. 1974. Subjectivity and correlation in randomized strategies. *Journal of Mathematical Economics* 1:67−96.

Binmore, K., and L. Samuelson. 1995. Evolutionary drift and equilibrium selection. Mimeo. University College London.

Binmore, K., L. Samuelson, and R. Vaughan. 1995. Musical chairs: Modelling noisy evolution. *Games and Economic Behavior* 11:1−35.

Borgers, T. 1994. Weak dominance and approximate common

knowledge. *Journal of Economic Theory* 4:265-276.

Boylan, R., and M.El-Gamal. 1993. Fictitious play: A statistical study of multiple economic experiments. *Games and Economic Behavior* 5:205-222.

Crawford, V. (1995). Adaptive dynamics in coordination games. *Econometrica* 63:103-143.

Cross, J.1983. *A Theory of Adaptive Economic Behavior*. Cambridge:Cambridge University Press.

Dekel, E., and D.Fudenberg. 1990. Rational behavior with payoff uncertainty. *Journal of Economic Theory* 52:243-267.

Ellison, G., 1993. Learning. local interaction, and coordination. *Econometrica* 61:1047-1071.

Er'ev, I., and A.Roth. 1996. On the need for low rationality cognitive game theory: Reinforcement learning in experimental games with unique mixed strategy equilibria. Mimeo. University of Pittsburgh.

Friedman,D.1991. Evolutionary games in economics. *Econometrica* 59:637-666.

Friedman, D.1996. Equilibrium in evolutionary games: Some experimental results. *Economic Journal*,106:1-25.

Fudenberg,D., and J.Tirole. 1991. *Game Theory*. Cambridge:MIT Press.

Fudenberg, D., D.K.Levine, and E.Maskin. 1994. The folk theorem with imperfect public information. *Econometrica* 62:997-1039.

Harsanyi,J., and R.Selten. 1988. *A General Theory of Equilibrium Selection in Games*. Cambridge:MIT Press. 28

Hirsch,M., and S.Smale. 1974. *Differential Equations*, *Dynamical Systems*, *and Linear Algebra*. New York:Academic Press.

Irwin, M.C.1980. *Smooth Dynamical Systems*. New York:

Academic Press.

Jordan, J. 1993. Three problems in learning mixed-strategy equilibria. *Games and Economic Behavior* 5:368-386.

Li Calzi, M. 1993. Fictitious play by cases. Mimeo. Istituo di Matemataica E. Levi, Univeristà di Parma.

Maskin, E. , and J. Tirole. 1988. A theory of dynamic oligopoly. 1: Overview and quantity competition with large fixed costs. *Econometrica* 56:549-570.

Myerson, R. 1991. *Game Theory*. Cambridge: Harvard University Press.

Nagel, R. 1994. Experimental results on interactive competitive guessing. Mimeo, D. P. B236. Universität Bonn.

Romaldo, D. 1995. Similarities and evolution. Mimeo.

Roth, A. , and I. Er'ev. 1995. Learning in extensive form games: Experimental data and simple dynamic models in the intermediate run. *Games and Economic Behavior* 8:164-212.

Selten, R. 1988. Anticipatory learning in two-person games. Mimeo. University of Bonn.

Skyrms, B. 1992. Chaos in dynamic games. *Journal of Logic, Language and Information* 1:111-130.

Skyrms, B. 1993. Chaos and the explanatory significance of equilibrium: Strange attractors in evolutionary game theory. Mimeo. University of California at Irvine.

Stahl, D. 1994. Evolution of smart n players. *Games and Economic Behavior* 5:604-617.

Wilson, R. 1971. Computing equilibria of n-person games. *SIAM Journal of Applied Mathematics* 21:80-87.

【注释】

[1] 第一，当存在多个均衡时，存在一个主要的概念性问题：由于无法解释参与人如何预期同一均衡，所以参与人的行动根本不必与任何一个均衡相对应。当参与人可能采用共同的选择程序，如哈塞尼（Harsanyi）和塞尔顿（Selten，1988）的搜寻程序来协调他们的期望时，仍然无法解释这个程序是怎样成为共同知识的。第二，我们怀疑运用于许多博弈的"存在准确的关于支付函数和参与人理性的共同知识"这一假设的合理性。放松这个假设到仅存在几乎准确的共同知识将产生弱得多的结论（参见 Dekel and Fudenberg（1990），Dorgers（1994））。第三，在大多数试验中，均衡理论可以较好地解释后几轮试验，但很难解释前几轮试验。从非均衡向均衡结果的转变很难与纯粹的自省理论协调一致。

[2] 然而，博伊兰和艾-盖默尔（Boylan and El-Gamal，1993），克劳福特（Crawford，1995），罗思和欧文（Roth and Er'ev，1995），欧文和罗思（1996），内格尔（Nagel，1993）以及斯塔尔（Stahl，1994）试图使用理论学习模型解释博弈试验中的短期行动和长期行动。

[3] 这些例子，包括克罗斯（Cross，1983），以及不久以前博格斯（Borgers）和萨林（Sarin，1995），欧文和罗思（1996）以及罗思和欧文（1995）的文章，我们将在第3章讨论。

[4] 李·卡兹（Li Calzi，1993）和罗马多（Romaldo，1995）建立了从相似的博弈中学习的模型。

[5] 潜在收益的规模取决于群体规模和折现因子之间的关系。对于任一固定的折现因子，如果群体规模足够大，收益将显得微不足道。然而，正如埃利森（Ellison，1993）关于"扩散"的讨论那样，要求的群体规模将相对较大。

[6] 如果我们认为参与人会将自己的经验从一个博弈推广应用于另一个相似的博弈，那么在许多情况下相关群体可能比第一次看起来更大。

[7] 本章结尾的附录将回顾动态系统稳定性条件的基本事实。

[8] 塞尔顿（Selten，1988）的预期学习模型（anticipatory learning models）通过在构造预测时考虑不同的复杂程度来建立。最简单的假设是对手不改变他们的行动，其次是假设对手相信他们的对手将不改变他们的行动，依此类推。然而，不管我们如何执行这个程序，最后参与人总比他们对手想像得要老练。

[9] 正式地说，这两个过程有相同的定态，而且一个定态在一个过程中是稳定的，当且仅当它在另一个过程中也是稳定的。

[10] 马斯金和梯若尔（Maskin and Tirole, 1988）研究了具有交替行动和两期锁定的博弈中的马尔可夫精炼均衡。

[11] 例如弗登伯格和梯若尔（1991）或者迈尔森（Myerson, 1991）。

[12] 然而，在重复博弈中参与人在每一阶段的博弈结束时所观察到的具有重要的作用，即使没有学习也是如此。见弗登伯格、莱文和马斯金（Fudenberg, Levine and Maskin, 1994）。

[13] 我们在这里不花时间讨论使用混合战略的动机，但有两个动机将在后面讨论：（1）随机化对应于从一个群体中随机地选择一个对手，而在该群体中每个参与人都采用纯战略；（2）外部观察者看起来的随机化是无法观察到的冲击影响参与人支付函数的结果。

[14] 在"零和"中"零"并不重要，重要的是支付之和是一个常数。

[15] 但是，在非同时行动博弈中，随着有关对手行动的信息集的不同采取的战略也不同。当考虑到学习时，为了获取信息，参与人可能采取具有较少支付的战略。

[16] 假设没有注释 15 中提到的扩展式博弈。

[17] 这里"风险"一词不同于经济学中风险的常用意思。事实上参与人的风险厌恶已经包含在参与人的效用函数中了。

[18] 对于固定的战略空间 S，I 个参与人的支付函数对应于 I 维欧几里得空间中的一个 I 维向量。支付函数的一个集合是"一般的"（generic），如果它在这个空间中是开的和稠密的。

[19] 对于将在第二章和第四章讨论的一致程序来说确实如此，因为博弈只有两个行动。然而，在第 8 章讨论的更加老练的校准程序在所有的博弈中都导致相关均衡。

[20] 回想：因为 s_2 在竖轴上，所以参与人 1 的最优反应函数的斜率是 $1/BR^{1'}$（原文为 $1/BR'_1$）。

第 2 章　虚拟行动

2.1　引　言

虚拟行动（fictitious play）过程及其 ₂₉变型是一个广泛使用的学习模型。在这个过程中，代理人好像认为他们正面临对手战略的一个固定但是未知的分布并依此采取行动。在本章中，我们考察虚拟行动是否是一个明智的学习模型，同时我们还将考察当所有参与人都使用虚拟行动规则进行博弈时会出现什么情况。

我们将从讨论两人博弈中的虚拟行动

开始。在本章第二节介绍虚拟行动之后，我们将在第三节讨论虚拟行动的收敛条件。尽管作为虚拟行动基础的稳定性假设在许多情况下是一个合理的首要假设，然而给定足够的相反证据，我们也可能预期参与人最终会拒绝这一假设。特别地，如果在其中学习的系统不收敛，则稳定性假设就没有多大意义了。在第四节我们将看到，虚拟行动长期行动的大多数问题就产生于这种不收敛的情况。

我们将在第五节中考察多人博弈的情况。在多人虚拟行动博弈中，关键问题是参与人是否通过独立边际分布之积（product）来形成对对手行动的联合分布的估计，或者他们是否以允许主观相关或客观相关的方式形成这些估计。

研究学习过程的另一个重要问题是学习能否成功。我们将在第六节讨论虚拟行动中支付一致性（payoff consistency）的概念。由于虚拟行动只追踪每一战略被实施的频率信息，我们自然要问，就他们做得（用他们的支付的时间平均来衡量）好像极限频率是已知的一样好而言，在什么条件下虚拟行动能够成功地使参与人知道这些频率。我们将虚拟行动的这一特征称为"一致性"（consistency），并将在第六节中说明，如果虚拟行动过程涉及战略之间这种不太"罕见的"转换，那么，虚拟行动在这一意义上是一致的。在第4章我们将说明随机化虚拟行动能引起普遍一致性，这意味着无论对手采取什么战略，参与人也将渐近地这样做，好像预先知道频率一样。

当参与人使用虚拟行动规则时，关于行动过程我们能说些什么呢？我们将在第八节讨论这一问题，并在那里证明：当参与人利用虚拟行动规则时，虚拟行动具有与在第1章中讨论的部分最优—反应动态非常接近的动态。在第3章，我们将更严密地考虑最优反应的行动和相关动态。

为了在试验中模拟短期行动，虚拟行动可以通过考虑对更近期的观察值及参与人的"惯性"赋予更大的权重来进行改进，其中，"惯性"是基于重复最近所选择的行动的概率这一意义上的。我们将在第九节讨论虚拟行动的这些以及其他变化形式；对随机化虚拟行动的探讨将在第 4 章进行。

一个重要问题是，虚拟行动过程假设参与人并不试图影响其对手未来的行动。正如我们在引言中讨论的那样，在大群体中存在许多相互作用的模型，在这些模型中"幼稚的"或不老练的行动是明智的。应该指出的是，许多关于虚拟行动的正式结论考虑的是一个较小的有限群体，因此当精确处理这些模型时，幼稚行动是有问题的。从经济学的观点来看，更有趣的是连续群体（continuum population）的情况，因为在这种情况下忽略战略之间的相互影响是合理的。而在最有趣的情况下，即规模很大但数量有限的群体和匿名随机匹配，即使每一个参与人的行动都是观察值的确定函数，随机匹配过程也给系统演变增加了一个随机化的来源。然而，正如我们将在下一章中看到的那样，这个以及其他随机化的来源对于在每个参与人角色只有一个代理人的博弈中得到的定性结论都不会造成很大的影响。

2.2　两人虚拟行动

为了保持形式上的合理简化，我们将从两人同时行动博弈开始，这个博弈具有有限的战略空间 S^1，S^2 和支付函数 u^1，u^2。虚拟行动模型假设在给定关于当前阶段对手行动的概率分布的预测或评估（assessment）的情况下，参与人在每一阶段都会选择最优化其预期支付的行动。这一评估采取下面的特定形式。

参与人 i 有一个外生的初始加权函数：$k_0^i: S^{-i} \rightarrow R_+$。每当参与人的对手选择战略 s^{-i} 时，通过给每个对手相应的战略权重加 1 对该函数进行调整，即

$$k_t^i(s^{-i}) = k_{t-1}^i(s^{-i}) + \begin{cases} 1 & \text{如果 } s_{t-1}^{-i} = s^{-i} \\ 0 & \text{如果 } s_{t-1}^{-i} \neq s^{-i} \end{cases}$$

在阶段 t，参与人 i 赋予其对手 $-i$ 采取战略 s^{-i} 的概率是：

$$\gamma_t^i(s^{-i}) = \frac{k_t^i(s^{-i})}{\sum_{\tilde{s}^{-i} \in S^{-i}} k_t^i(\tilde{s}^{-i})}$$

虚拟行动本身被定义为任何使得 $\rho_t^i(\gamma_t^i) \in BR^i(\gamma_t^i)$ 的规则 $\rho_t^i(\gamma_t^i)$。值得注意的是，因为对于某个特定的评估可能存在不止一个最优反应，所以不存在惟一的虚拟行动规则。传统的分析假设，当几个纯战略之间没有差异时，参与人选择一个纯战略最优反应。因为在一般支付和先验信念中不存在严格的无差异情况，所以所使用的虚拟行动规则就显得不那么重要了。另一个值得注意的问题是，由于在最优反应对应中一般不存在一个连续的选择，所以由虚拟行动指定的行动是参与人评估的不连续函数。

解释这个形成评估的方法的思路之一是指出，当参与人 i 认为其对手的行动符合一系列独立同分布的多项随机变量，这些随机变量的分布固定却未知，并且参与人 i 对该未知分布的先验信念具有狄利克雷分布（Dirichlet distribution）的形式，在上述情况下，这个方法与贝叶斯推断（Bayesian inference）是等价的。[1] 在这种情况下，参与人 i 的先验信念和后验信念对应于集合 $\Delta(S^{-i})$ 上的一个分布，其中，$\Delta(S^{-i})$ 是 S^{-i} 上的概率分布的集合。对手的战略 γ_t^i 的分布是纯战略上的诱导边际分布（induced marginal distribution）。特别地，如果用 μ^i 表示 $\Delta(S^{-i})$ 上的信念，则有 $\gamma_t^i(s^{-i}) =$
$\int_{\Sigma^{-i}} \sigma^{-i}(s^{-i}) \mu_t^i[d\sigma^{-i}]$。这里强调的假设不是狄利克雷函数的形式，而是隐含地假设参与人认为环境是不变的。在第八节我们将讨论给予当前观察值比过去观察值更高权重的可能性，这是参与人对环境可能不稳定的一种反应方式。

定义参与人 j 的行动的边际经验分布为：

$$d_t^j(s^j) = \frac{k_t(s^j) - k_0(s^j)}{t}$$

在此，由于参与人 i 先验信念的影响，评估 γ_t^i 并不完全等于边际经验分布 d_t^i（回忆一下，只有两个参与人，因此 $j = -i$）。该先验信念具有数据的"虚拟样本"（fictitious sample）的形式，这些数据可能在行动开始之前就已经观察到了。然而，当随时间的推移不断得到观察值时，它们将最终比先验信息更重要，同时该评估将最终收敛于边际经验分布。

与短视调整过程中的更新规则相比，虚拟行动的优点在于只要所有的初始权重大于零，就不存在信念分配的概率为零的有限样本。该信念反映了参与人坚信对手的战略是不变的而且是未知的，而且随着虚拟行动过程的不断进行，这种信念或许是错误的，例如，如果虚拟行动过程循环。但是，看起来像循环的任意有限序列，与世界是不变的且观察值是侥幸获得的这一信念相一致。如果循环持续下去，参与人最终可能会注意到这一情况，但正如他们在库诺特过程中一样，至少他们的信念在最初的几个阶段不会被扭曲。

2.3　虚拟行动中的渐近行动

虚拟行动的一个关键问题是行动是否收敛。如果收敛，则参与人的稳定性假设是合理的，至少是渐近稳定的；如果不收敛，那么参与人维持稳定性假设就不太可能。在这一节，我们将考察虚拟行动收敛的一些充分条件。这里的讨论以及命题 2.1 和 2.2 都是基于弗登伯格和克雷普斯（Kreps，1990）的。

虚拟行动过程的状态是参与人的评估构成的向量，而不是在阶段 t 采取的战略，因为后者不足以确定系统未来的演化。不过，如果在经过有限时间 T 之后，一个战略组合在每一个阶段都被使用，我们就称该战略组合是一个定态（steady state），虽然这有点滥用术语。

命题 2.1　（1）如果 s 是一个严格纳什均衡，而且在虚拟行动 33

过程中 s 在阶段 t 被采用，那么 s 将在阶段 t 后的所有阶段被采用。[2]即对于虚拟行动过程，严格纳什均衡是吸收的。(2) 虚拟行动中的任何纯战略定态一定是纳什均衡。

证明 首先假设参与人的评估 γ_t^i 使得他们的最优选择对应于一个严格纳什均衡 $\hat{s}$。那么，当该严格纳什均衡被实施时，每个参与人 i 在 $t+1$ 阶段的信念是 γ_t^i 与 $\hat{s}^{-i}$ 上的点式群体 $\gamma_{t+1}^i = (1-\alpha_t)\gamma_t^i + \alpha_t\delta(\hat{s}^{-i})$ 的一个凸组合。由于期望效用是概率的线性函数 $u^i(\hat{s}^i, \gamma_{t+1}^i) = \alpha_t u^i(\hat{s}^i, \delta(\hat{s}^{-i})) + (1-\alpha_t)u^i(\hat{s}^i, \gamma_t^i)$，所以如果 $\hat{s}^i$ 是参与人 i 相对于评估 γ_t^i 的最优反应，那么 $\hat{s}^i$ 是相对于评估 γ_{t+1}^i 的严格最优反应。反之，如果参与人的行动始终处于一个纯战略组合，那么评估 γ_t^i 最终将集中于这一纯战略组合，因此如果这一战略组合不是一个纳什均衡，最终将有参与人偏离它。(证明结束)

既然虚拟行动可收敛的惟一纯战略组合是纳什均衡，那么在一个所有的均衡都是混合战略的博弈中，虚拟行动将不会收敛于一个纯战略组合。例如，考虑图 2—1 所示的"便士匹配博弈"，在该博弈中，参与人的初始权重分别为 (1.5，2) 和 (2，1.5)。则虚拟行动循环如下。在第一阶段，参与人 1 与 2 同时选择行动 T，于是下一阶段参与人的权重分别为 (1.5，3) 和 (2，2.5)。在接下来的两个阶段，参与人 1 和 2 分别选行动 T 与 H，此后，参与人 1 的权重变为 (3.5，3)，参与人 2 的权重变为 (2，4.5)。此时，参与人 1 转向行动 H；在随后的 3 个阶段，两个参与人都选择行动 H；随后，参与人 2 转向行动 T。如此一直下去。

	H	T
H	1，-1	-1，1
T	-1，1	1，-1

图 2—1 便士匹配博弈

即使在这个例子中实际行动循环，定义在参与人 i 的战略上的经

验分布 d_t^i 也将收敛于（1/2，1/2），因此两个经验边际分布之积即为该博弈的混合战略均衡，记为｛(1/2，1/2)，(1/2，1/2)｝，这可能并不是显而易见的。对应于一个纳什均衡极限边际分布是虚拟行动的一般性质。

命题 2.2　在虚拟行动中，如果定义在每一个参与人 i 的选择上的经验分布 d_t^i 收敛，则对应于这些分布之积的战略组合是一个纳什均衡。

证明　证明过程与命题 2.1 的证明过程相同。如果经验分布之积收敛于某一战略组合 $\hat{\sigma}$，那么参与人的信念也收敛于 $\hat{\sigma}$，因此，如果 $\hat{\sigma}$ 不是一个纳什均衡，则有参与人将最终偏离这一战略组合。事实上，该结论并不要求评估采取虚拟行动中给定的具体形式，这是显而易见的；当大量观察值取极限时，评估接近于经验频率，从这一意义上而言，只要它们是"渐近经验的"就足够了。（证明结束）

命题 2.3　在虚拟行动中，如果在某一阶段具有如下特征，则经验分布是收敛的。具有一般（generic）支付[3]且为 2×2 博弈（Robinson，1951），或为零和博弈（Miyasawa，1961），或重复严格占优可解（Nachbar，1990），或有战略补充并满足其他技术条件（Krishna and Sjostrom，1995）。

然而，经验分布不必收敛。这方面的第一个例子是沙普利（Shapley，1964）提出的，他考虑了一个等价于图 2—2 所示的博弈的例子。他所考虑的博弈存在惟一的纳什均衡，即每一个参与人都使用混合战略（1/3，1/3，1/3）。沙普利证明了，如果初始权重使参与人选择战略组合（T，M），则虚拟行动就按如下循环进行：（T，M）$\rightarrow$（T，R）$\rightarrow$（M，R）$\rightarrow$（M，L）$\rightarrow$（D，L）$\rightarrow$（D，M）$\rightarrow$（T，M）……这正是库诺特交替行动最优反应过程的路径。特别地，3 个对角线上的战略组合（T，L），（M，M）和（D，R）从未被采用。而且，在这一序列中每一战略组合被采用的连续阶段的数目增加得足够快，使经验分布 d_t^1，d_t^2 虽然不收敛但遵循一个有限的循环。沙普利对后者的证明明显计算了该序列在每一阶段所耗费的时间。曼德尔，萨米特和西拉（Monderer，Samet and Sela，1995）有一个关于不收敛情况的更简单的证明，我们将在2.6节给出。

	L	M	R
T	0, 0	1, 0	0, 1
M	0, 1	0, 0	1, 0
D	1, 0	0, 1	0, 0

图2—2　沙普利虚拟行动不收敛的例子

如果沿对角线的支付增加到（1/2，1/2），则上述例子就变成"石头—剪刀—布"零和博弈，在这一零和博弈中，石头砸碎剪刀，剪刀剪开布，布包住石头。该博弈具有与上述例子相同的惟一的纳什均衡，即每一个参与人都采取混合战略（1/3，1/3，1/3）。同时，这一均衡也是博弈中惟一的相关均衡（correlated equlibrium）。为了将来查询，我们在这里指出：既然"石头—剪刀—布"是一个零和博弈，则由虚拟行动产生的经验分布必然收敛于纳什均衡。然而，行动的结果遵循与沙普利的例子一样的最优反应循环；此处经验分布收敛是由于采取每一战略组合花费的时间增加得足够慢。"石头—剪刀—布"博弈及其修正对于理解博弈的学习和演化过程非常有用，在后面的章节中我们还将提到它。

2.4　对虚拟行动中循环的解释

关于虚拟行动的早期文献将虚拟行动过程视为对参与人可能用来协调他们对某一特定纳什均衡上的预期的行动前的计算的描述（因此称为"虚拟行动"）。从这一角度来看，或者将虚拟行动视为计算纳什均衡的方法时，识别具有时间平均的循环不存在问题，而且早期关于虚拟行动的文献也因此而着重探求保证经验分布收敛的条件。

　　然而，将收敛作为判断参与人是否已经学会采取相应战略的一个标准，这样的观念是存在问题的，因为这一观念假设参与人忽视了循环的持续性，并假设参与人对手的行动对应于来自一个固定分布的独立同分布抽样。而且，因为这些循环，两人博弈的经验联合分布（empirical joint distribution）（这个分布是通过追踪战略组合的经验频率形成的，而不是通过由 d_t^i 追踪的经验边际频率形成的）是可能相关的。考虑如图 2—3 所示的由弗登伯格和克雷普斯（Fudenberg and Kreps，1990，1993）提出的例子。[4]该例子假设博弈按照虚拟行动的过程进行，每一参与人的初始权重为 $(1, \sqrt{2})$。在第一阶段，两个参与人都认为对方会选择战略 B，因而都选战略 A。在下一个阶段，两个参与人的权重都变为 $(2, \sqrt{2})$，并且两人都选择战略 B；结果是一个交替的序列 $(B，B)$，$(A，A)$，$(B，B)$……每个参与人的选择的经验频率收敛于纳什均衡 $(1/2，1/2)$。但实际的行动总是处于对角线上，两个参与人的支付在每个阶段都为零。对这一情况的另一种说明方法是成对行动的经验联合分布不等于两个边际分布之积，因而经验联合分布对应于相关行动而不是独立行动。

	A	B
A	0，0	1，1
B	1，1	0，0

图 2—3　弗登伯格和克雷普斯关于持续不协调的例子

　　从参与人学习对手如何行动的立场出发，联合分布呈现相关性的这类例子似乎不能给"收敛于一个均衡"下一个非常令人满意的定义。更一般地说，即使经验联合分布确实收敛于经验边际分布之积，使得参与人最终获得他们期望得到的最大支付，这一最大支付是相对于其对手行动的长期经验分布的独立同分布抽样而言的，人们仍想知道参与人是否会忽视其对手行动中的持续循环。

对此问题的回应之一是使用一个更加严格的收敛概念，使得当参与人想要采取的行动在每一阶段都收敛于某混合战略时，他的行动只收敛于该混合战略。在一般支付的意义上，标准虚拟行动过程不能收敛于一个混合战略，因此我们把对这一回答的讨论放到第4章进行。

由于参与人只了解关于对手行动的频率的数据，所以对此问题的另一种回应是认为参与人忽略行动循环是无关紧要的。我们将在第七节详细阐述。

2.5 多人虚拟行动

37 本节将考察在三人或多人博弈中扩展虚拟行动出现的一个重要的建模问题：在三人博弈中，参与人1对其对手行动的评估 γ^1 应当具有值域（range）$\Sigma^2 \times \Sigma^3$，并满足 $\gamma^1(s^2, s^3) = \gamma^1(s^2)\gamma^1(s^3)$，使得评估总是对应于一个混合战略组合？或者，评估 γ^1 的值域是定义在对手行动之上的所有概率分布构成的空间 $\Delta(S^2 \times S^3)$ 上，且包含相关的分布？

为回答这一问题，我们需要把虚拟行动解释为贝叶斯修正（Bayesian updating）的结果，此时评估对应于对手当期战略的边际分布，并且这个战略是建立在参与人的当期信念上。从这个观点来看，即使参与人1确信其对手行动的真实分布实际上对应于独立随机分布，他对其对手行动的当前评估也能够对应于相关分布。正式地说，参与人2和3的独立随机化假设意味着：

$$\gamma_t^1(s^2, s^3) = \int_{\Sigma^{-i}} \sigma^2(s^2)\sigma^3(s^3)\mu_t^1[d(\sigma^2, \sigma^3)]$$

被积函数使用 $\sigma^2(s^2)$ 和 $\sigma^2(s^3)$（应为 $\sigma^3(s^3)$）。——译者注)乘积这一

事实反映了独立混合（independent mixing）的假设。尽管如此，评估 γ_t^1 不一定是乘积测度（product measure），事实上除非参与人 1 对其对手的主观不确定性也是不相关的，即除非 μ_t^1 是乘积测度，否则评估 γ_t^1 一般不是一个乘积测度。

　　为了使这一点更加具体，我们用一个例子进行说明。假设两对手有 $1/2$ 的机会选择行动 A，也有 $1/2$ 的机会选择行动 B。则参与人 1 信念的支撑集（support）主要集中于对手的不相关战略组合（实际上为纯战略组合），但参与人 1 当前的评估对应于一个相关战略组合 $1/2\ (A,\ A)\ -1/2\ (B,\ B)$。

　　因此，我们看到，并没有足够的理由假设参与人最初的评估对应于不相关的随机分布。更深入的问题是，正如先前有关边际的计算一样，参与人的先验信念（prior beliefs）的支撑集是否是其对手的混合战略组合的集合；抑或先验信念是否考虑了对手一致使他们的行动相关的可能性。如果支撑集是混合战略的集合，则随着时间的推移，每一参与人都将确信对手行动的分布对应于每一个对手行动的经验边际分布的乘积，因此，持续相关性将被忽略。

　　为了理解其中的差异，我们考虑将前面提到过"石头—剪刀—布"的模型变为三人博弈，其中参与人 1 和 2 具有和前面完全一样的行动和支付，参与人 3 有权对其他两个参与人的行动下赌注。更准确地说，无论参与人 1 和 2 采取什么行动组合，参与人 3 选择"退出"则只能得 0；当参与人 1 和 2 采取对角线上的行动组合时，参与人 3 选择"加入"可得 10；当参与人 1 和 2 采取对角线以外的行动组合时，参与人 3 选择"加入"得 -1；参与人 3 的行动对参与人 1 和 2 的支付没有任何影响。显然，该博弈存在惟一的纳什均衡：参与人 1 和 2 采取混合战略 $(1/3,\ 1/3,\ 1/3)$，参与人 2（应为 3。——译者注)选择"加入"。而且，这一均衡也是该博弈惟一的相关均衡。

　　如前所述，该博弈中参与人 1 和 2 的行动将通过对角线外的行动组合循环，单个参与人行动的经验分布将收敛于（1/3，1/3，1/3）。如果参与人 3 估计参与人 2 和 3（应为 1 和 2。——译者注）的各自的分布，则参与人 3 的信念将最终收敛于经验分布，并导致其选择行动"加入"；而这一行动使参与人 3 在每一阶段的支付为 −1，低于参与人 3 的保留效用（reservation utility）。另一方面，如果参与人 3 坚持追踪每一战略组合（s^1，s^2）的频率（例如通过定义在其对手战略组合之上的狄利克雷先验来进行追踪），则他将学会选择行动"退出"，这导致行动收敛于一个既不是纳什均衡甚至也不是相关均衡的结果。而且，参与人 3 将认识到参与人 1 和 2 行动之间的相关性，而这一相关性连参与人 1 和 2 自己都忽略了。

据我们看来，该例子说明，无论何时，只要每一阶段的行动不能收敛于一个固定的战略组合，多人虚拟行动的任一表述都存在问题。这是反对将经验分布收敛作为收敛准则的另一个论据。

在前言中我们引用乔丹（1993）的简单三人便士匹配博弈描述了相关均衡的思想。在此，我们将说明虚拟行动如何在博弈中导致一个稳健的循环，这个稳健的循环类似于我们在前言中讨论的最优反应循环。

回忆一下，我们所考虑的博弈是便士匹配博弈的一种变形，在该博弈中，所有参与人同时选择行动 H 或 T，而且支付矩阵中的各项要么为 +1（赢）要么为 −1（输）。当参与人 1 选择与参与人 2 相同的行动时，参与人 1 就赢了；当参与人 2 选择与参与人 3 相同的行动时，参与人 2 也赢了；而当参与人 3 选择与参与人 1 不相同的行动时，参与人 3 获胜。图 2—4 给出了这个博弈的支付：其中行对应于参与人 1 的行动（上对应行动 H，下对应行动 T），列对应于参与人 2 的行动，矩阵对应于参与人 3 的行动。该博弈存在惟一的纳什均衡，即每个参与人采取行动（1/2，1/2），但我们观察到，定义在每个战略组合（H，H，H），（H，H，T），（H，T，T），（T，T，T），（T，T，H）和（T，H，H）具有相同的权重 1/6 的结果之上的分布是一个相关均衡。

	H	T
H	+1, +1, −1	−1, −1, −1
T	−1, +1, +1	+1, −1, +1

	H	T
H	+1, −1, +1	−1, +1, +1
T	−1, −1, −1	+1, +1, −1

图 2—4　乔丹的三人便士匹配博弈

乔丹认为，正如在二人虚拟行动中一样，参与人估计每一个对手各自的边际分布，而参与人的评估为这些独立边际分布之积；这一结论对应于这样一种情况：参与人相信其对手独立随机化，而且每个参与人的主观先验 γ^i 是一个乘积测度。然而，每一个参与人只关心两个对手中的一个对手的行动，因此，关于对手行动如何相关的特定假设就显得不重要了。乔丹通过提供一个博弈——在该博弈中，对于所有处于一维稳定流形（stable manifold）之外的初始条件，经验分布不能收敛——对沙普利的例子进行了扩展，从而证明不能收敛对于初始条件是非常稳健的。这一循环类似于前面讨论过的最优反应循环：如果参与人从使得他们选择战略组合（H，H，H）的评估开始，最终参与人 3 将会希望转向行动 T。而在战略组合（H，H，T）被采取一段较长的时间之后，最终参与人 2 将会希望改变其行动，以此类推。正如在沙普利的例子中那样，随着时间的不断推移，这一循环将耗费越来越多的时间；然而与沙普利的例子不同的是，参与人行动的联合分布收敛于一个相关均衡，这一相关均衡将赋予处于循环中的六个战略以相同的权重。[5]在下面我们将看到，循环以与最优反应动态相同的顺序通过战略组合，这不是巧合；联合分布收敛于一个相关均衡，这也不是巧合。

2.6　虚拟行动的支付

在虚拟行动中，参与人仅仅追踪有关对手行动频率的数据。特别

40 地，由于他们并不追踪条件概率的有关数据，因而认识不到循环的存在。[6]在给定这一限制条件的情况下，我们仍然要考虑虚拟行动能否达到其目的。也就是说，如果虚拟行动成功地"学习"到这些频率分布，那么它应该至少渐近地获得与提前知道与频率分布时相同的效用。本节考察虚拟行动满足这一称为"一致性"的特征的程度。

在本节，我们假设如果存在两个以上的参与人，则他们的评估将追踪对手战略的联合分布。用 D_t^{-i} 表示参与人 i 的对手的行动的经验分布，用 $\hat{U}_t^i = \max_{\sigma^i} u^i(\sigma^i, D_t^{-i})$ 表示与该经验分布相应的最优支付，用 $U_t^i = (1/t)\sum_{\tau=1}^{t} u^i(s_\tau^i, s_\tau^{-i})$ 表示参与人 i 的已实现支付的时间平均值。

定义 2.1 如果存在一个 T，使得对于所有的参与人 i，对于任意 $t \geq T$，满足 $U_t^i + \varepsilon \geq \hat{U}_t^i$，则称虚拟行动是沿着历史 ε ——致的（ε-consistent along every possible history）。

注意，与古典统计意义上的一致性对比，这是一致性的"事后"形式。我们将在第 4 章讨论"普遍 ε ——致"（universally ε-consistent）的行为规则，"普遍 ε ——致"表示沿着每一个可能的历史是 ε ——致的。

同时考虑参与人面对其对手的经验行动时实际上如何行动以及参与人的行动怎样与其预期效用相联系是有用的。由于预期支付是概率的线性函数，所以将对手在阶段 t 的行动评估为 γ_t^i 的参与人 i 相信他所期望的 t 阶段时的支付是 $U_t^{i^*} = \max_{\sigma^i} u^i(\sigma^i, \gamma_t^i)$。由于无论参与人的行动是否收敛，$\gamma_t^i$ 与 D_t^{-i} 之差将收敛于 0，而且支付函数是对手的混合战略的连续函数，所以 $\| \hat{U}_t^i - U_t^{i^*} \|$ 渐近地收敛于 0。因此，一致性意味着参与人不仅能够做得与好像他预先知道频率一样，而且可以做得与他所期望的一样。例如，像在上一节提到的那个例子

那样，如果 U_t^i 总是小于 $\hat{U}_t^i$，那么参与人 i 最终将会发现其环境模型中存在某些错误。这为一致性的概念提供了另一种动机。

我们主要的结论涉及一个参与人如何频繁地改变其战略与其行动的一致性之间的联系。对任意一个阶段 t，我们定义转换频率（frequency of switches）η_t^i 为所有满足 $s_\tau^i \neq s_{\tau-1}^i$ 的阶段 τ 中，满足 $\tau \leqslant t$ 的阶段 τ 所占的比例。

定义 2.2　如果对于每一个 $\varepsilon > 0$，存在一个 T 且对任何 $t \geqslant T$，对所有的 i，有 $\eta_t^i \leqslant \varepsilon$，则称虚拟行动显示出沿着历史的非频繁转换（infrequent switches along a history）。

命题 2.4　如果虚拟行动显示出沿着历史的非频繁转换，那么对于每一个 $\varepsilon > 0$，虚拟行动具有沿着该历史的 ε-一致性。

这一结论是由弗登伯格和莱文（Fudenberg and Levine, 1994）以及曼德尔和西拉（Monderer and Sela, 1994）分别独立提出的；我们将介绍曼德尔-萨米特-西拉的证明，因为他们的证明更加简短更有说服力。[7]

直观地说，一旦有足够的数据覆盖先验信念，那么在每一阶段 t 参与人 i 的行动将是对阶段 $t-1$ 的经验分布的最优反应。另一方面，如果参与人 i 行动的平均水平不如对经验分布的最优反应那样好，则阶段 t 中必然存在一个不可忽略的时间段，在该时间段，参与人 i 在阶段 t 选择的行动并不是对其对手在该阶段行动分布的最优反应。但是，在那些阶段，参与人 i 将在阶段 $t+1$ 转向选择不同于阶段 t 的行动；相反，非频繁转换意味着在大多数阶段参与人 i 在阶段 t 的行动在该阶段结束时是对经验分布的最优反应。

在接下来的部分，用 $\hat{\sigma}_t^i$ 表示虚拟行动所确定的最优战略组合（argmax）。

命题 2.4 的证明　用 $k = \sum_{s^{-i}} k_0^i(s^{-i})$ 表示初始信念 γ_0^i 中所包含的"虚拟历史"的长度，用 $\hat{\sigma}_t^i$ 表示对信念 γ_t^i 的最优反应。则

$$U_t^{i^*} = u^i(\hat{\sigma}_t^i, \gamma_t^i) \geqslant u^i(\hat{\sigma}_{t+1}^i, \gamma_t^i)$$

$$= \frac{(t+k+1)u^i(\hat{\sigma}_{t+1}^i, \gamma_{t+1}^i) - u^i(\hat{\sigma}_{t+1}^i, s_t^{-i})}{t+k}$$

$$= \frac{(t+k+1)U_{t+1}^{i^*} - u^i(\hat{\sigma}_{t+1}^i, s_t^{-i})}{t+k}$$

因此

$$U_{t+1}^{i^*} \leqslant \frac{t+k}{t+k+1} U_t^{i^*} + \frac{u^i(\hat{\sigma}_{t+1}^i, s_t^{-i})}{t+k+1}$$

$$U_{t+1}^{i^*} - U_t^{i^*} \leqslant \frac{-1}{t+k+1} U_t^{i^*} + \frac{u^i(\hat{\sigma}_{t+1}^i, s_t^{-i})}{t+k+1}$$

结果

$$U_t^{i^*} \leqslant \frac{\sum_{\tau=0}^{t-1} u^i(\hat{\sigma}_{\tau+1}^i, s_\tau^{-i})}{t+k} + \frac{U_0^{i^*}}{t+k}$$

$$= \frac{\sum_{\tau=0}^{t-1} u^i(\hat{\sigma}_\tau^i, s_\tau^{-i})}{t+k}$$

$$+ \frac{\sum_{\tau=0}^{t-1} u^i(\hat{\sigma}_{\tau+1}^i, s_\tau^{-i}) - u^i(\hat{\sigma}_\tau^i, s_\tau^{-i})}{t+k} + \frac{U_0^{i^*}}{t+k}$$

这个表达式的第一个商收敛于参与人 i 已经实现的平均支付 U_t^i。第二个和项除非参与人 i 转换行动，否则一定为 0；因此，这一部分在非频繁转换的任何路径上都收敛于 0。第三部分表示先验信念的影响，沿任何路径收敛于 0。（证明结束）

命题 2.5 对于任何初始权重，存在一个序列 $\varepsilon_t \to 0$，使得沿着任何一个有限期限的历史，有 $U_t^{i^*} \geqslant U_t^i + \varepsilon_t$。也就是说，一旦存在足够的数据比初始权重更重要，参与人就相信他们当前的预期支付至少与他们至今为止的平均支付水平是一样的。

证明 令

$$U_t^{i^*} = u^i(\hat{\sigma}_t^i, \gamma_t^i) \geqslant u^i(\hat{\sigma}_{t-1}^i, \gamma_t^i)$$

$$= \frac{u^i(\hat{\sigma}_{t-1}^i, s_{t-1}^i) + (t+k-1)u^i(\hat{\sigma}_{t-1}^i, \gamma_{t-1}^i)}{t+k}$$

这里，不等式是根据 $\hat{\sigma}_t^i$ 是相对于 γ_t^i 的最优反应而得到的。将 $u^i(\hat{\sigma}_{t-1}^i, \gamma_{t-1}^i)$ 展开，即得：

$$U_t^{i^*} \geqslant \frac{u^i(\hat{\sigma}_{t-1}^i, s_{t-1}^{-i}) + (t+k-1)(u^i(\hat{\sigma}_{t-2}^i, s_{t-2}^i) + (t+k-2)u^i(\hat{\sigma}_{t-2}^i, \gamma_{t-2}^i))/(t+k-1)}{t+k}$$

$$= \frac{u^i(\hat{\sigma}_{t-1}^i, s_{t-1}^{-i}) + (u^i(\hat{\sigma}_{t-2}^i, s_{t-2}^i) + (t+k-2)u^i(\hat{\sigma}_{t-2}^i, \gamma_{t-2}^i))}{t+k}$$

一直迭代下去，则有：

$$U_t^{i^*} \geqslant \frac{\sum_{\tau=1}^{t-1} u^i(\hat{\sigma}_\tau^i, s_\tau^{-i}) + (k+1)u^i(\hat{\sigma}_1^i, \gamma_1^i)}{t+k}$$

$$= \frac{(t-1)U_t^i + (k+1)u^i(\hat{\sigma}_1^i, \gamma_1^i)}{t+k}$$

通过取 $\varepsilon_t > (1/t)\max u^i$，完成证明。需要注意的是，该证明并未使用"非频繁转换"这一性质。（证明结束）

　　由于参与人在每个阶段都改变他们的战略，因此以上弗登伯格和克雷普斯的例子无法检验非频繁转换。另一方面，在沙普利和乔丹的例子中，非收敛路径（nonconvergent paths）都明显地存在非频繁转换。而且，正如曼德尔，萨米特和西拉（1994）所提到的，命题 2.5 提供了一个证明在这些例子中经验分布不收敛的简单方法。例如，在沙普利循环中，每一阶段实际支付的总和为 1，因此根据命题 2.5，对于较大的 t，参与人预期得到的支付 $U_t^{i^*}$ 之和至少为 1。然而，如果经验分布收敛，它必然收敛于纳什均衡分布（根据命题 2.2）；于是，参与人的信念也必然收敛于纳什均衡分布，因此，他们的预期支

43

付收敛于总和为 2/3 的纳什均衡支付。

2.7 两战略博弈中的一致性和相关均衡

在乔丹博弈中，每一个参与人只有两种行动。结果，一致性产生了一个非常有趣的推论：一致性意味着行动组合的长期平均类似于一个相关均衡。

特别地，假设行动的结果从上一节的定义来说具有 ε ——致性，且 $\varepsilon = 0$。令 $D_t^{-i}[s^i]$ 表示参与人 i 对手的行动分布，该分布是在参与人 i 采取行动 s^i 的条件下，由战略组合 D_t 的联合分布得到的；d_t^i 为参与人 i 的行动的边际分布。特别地，$D_t^{-i} = \sum_{s^i} d_t^i(s^i)D_t^{-i}[s^i]$。还应当注意的是，$\max_{\sigma_i} u^i(\sigma^i, D_t^{-i}) = \max_{s_i} u^i(s_i, D_t^{-i})$。

于是，一致性等价于如下条件：对所有 s^i，满足 $u^i(D_t) \geq u^i(s_i, D_t^{-i})$。假设参与人 i 只有两种行动，则有：

$$d_t^i(s^i)u^i(s^i, D_t^{-i}[s^i]) + d_t^i(r^i)u^i(r^i, D_t^{-i}[r^i]) = u^i(D_t)$$
$$\geq u^i(s^i, d_t^i(s^i)D_t^{-i}[s^i] + d_t^i(r^i)D_t^{-i}[r^i])$$
$$= d_t^i(s^i)u^i(s^i, D_t^{-i}[s^i]) + d_t^i(r^i)u^i(s^i, D_t^{-i}[r^i])$$

用减法消去相同的项，得到对所有的 s^i

$$d_t^i(r^i)u^i(r^i, D_t^{-i}[r^i]) \geq d_t^i(r^i)u^i(s^i, D_t^{-i}[r^i])$$

这说明，无论何时，只要给定的行动 r^i 以正的概率实施，则 r^i 是对应于对手行动的条件分布的最优反应。因此，我们可以得出结论：只要每个参与人只有两个战略，如果 D_t 是一致的，那么它也是一个相关均衡。

2.8 虚拟行动和最优反应动态

我们从乔丹的例子中观察到，由虚拟行动产生的纯战略组合序列   44
（但不是每一个战略组合发生的次数）与在交替行动最优反应动态中
的纯战略组合序列相同（这在沙普利的例子同样成立）。显然，这两
个过程在一般博弈中不可能相同，因为在交替行动最优反应动态中，
参与人只选择相对于其对手的某些纯战略而言是最优反应的战略，而
在虚拟行动中，参与人可能选择相对于对任何纯战略组合而言不是最
优反应，但相对于某些混合战略组合而言是最优反应的战略。然而，
如果每一阶段调整其行动的群体所占比例充分地小，虚拟行动中的动
态行动与连续时间最优反应动态密切相关，而连续时间最优反应动态
同样描述了前言中讨论的部分最优反应动态中的渐近行动。

我们将首先解释部分时间最优反应动态和连续时间最优反应动态
之间的联系。假设存在一个由每一种类型参与人构成的连续群体，令
状态变量 θ_t^i 表示第 i 类参与人采取的战略的频率分布。也就是说，
$\theta_t^i(s^i)$ 是采取战略 s^i 的第 i 类参与人在群体中所占的比例（fraction）。
在离散时间里，如果参与人所占的比例 λ 是随机产生的，并转向相
对于他们对手当前行动是最优反应的行动，同时，群体中的剩余部分
继续保持他们的当前行动，那么，部分最优反应动态由下式给出：

$$\theta_{t+1}^i = (1+\lambda)\theta_t^i + \lambda BR^i(\theta_t^{-i}) = \theta_t^i + \lambda(BR^i(\theta_t^{-i}) - \theta_t^i)$$

这里，每个 BR^i 是对应于来自对该参与人来说是最优反应对应的某
些选择的（不连续）函数。如果时间间隔非常短，并且群体中进行调
整的参与人所占的比例非常小，则这可以通过连续时间调整过程近似
为下式：

$$\theta_t^i = \beta(BR^i(\theta_t^{-i}) - \theta_t^i)$$

需要注意的是，与该过程的离散时间情形一样，这一动态具有时

间齐次性，因此，当过程进化时，前者不"收敛"于后者。而且，从离散时间系统向连续时间系统的变换可通过考虑改变系统中关键参数来证明。

相对地，随着时间的推移，虚拟行动过程的移动会越来越慢，因为随着资料不断积累每一个新的观察值变得相对不重要了。假设当存在两个以上的参与人时，对手的群体平均值被视为是独立的，因此，渐近信念 γ_t^i 由边际经验分布之积 $\prod_{j\neq i} d_t^j$ 近似地给出。回忆一下，d_{t-1}^{-i} 是除了参与人 i 以外所有其他参与人行动的边际经验分布向量，虚拟行动中的边际经验分布演化近似遵循以下过程（忽略先验）：

$$d_t^i = \frac{t-1}{t} d_{t-1}^i + \frac{1}{t} BR^i(d_{t-1}^{-i})$$

当然，除过去的权重收敛为 1，以及最优反应的权重收敛为 0 以外，虚拟行动的边际经验分布演化过程与部分最优反应动态非常类似。

此外，通过改变时间度量单位可以使虚拟行动系统看起来是固定不变的。详细地说，令 $\tau = \log t$ 或者令 $t = \exp \tau$。假设存在非频繁转换，使得行动在 τ 和 $\tau + \Delta$ 之间大致保持不变。观察：

$$\exp(\tau + \Delta) - \exp \tau = (\exp(\Delta) - 1)\exp \tau \approx \Delta \exp \tau = \Delta t$$

令 $\tilde{d}_\tau^i = d_{\exp \tau}^i$，则有

$$\tilde{d}_{\tau+\Delta}^i = d_{t+\Delta t}^i = \frac{t - \Delta t}{t} d_t^i + \frac{\Delta t}{t} BR^i(d_t^{-i})$$
$$= (1 - \Delta) d_t^i + \Delta BR^i(d_t^{-i})$$
$$= (1 - \Delta) \tilde{d}_\tau^i + \Delta BR^i(\tilde{d}_\tau^{-i})$$

在较大的 t 和较小的 Δ 的连续时间限制中，这能够由下式近似：

$$\dot{\tilde{d}}_\tau^i = BR^i(\tilde{d}_\tau^{-i}) - \tilde{d}_\tau^i$$

这当然与连续时间最优反应动态相同。

我们可以得出如下结论：通过合适的时间正规化（normalization)，离散时间虚拟行动渐近地近似于连续时间最优反应动态。更精确地说，离散时间虚拟行动的极限点集是连续时间最优反应动态的不变子集。而且，从某一个大 T 开始直到某个时间 $T + T'$，离散时间虚拟行动过程的路径始终接近于对应的连续时间最优反应过程的路径，其中通过取 T 任意大，T' 能够任意大（Hofbauer，1995）。值得注意的是，从相同的初始条件开始的离散时间过程和连续时间过程可能趋向于不同的长期极限。离散时间结果与连续时间结果之间的这种关系相当典型，并且在下一章的模仿者动态的研究中也可见到。随后，我们将考虑伴随噪声的类虚拟行动（fictitious playlike）系统。随机近似理论研究离散时间随机动态系统与其连续时间极限之间的精确关系，我们将在第 4 章就这一问题进行详细的探讨。

2.9　虚拟行动的一般化

可以想像，对于在早期可能具有不同行动但渐近收敛于虚拟行动的那些过程，虚拟行动的渐近行动的许多结论仍然成立。遵循弗登伯格和克雷普斯（1993）的分析方法，我们认为，如果沿着无限历史的每一个序列有 $\lim_{t \to \infty} \left\| \gamma_t^i - D_t^{-i} \right\| = 0$，则参与人的信念是"渐近经验的"（asymptotically empirical）。容易验证，当虚拟行动被一般化为允许任何渐近经验预测时，命题 2.1 仍然成立（严格均衡是吸收的（absorbing）且纯战略定态为纳什均衡）。此外，如果 γ_t^i 是边际信念之积，弗登伯格和克雷普斯证明了当虚拟行动被一般化为允许渐近经验信念时，命题 2.2（行动的边际分布收敛意味着纳什均衡）仍然成立。[8] 以同样的思路，乔丹（1993）证明了，对于满足以下两个条件的任何信念，在他的例子中不收敛的经验分布收敛于相同的有限循环：（1）满足渐近经验主义的"一致性"概念（也就是说，对于任意的 ε，对于长度至少为 $T(\varepsilon)$ 的所有历史，预测和实际经验分布之差

小于 ε);（2）依赖于仅通过经验分布的历史。

米尔格朗（Milgrom）和罗伯茨（Roberts, 1991）使用一个对预测更弱的条件：他们认为，如果对于对手的任何在较长阶段内未使用的战略，预测赋予该战略一个非常低的概率，那么预测具有自适应性（adaptive）。正式的定义为，对于每一个 $\varepsilon > 0$ 和每一个 t，存在 $T(\varepsilon, t)$，使得对于所有的 $t' > T(\varepsilon, t)$ 和直到阶段 t' 的所有行动的历史，预测 γ_t^i 赋予在阶段 t 到 t' 之间未被采用的参与人 i 的对手的纯战略集合的概率不超过 ε，则认为预测规则具有自适应性。因为该条件仅限制预测的支撑集，而不限制支撑集中战略的相对权重，因此这一规则显然不适于对参与人的预测收敛于一个混合分布的情况建立模型。然而，正如米尔格朗和罗伯茨所表明的，该条件很强，足以保持命题 2.1 的第 2 部分：如果预测具有自适应性，而且行动收敛于一个纯战略组合，那么该战略组合必定是一个纳什均衡。

一个自适应预测规则的例子是"指数加权虚拟行动"，在这个例子中在阶段 t 战略 s^j 的预测概率为：

$$\frac{1 - \beta^t}{1 - \beta} \sum_{\tau = 1}^{t-1} \beta^\tau I(s_\tau^j = s^j)$$

其中，I 为指标函数且 $\beta > 1$。根据这一规则，给予最新观察值的权重从不减弱，因此，如果对手行动是一个固定的混合战略，则其评估将不收敛。（如果当 t 趋于无穷大时允许权重 β 减小为 1，如果过去的历史更长 β 可能代表更大的权重，则该规则是渐近经验的。）我们将在第 4 章讨论这种指数权重体系的性质，以及一些证明指数权重比描述博弈试验行动中的学习行动的标准虚拟行动做得更好的证据。由于这些试验不会在非常长的时间期限内进行，所以这个结论对于我们所要说明的问题来说含义并不明确。

最后，如果给定对当前的预期，行动被选择以最大化当前支付的假设弱化为渐近地成立，那么虚拟行动的许多渐近性特征仍将保留下来。弗登伯格和克雷普斯（1993）认为，如果对于某些收敛于 0 的正

数序列 $\{\varepsilon_t\}$，对于每一个阶段 t 和每个阶段 t 的历史，每一个在行动规则 ρ^i 下具有正概率的纯战略 s^i 都是在给定预测 γ^i 的条件下的 ε_t - 最优反应，则行动规则 ρ^i（从历史到行动的映射（map））关于预测规则 γ^i 是强渐近短视的（strongly asymptotically myopic with respect to forecast rule γ^i）。[9]命题 2.1 对于所有关于某些渐近经验预测规则是强渐近短视的行动规则都成立，而且如果信念是独立边际之积，命题 2.2 也成立。

附录：狄利克雷先验和多项抽样

以下内容是德格鲁特（DeGroot，1970）文章的摘要。

1. 多项分布（multinomial distribution）　考虑 n 个独立同分布试验形成的序列，在每一个阶段，k 种结果中的一个将会发生，p_z 表示结果 z 出现的概率。向量 k 表示 n 次试验的结果，k_z 表示结果 z 出现的次数。（考虑在同时行动博弈中，作为对手的一个行动的选择的结果。）如果 k 具有如下分布函数，则 k 的分布被称为具有参数 n 和 $p = (p_1, \cdots, p_k)$ 的多项分布（multinomial distribution with parameters n and $p = (p_1, \cdots, p_k)$）。

$$f(k) = \frac{n!}{k_1! \cdots k_k!} p_1^{k_1} \cdots p_k^{k_k}$$

对于 k 满足 $\sum\limits_{z=1}^{k} k_z = n$。

2. 狄利克雷分布（Dirichlet distribution）　用 Γ 表示伽马函数。如果随机向量 p 服从参数向量为 $\alpha(\alpha_z > 0, \ \forall z)$ 的狄利克雷分布，则随机向量 p 的密度由下式给出：

$$f(p) = \frac{\Gamma(\alpha_1 + \cdots + \alpha_k)}{\Gamma(\alpha_1) \cdots \Gamma(\alpha_k)} p_1^{a_1 - 1} \cdots p_k^{a_k - 1}$$

对所有的 $p>0$ 满足 $\sum_{z=1}^{k} p_z = 1$。如果 p 服从狄利克雷分布，则 p_z 的边际分布是具有参数 α_z 和 $\sum_{\omega \neq z} \alpha_z$ 的贝塔分布，因此狄利克雷分布有时也称为多元贝塔分布（multivariate beta distribution）。特别地，如果 p 服从狄利克雷分布，那么 p_z 的期望值为 $\alpha_z \big/ \sum_{\omega=1}^{k} \alpha_\omega$。

3. 作为多项抽样的共轭族的狄利克雷分布（Dirichlet distribution as a conjugate family for multinomial sampling） 一个分布族对于一个似然函数来说就是一个共轭族，如果无论先验分布处于哪一个分布族，对于任意一个来自该似然函数的样本而言，其相应的后验分布也处于该分布族。一个典型的例子是正态分布：如果依照一个均值未知的正态分布进行抽样，而且先验分布本身也是正态分布，那么后验分布同样也服从正态分布。同样地，对于多项抽样，狄利克雷分布也是一个共轭族。

为了解这一点，假设概率向量 p 的先验分布服从参数为 α 的狄利克雷分布，使得每一个 p 的密度函数 $f(p)$ 与 $\prod_{z=1}^{k} p_z^{\alpha_z-1}$ 成比例。

对向量 p 的每一个值，结果向量 k 出现的可能性与 $\prod_{z=1}^{k} p_z^{k_z}$ 成比例。我们使用贝叶斯规则计算 p 的后验分布如下：

$$f(p \mid k) = \frac{f(k \mid p) f(p)}{\int f(k \mid p) f(p) dp} \propto \prod_{z=1}^{k} p_z^{\alpha_z-1} \prod_{z=1}^{k} p_z^{k_z} \prod_{z=1}^{k} p_z^{\alpha_z+k_z-1}$$

因此，后验分布服从参数为 α' 的狄利克雷分布，其中，$\alpha'_z = \alpha_z + k_z$。

如果参与人 i 在阶段 t 关于其对手 $-i$ 的混合战略的信念服从狄利克雷分布，那么参与人 i 关于对手在阶段 t 采取行动 s^{-i} 的概率的评估为：

$$\gamma_t^i(s^{-i}) = \int_{\sum^{-i}} \sigma^{-i}(s^{-i}) \mu_t^i [d\sigma^{-i}]$$

这一评估只不过是 σ^{-i} 中对应于 s^{-i} 的那部分的期望值；由前面提到的可知，如果 $z = s^{-i}$，那么这一评估就等于 $\alpha_z \Big/ \sum_{\omega=1}^{k} \alpha_\omega$。因此，在观察了样本 k 之后，参与人 i 对于下一个观察值为战略 z 的概率的评估为：

$$\frac{\alpha'_z}{\sum_{\omega=1}^{k} \alpha_\omega} = \frac{\alpha_z + k_z}{\sum_{\omega=1}^{k} (\alpha_\omega + k_\omega)}$$

上式即为虚拟行动的公式。

参考文献

Brown, G. W. 1951. Iterative solutions of games by fictitious play. In *Activity Analysis of Production and Allocation*, ed. by T. C. Koopmans. New York: Wiley.

DeGroot, M. 1970. *Optimal Statistical Decisions*. New York: McGraw-Hill.

Ellison, G. 1994. Learning with one rational player. Mimeo. Massachusetts Institute of Technology.

Fudenberg, D., and D. K. Levine. 1995. Consistency and Cautious fictitious play. *Journal of Economic Dynamics and Control* 19: 1065–90.

Fudenberg, D., and D. Kreps. 1990. Lectures on learning and equilibrium in strategic-form games. Mimeo. CORE Lecture Series.

Fudenberg, D., and D. Kreps. 1993. Learning mixed equilibria. *Games and Economic Behavior* 5: 320–67.

Hofbauer, J. 1995. Stability for the best response dynamic. Mimeo.

University of Vienna.

Jordan, J. 1993. Three Problems in learning mixed-strategy equilibria. *Games and Economic Behavior* 5:368-86.

Krishna, V., and T. Sjostrom. 1995. On the convergence of fictitious play. Mineo. Harvard University.

Milgrom, P., and J. Roberts. 1991. Adaptive and sophisticated learning in normal-form games. *Games and Economic Behavior* 3:82-100.

Miyasawa, K. 1961. On the convergence of learning processes in a 2×2 non-zero-person game. Research Memo 33. Princeton University.

Monderer, D., and A. Sela. 1996. A 2×2 game without the fictitious play property. *Games and Economic Behavior* 68:200-11.

Monderer, D., D. Samet, and A. Sela. 1994. Belief affirming in leaning processes. Mimeo Technion.

Nachbar, J. 1990. "Evolutionary" selection dynamics in games: Convergence and limit properties. *International Journal of Game Theory* 19:59-89.

Robinson, J. 1951. An iterative method of solving a game. *Annals of Mathematics* 54:296-301.

Shapley, L. 1964. Some topics in two-person games. In *Advances in Games Theory*, ed. by M. Drescher, L. S. Shapley, and A. W. Tucker, Princeton: Princeton University Press.

Young, P. 1993. The Evolution of Conventions. *Econometrica* 61:57-84.

【注释】

[1] 狄利克雷分布和多项式抽样形成一个"共轭族"(conjugate family),也就是说如果概率分布的先验信念属于狄利克雷族,而且似然函数是多项式函数,

那么后验信念也属于狄利克雷族。细节请参阅本章附录。

[2] 从 1.6.3 节（原文如此，疑有误。——译者注）我们知道，如果一个战略组合中的每一个战略对相应的参与人而言都是对对手行动的严格最优反应，那么这一战略组合称为纳什均衡。也就是说，对于相应的参与人，其他的每一个行动选择都将带来严格较低的支付。

[3] "一般"（generic）是指支付向量的一个集合，该集合在相关支付空间 R^8 具有完全勒贝格测度（full Lebesgue measure）。（见 1.7.3 节关于战略式博弈中一般性的简单讨论。）一般支付 2×2 博弈具有 1 个或 3 个纳什均衡，但对于非一般支付博弈，其纳什均衡集也许是战略组合的一个连通区间（connected interval）。在这种情况下，虚拟行动是否收敛取决于当参与人的选择没有差别时用于决定参与人选择的准确规则。参见曼德尔和西拉（Monderer and Sela，1996）对于胜负未分的加赛规则（tie-breaking rule）的重要性的讨论。

[4] 杨（Young，1993）给出了相似的例子。

[5] 这一观点并不容易理解，我们将在第七节进行证明。

[6] 当然，在现实中，参与人也许会追踪条件概率方面的数据；我们将在第 8 章更全面地讨论这一问题的相关结论。

[7] 曼德尔，西拉和萨米特仅仅介绍了具有零先验的虚拟行动的情况，由此参与人的信念（在第一个阶段以后的每一个阶段）正好等于经验分布，从而 $\varepsilon = 0$，但是他们的证明马上扩展到一般先验。

[8] 正如在本章第五节中的例子所表明的，在具有多个参与人的情况下，如果对手独立采取行动不是一个先验信念，那么即使是对于虚拟行动，这一结果也不可能成立。

[9] 也就是说，支撑集中的每一个战略 s^i 必须满足 $u^i(s^i, \gamma^i) + \varepsilon_t \geqslant \max_{\hat{s}^i} u^i(\hat{s}^i, \gamma^i)$。

第3章 模仿者动态和相关的
确定性进化模型

3.1 引 言

在这一章中,我们将研究的重点从明确地基于学习的模型转移到基于进化的模型上来。这些模型虽然起源于进化生物学领域,但近几年来,这样的模型在博弈理论家中变得非常流行。[1]

这种研究兴趣的产生有以下三个主要的原因。首先,尽管原始的进化模型,即模仿者动态模型,其初始的产生动机来自生物进化(的一种简化版本),但是这个过程也能够描述经济代理人的某些"模仿"类型的结果。其次，模仿者动态的一些性质能够扩展到许多种更一般的过程，这些过程可能对应于其他种类的学习或模仿。最后，对进化模型的研究已经表明其有助于理解动物的行为，虽然这并不意味着这些模型有经济学意义，但是它仍旧是博弈理论的一个有趣的应用。

我们从对研究进化模型至关重要的两个概念开始本章的讨论：模仿者动态（replicator dynamic）和进化稳定战略（an evolutionary stable strategy, or ESS）。本章第二节以同质群体这种情况开始。模仿者动态假设执行一个特定战略的群体，以与这个战略相对于群体平均支付做得如何好成比例的速度增长。每一个纳什均衡在模仿者动态中都是一个定态，同时每一个稳定的定态也是一个纳什均衡。本书所提出的主要问题是，一个定态的稳定性在多大程度上导致纳什均衡的精炼。一个主要的结论是，在一个同质群体中，一个稳定的定态必须是孤立的和颤抖手完美的（trembling hand perfect）。

第四节介绍进化稳定战略的概念，这是一个由对进化动态的考虑激发的静态概念，但不是从对进化动态的考虑中得到的。进化稳定战略要求当受到执行不同战略的小额群体的干扰时该状态必须是稳健的。每个进化稳定战略都是纳什均衡，因此进化稳定战略是纳什均衡的精炼。研究进化的文献的一个目标是，在模仿者动态（或相关的）和进化稳定战略的概念之间建立更密切的联系。在同质群体的情况下，一个进化稳定战略在模仿者动态中是稳定的，但是并不是每一个稳定的定态都是一个进化稳定战略。

在考察了同质群体的情况之后，在第五节我们转到异质群体和非对称模仿者动态的情况上来。一个重要结论是，在非对称的情况下混合战略不可能是渐近稳定的。

在这本书中，我们主要对个体参与人学习的结果感兴趣。进化模型一般从整个群体的行为的角度研究学习，而对导致这个群体动态的个体行为漠然视之。然而，在第六节讨论的研究工作表明，描述导致类模仿者动态（replicator like dynamics）的学习是可能的。我们考虑的一个这样的描述是模仿动态（emulation dynamic）。在模仿动态中，新的参与人询问老的参与人他们过去使用什么样的战略以及这些战略做得怎么样。这导致这样一个模型：在这个模型中，对众数（median）的偏离而不是对均值（mean）的偏离决定采取一个战略的群体增长的快慢。还存在一个导致一种与模仿者动态紧密相关的动态的精炼学习模型。在这里我们介绍这种模型，但将对它的优点的讨论推迟到第四章，使得我们能够将它与虚拟行动的各种变化形式进行比较。

模仿者动态是十分特殊的，可能不是对许多经济环境的很好的描述。实际上，除了模仿者动态之外，产生模仿者动态的学习模型也能产生其他的类模仿者动态。结果，我们将许多注意力集中于如下这个问题：在模仿者动态中获得的结论在多大程度上能够扩展到具有更具体的经济学基础的其他动态中。第八节讨论单调过程，它包含了做得越好的战略就增长得越快这一观点的各种版本。单调性的一个弱版本就足以确保严格劣于纯战略的战略能够被重复剔除。在更强的凸单调性条件下，这个结论能够扩展到所有的严格劣战略。

53　　　第八节还讨论了模仿者动态的另一个被称为短视调整的一般化过程。这类包含最优反应动态的过程是充分强的，以至于能够产生有用的结论。在具有一个单一群体的 2×2 对称博弈中，如果存在一个独一无二的混合战略均衡，那么这种均衡是稳定的；如果存在一个混合战略均衡，但同时还存在两个纯战略均衡，那么这两个纯战略均衡是稳定的。

除了点值（point-valued）均衡的概念外，考虑集值（set-valued）稳定的概念（例如，战略的稳定性）以及它们与进化动态中定态的组成部分之间的关系也是很有趣的。一个有用的结论是，短视调整过程中的吸引子（或许存在或许不存在）包含一个战略稳定集，一种相当强的精炼。

第九节考察了未在模型中考虑的"漂移"或"突变"项与不满足强精炼条件的均衡（或均衡的一部分）依然持续下来这个可能性之间的关系。第十节考察由吉尔伯和马蒂绥（Gilboa and Matsui, 1991）提出的稳定性的集值概念（这个概念有效地包含了漂移的思想），并且证明了在廉价磋商博弈中这个概念如何能够被用来剔除特定的混合战略均衡。

像绝大多数进化文献那样，本章的绝大部分内容考虑连续时间动态系统。第十一节考察了模仿者动态的离散时间版本。与连续时间版本不同的是，离散时间动态没有必要剔除劣战略。此外，连续时间动态有一个中心，而离散时间动态向边界循环。

3.2　同质群体中的模仿者动态

许多关于进化的工作已经研究了进行对称阶段博弈的一个单一群体的情况，因此我们从这种情况开始我们的讨论；在这一章的后面章节我们将考虑到非对称群体模型。最基本的进化模型是模仿者动态。这一节的目的是定义这种动态并讨论这种动态是如何被解释的，我们也将看到这个动态的定态如何与纳什均衡的集合联系起来。

为了定义模仿者动态，假设所有代理人都使用纯战略，并且专门研究同质群体。用 $\phi_t(s)$ 度量在时期 t 使用纯战略 s 的参与人的集合；用 $\theta_t(s) = \phi_t(s) \big/ \sum_{s'} \phi_t(s')$ 表示在时期 t 使用纯战略 s 的参与人在群体中所占的比例；并且用状态变量 θ_t 表示这一比例构成的向量。那么在时期 t 使用纯战略 s 的期望支付是 $u_t(s) \equiv \sum_{s'} \theta_t(s') u(s, s')$，群体中平均期望支付为 $\bar{u}_t = \sum_s \theta_t(s) u_t(s)$。

假设每个个体一般被安排采取某一个纯战略，并且假设这种安排

54

是遗传下来的。最后还假设每个个体的净繁殖率（net reproduction rate）与其在各阶段博弈中的得分是成比例的。这产生了连续时间动态系统：

$$\dot{\phi}_t(s) = \phi_t(s) u_t(s) \tag{3.1}$$

因此

$$\dot{\theta}_t(s) = \frac{\dot{\phi}_t(s) \sum_{s'} \phi_t(s') - \phi_t(s) \sum_{s'} \dot{\phi}_t(s')}{\left(\sum_{s'} \phi_t(s')\right)^2}$$

$$= \theta_t(s)[u_t(s) - \bar{u}_t] \tag{3.2}$$

方程（3.1）说明得分为负的战略具有负的增长率；如果所有的支付都是负的，则整个群体会萎缩。在生物学的解释中，这毫无问题，但是在经济学的应用中，我们倾向于认为参与博弈的代理人的数目是不变的。但这里要注意的是，即使支付是负的，群体份额的和也一直为1。还应该注意的是，如果战略 s 的初始份额为正，那么它的份额会一直保持为正：它的份额能够向零萎缩，但在有限的时间内不可能达到零。

注意，无论何时只要一个战略优于群体的均值，对当前状态而言不是最优反应的这个战略的群体份额会增长。这是模仿者动态和最优反应动态间的一个关键区别，同时也将模仿者动态与虚拟行动区分开来。即使不考虑次优战略会增加它的份额的这种能力，在模仿者动态的定态和纳什均衡之间仍有一种紧密的联系。首先，每个纳什均衡都是一个定态：在对应于纳什均衡的状态中，所有被实施的战略有相同的平均支付，因此群体份额不变。所有行动都具有大于零的概率的内部定态一定是纳什均衡，但在边界上的定态不一定是纳什均衡。例如，所有代理人使用相同战略的状态是一个定态，因为动态不允许"已经灭绝的"战略"进入"。然而，这样的非纳什均衡的定态不可能是渐近稳定的：如果通过在改进的偏差中引入一个很小的权数来扰动这个状态，那么采取这个偏差的群体的份额会增长。

命题 3.1　模仿者动态的一个稳定的定态是一个纳什均衡。更一
般的，任何始于内部的路径的极限的定态是一个纳什均衡。相反，对
任何非纳什均衡的定态，存在一个 $\delta > 0$，使得所有内部路径最终都
移动到这个定态的 δ - 邻域之外。

证明　假设 θ^* 是一个定态，但对应的战略组合 σ^* 不是一个纳什
均衡。那么，因为支付是连续的，且存在纯战略 $s \in \text{support}(\sigma^*)$、
纯战略 s' 和 $\varepsilon > 0$，使得 $u(s', \sigma^*) > u(s, \sigma^*) + 2\varepsilon$。而且，存在
一个 δ，使得对于战略组合 σ^* 的 δ - 邻域内的所有 σ'' 而言，有
$u(s', \sigma'') > u(s, \sigma'') + \varepsilon$。因此，如果存在一条保持在 σ^* 的 δ -
邻域内的路径，则战略 s' 的增长率将超过战略 s 的增长率，且超过的
数量是一个非零的数。这样，战略 s 的份额必定会收敛于零，这是矛
盾的。（证明结束）

注意，这个论点不依赖于模仿者动态的特殊结构，只要增长率是
支付之差的严格递增函数就足够了。下面，我们将讨论另一个模仿者
动态与其他大量的动态过程都具有的性质，即剔除劣战略和重复剔除
劣战略。

3.3　同质群体模仿者动态的稳定性

我们已经知道，模仿者动态的稳定的定态一定是纳什均衡。为了
回答下列问题，我们现在更加严格地考察动态的稳定性：模仿者动态
中的稳定性是精炼纳什均衡吗？也就是说，通过稳定性的讨论我们能
缩小纳什均衡的范围吗？模仿者动态必须收敛于定态吗？或者说有其
他可能的长期结果吗？我们将看到，当通过稳定性的讨论可能使纳什
均衡精炼时，模仿者动态也可能根本不收敛于定态。

我们用一个渐近稳定的定态的例子开始。

例3.1 考虑图 3—1 中的博弈。这个博弈里有两个非对称纳什均衡：$(A，B)$ 和 $(B，A)$，以及一个两个参与人都 $1/2 - 1/2$ 随机化的混合战略均衡。注意，既然假设群体是同质的，那么就没有方法收敛到非对称均衡，因为不存在"参与人 1 的"和"参与人 2 的"单独的群体。因此惟一可能的定态是所有参与人都 $(1/2, 1/2)$ 随机化的混合战略均衡。然而，即使没有个体参与人使用混合战略，这种混合战略组合也是一个定态。当群体中有一半参与人采取战略 A、一半参与人采取战略 B 时，从一个个体参与人的角度看，对手行动的分布看起来像一个混合战略。而且，容易验证，混合战略均衡是渐近稳定的：当采取战略 A 的参与人在群体中所占的比例为 $\theta(A)$ 时，A 的支付是 $\theta(B) = 1 - \theta(A)$，而 B 的支付是 $\theta(A)$。因此，群体平均支付是 $2\theta(A)(1 - \theta(A))$。将其代到模仿者动态的方程，我们得到一维系统：

$$\dot{\theta}_t(A) = \theta_t(A)[1 - \theta_t(A) - 2\theta_t(A)(1 - \theta_t(A))]$$
$$= \theta_t(A)[1 - 3\theta_t(A) + 2\theta_t(A)^2]$$

当 $\theta_t(A) < 1/2$ 时这个表达式是正的，在 $\theta_t(A)$ 等于 $1/2$ 时这个表达式正好为零，当 $\theta_t(A) > 1/2$ 时这个表达式就为负，因此纳什均衡是渐近稳定的。（下面我们将看到，当存在参与人 1 和参与人 2 的单独的群体时，均衡是一个鞍点。）

	A	B
A	0, 0	1, 1
B	1, 1	0, 0

图3—1 一个非对称协调博弈

命题3.2 （Bomze, 1986）在同质群体模仿者动态中，一个渐近稳定的定态对应于一个是颤抖手完美的而且是孤立的纳什均衡。

这个结论表明，渐近稳定性在具有非平凡的扩展式（nontrivial extensive form）的博弈中很难得到满足，因为这样的博弈通常具有均衡的连通集（connected sets），而这些均衡只在脱离均衡路径的行动上有差异。由于这个原因，进化的概念需要进行一些修改以被应用到扩展式博弈中：要么必须使用稳定性的集值概念（例如，在斯温克尔斯（Swinkels，1993）中），要么模型被"颤抖"扰动，使得所有的信息集被达到的概率都大于零。

和大多数动态系统一样，我们无法保证模仿者动态收敛，事实 *57* 上，还存在一些没有渐近稳定的定态的博弈的例子。特别地，即使一个完全混合战略均衡也不一定是渐近稳定的。这是重要的，因为完全混合战略均衡满足基于颤抖的标准的"均衡精炼"，包括科尔伯格和默滕斯（Kohlberg and Mertens，1986）的稳定性这样强的概念。"石头—剪刀—布"博弈就是没有渐近稳定的动态的一个简单例子。

例 3.2　让我们思考图 3—2 中石头—剪刀—布博弈。通过代入 $\theta(P) = 1 - \theta(R) - \theta(S)$，这可以被简化为一个二维系统。利用在每个状态上平均支付为零这个事实（因为这是零和博弈），最后得到的模仿者动态由如下方程给出：

$$\dot{\theta}_t(R) = \theta_t(R)[2\theta_t(S) + \theta_t(R) - 1]$$
$$\dot{\theta}_t(S) = \theta_t(S)[-2\theta_t(R) - \theta_t(S) + 1]$$

	R	S	P
R	0, 0	1, −1	−1, 1
S	−1, 1	0, 0	1, −1
P	1, −1	−1, 1	0, 0

图 3—2　石头—剪刀—布博弈

在均衡（1/3，1/3）中线性化，我们发现其雅可比矩阵是

$$\begin{bmatrix} 1/3 & 2/3 \\ -2/3 & -1/3 \end{bmatrix}$$

这个矩阵的特征值是 $(1-3\lambda)(-1-3\lambda) + 4 = 0$ 或者 $9\lambda^2 + 3 = 0$ 的解，因此它的实部为零。这意味着系统是退化的，它表明定态被一个

闭合的轨迹所包围使得定态是一个"中心",因此定态是稳定的但不是渐近稳定的。这个系统的相位图如图3—3所示。因为特征值的实部等于零是一个刀刃情况(a knife-edge case)(这表明定态不是双曲的),所以我们知道存在系统的微小变化,这些变化给特征值一个正的实部(如,流或向量域的微小变化)。它表明这样小的变化可以仅通过轻微地改变支付值来实现,使得当和它本身匹配时每个战略都会得到一个很小的 $\varepsilon > 0$。[2]于是,惟一的纳什均衡仍是(1/3,1/3,1/3),但是现在纳什均衡是一个非稳定的定态,并且模仿者动态的轨迹向单纯形的边界盘旋,但不会达到边界,正如图3—3中的虚线所表示的那样。[3]相反,对很小的 $\varepsilon < 0$,纳什均衡是一个渐近稳定的定态。

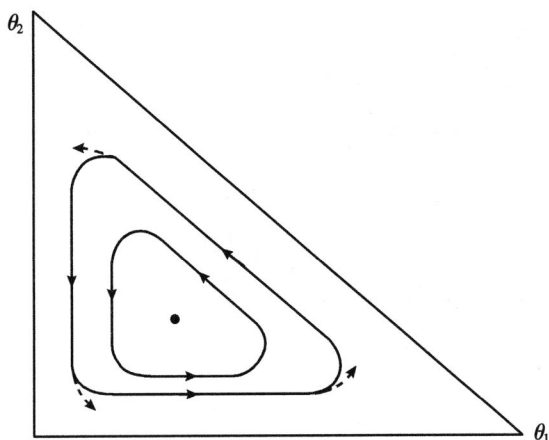

图3—3 石头—布—剪刀模仿者动态的相位图

3.4 进化稳定战略

在应用中,分析者不使用明确的进化动态,而常常用进化稳定战略(ESS)这个静态的概念。进化稳定战略的思想是要求均衡能"驱逐入侵者"。在定义了进化稳定战略这个静态概念并且证明了它是一种精炼纳什均衡之后，我们的目标是将它和进化动态联系起来。我们将发现，虽然在模仿者动态中每个进化稳定战略都是稳定的，但不是每一个稳定的定态都一定是一个进化稳定战略。

为了解释"驱逐入侵者"的含义，假定群体最初使用某战略组合 σ，然后由很少的 ε 部分的"变异者"开始使用战略 σ'。进化稳定战略要求，面对最后得到的混合战略组合$(1-\varepsilon)\sigma+\varepsilon\sigma'$，现有的群体比变异者获得更高的支付。具体地，我们要求对于充分小的正数 ε，有：

$$u(\sigma,(1-\varepsilon)\sigma+\varepsilon\sigma')>u(\sigma',(1-\varepsilon)\sigma+\varepsilon\sigma') \tag{3.3}$$

运用期望效用是概率的线性函数这个性质，（3.3）式等价于

$$(1-\varepsilon)u(\sigma,\sigma)+\varepsilon u(\sigma,\sigma')>(1-\varepsilon)u(\sigma',\sigma)+\varepsilon u(\sigma',\sigma')$$

因为仅要求这个不等式对于接近于 0 的 ε 保持成立，所以等价于要求对所有的 $\sigma'\neq\sigma$，要么

$$u(\sigma,\sigma)>u(\sigma',\sigma) \tag{3.4}$$

或者

$$u(\sigma,\sigma)=u(\sigma',\sigma)\text{且 } u(\sigma,\sigma')>u(\sigma',\sigma') \tag{3.5}$$

还存在进化稳定性的一个更弱的概念：战略组合 σ 是弱进化稳定战略，如果对于所有的每个 $\sigma'\neq\sigma$，要么满足（3.4）式，要么满足

$$u(\sigma,\sigma)=u(\sigma',\sigma)\text{并且 } u(\sigma,\sigma')\geqslant u(\sigma',\sigma') \tag{3.5'}$$

这是一个更弱的条件，因为它允许如下情况存在：面对占优势的群体，入侵者做得与该群体一样好；于是，入侵者不会被驱赶出去，但入侵者也不会增长。

首先要注意的是，一个进化稳定战略一定是一个纳什均衡；否则，（3.4）式左边的项就会小于右边的项。任何一个严格纳什均衡也一定是一个进化稳定战略，这是因为，按照定义，对于所有其他战

略，严格的均衡都满足（3.4）式。但是因为许多博弈不会有严格的均衡，比如，混合战略均衡就不可能是严格的。

虽然混合战略均衡不可能是严格的，但是它们可能是进化稳定战略。特别的，考虑上面的例 3.1。在这个例子里，如果两个参与人都采取相同的战略，那双方的支付都为零；如果双方采取不同的战略，双方的支付都为 1。惟一的混合战略均衡是 1/2 - 1/2，并且，如果每个参与人都采取这个战略，那么两个参与人都会得到 1/2 的期望效用。检验（3.3），我们看到，如果一个参与人在入侵者进入之后坚持采取战略 1/2 - 1/2，那么他会获得 1/2 的支付。另一方面，如果采取入侵战略 σ'，他会得到：

$$u(\sigma',(1-\varepsilon)\sigma+\varepsilon\sigma') = (1-\varepsilon)u(\sigma',\sigma)+\varepsilon u(\sigma',\sigma')$$

$$= (1-\varepsilon)\left(\frac{1}{2}\right)+\varepsilon u(\sigma',\sigma')$$

然而，当两位参与人采取相同的战略时，除非他们都采取战略 1/2 - 1/2，否则他们获得的支付总是严格小于 1/2。因此除非 $\sigma = \sigma'$，$u(\sigma',(1-\varepsilon)\sigma+\varepsilon\sigma')$ 总严格小于 1/2，进化稳定战略的定义得到满足。

由克劳福特和索贝尔（Crawford and Sobel, 1982）引入的廉价磋商博弈对进化稳定战略如何减少均衡集提出了一个更有经济意义的解释。在这些博弈中，在采取实际行动之前，参与人被允许有一段时间进行没有成本且没有约束力的交流。例如，考虑图 3—4 中的协调博弈。

	L	R
L	2, 2	− 100, 0
R	0, − 100	1, 1

图 3—4　一个协调博弈

在这个博弈中，结果（L，L）是有效的，但战略 R 是风险占优的，因此有理由期望结果是（R，R）。[4]下面假设参与人能够相互交流。在最简单的版本中，这个假设的意思是存在两阶段的行动。第一阶段参与人同时宣布他们打算采取的行动 L 或 R，第二阶段他们进行博弈。磋商在如下意义上是廉价的，即宣布一个行动对已实现的支付根本没有直接影响，支付仅依赖于第二阶段的选择。然而参与人之间相互交流能够带来差异，因为参与人现在能够在第一阶段宣布他们的选择，他们打算采取 (L, L) 的信号。正式地说，两阶段博弈具有与原来的博弈不同的扩展形式，因此原则上能够导致不同的结论。然而，不管有没有磋商，标准的均衡观念，如子博弈完美、序贯均衡甚至科尔伯格-默滕斯（1986）战略性稳定，都产生相同的预测，两阶段博弈的均衡支付集和第二阶段的均衡结果与一阶段无磋商博弈的均衡支付集和均衡结果相同。

　　另一方面，进化稳定战略会排除一些均衡，这表明存在发生有意义的交流的趋势，就像罗布森（Robson, 1990），沃内德（Warneryd, 1991），金和索贝尔（Kim and Sobel, 1991），布卢姆、金和索贝尔（Blume, Kim and Sobel, 1993）所证明的那样。结果 (R, R) 和未发出的信号不可能是进化稳定的，因为通过将未被使用的信号作为"秘密握手"（secret handshake）来告诉其他变异者他们打算采取均衡战略 L，变异者能够入侵群体。面对已有的参与人，这样的入侵者不会处于劣势，并且当与其他变异者匹配时甚至会比已有的参与人做得更好。[5]这样，一个进化稳定战略比标准的均衡精炼更有力量。但是，这并不是说一个进化稳定战略预测在这个博弈里有意义的交流一定会发生。因为施拉格（Schlag, 1993）证明了，进化稳定战略是惟一的，并且以相同概率发送每一个信息。这是一种"胡说的"（babbling）均衡，因为每个信号已经以大于零的概率被发送出去，所以对变异者而言没有办法去揭示他们的秘密握手。第十节将讨论一些通过强化进化稳定战略来排除这种"胡说的"均衡的努力。

　　下面我们将转向研究进化稳定战略和模仿者动态之间的联系。

　　命题 3.3　泰勒和琼克（Taylor and Jonker, 1978）；霍夫波尔（Hofbauer, 1979）；吉曼（Zeeman, 1980）每一个进化稳定战略都是

模仿者动态的一个渐近稳定的定态。

例 3.3 表明，这个命题的逆命题不一定成立。

证明：为了说明一个进化稳定战略意味着渐近稳定性，假定 σ 是一个进化稳定战略，并且用 $\sigma(s)$ 表示 σ 分配给纯战略 s 的权重。遵循霍夫波尔和西格蒙德（Hofbauer and Sigmund, 1988）的证明，我们将证明，"熵"函数 $E_\sigma(\theta) = \prod_s \theta_s^{\sigma(s)}$ 是一个在 σ 上严格的局部李雅普诺夫函数（a strict local Lyapunov function at σ），也就是说，在 σ 处，E 有一个局部极大值（这里实际上是全局极大值），并且沿着在 σ 的某个邻域内的轨迹 E 随时间递增。

为了认识到这一点，注意

$$\frac{\dot{E}_\sigma}{E_\sigma} = \frac{\mathrm{d}}{\mathrm{d}t}(\log E_\sigma) = \sum_s \sigma(s) \frac{\mathrm{d}\log(\theta(s))}{\mathrm{d}t}$$
$$= \sum_s \sigma(s)[u(s,\theta) - u(\theta,\theta)] = u(\sigma,\theta) - u(\theta,\theta)$$

62　因为 σ 是一个进化稳定战略，所以它满足不等式（3.4）或（3.5）。不等式（3.5）直接意味着上面的表达式为正；由 u 对它的第二个变量的连续性，对于在 σ 的某个邻域内的所有 $\theta \neq \sigma$，（3.4）式导致相同的结论。因此，在这个邻域内 E 是时间的递增函数。最后，显然 E 在 $\theta \neq \sigma$ 上最大化（例如，E 是多项抽样的似然函数，并且最大似然估计等于样本概率[6]），因此 E 在 S 上是严格的局部李雅普诺夫函数，因此 σ 是渐近稳定的。（证明结束）

下面来自范·达姆（Van Damne, 1987）的例子表明，并不是每一个渐近稳定的定态都是进化稳定战略。

例 3.3　支付矩阵由图 3—5 给出。这个博弈有惟一的对称均衡，即 (1/3, 1/3, 1/3)，其均衡支付为 2/3。[7] 这个均衡不是一个进化稳定战略，因为它能够被战略 (0, 1/2, 1/2) 入侵。当与均衡战略匹配时，战略 (0, 1/2, 1/2) 的支付为 2/3；当与其自身匹配时这个战略的支付为 5/4。雅可比矩阵在均衡中的值是

$$\begin{bmatrix} -1/9 & -1/9 & -4/9 \\ -7/9 & -4/9 & 5/9 \\ 2/9 & -1/9 & -7/9 \end{bmatrix}$$

计算结果表明，其特征值为 $-1/3$（两个）和 $-2/3$，因此均衡是渐近稳定的。

	L	M	R
A	0, 0	1, -2	1, 1
B	-2, 1	0, 0	4, 1
C	1, 1	1, 4	0, 0

图 3—5　具有不是进化稳定战略的稳定的定态的博弈

渐近稳定的定态不一定是进化稳定战略这个事实，与模仿者动态仅考虑纯战略的遗传这个事实是联系在一起的。博姆兹认为，如果动态被修改使得混合战略也能被继承下去，那么进化稳态战略在模仿者动态中与渐近稳定性是等价的。（因为动态中的这种变化不会改变进化稳定战略的定义，这个表述相当于说动态中的变化使得以前是稳定的非进化稳定战略变得不稳定。）

这产生了一个重要的问题，即纯战略模仿者动态模型和混合战略模仿者动态模型哪一个更有趣。进化方法的一个缺陷是它从总体水平开始，而不是从将个体行为模型化开始，所以它不能解释这一问题。我们将给出的回答是（在这章的结论部分也能看到）：从经济学的观点来看，模仿者动态模型不应该被看做是严格正确的。这样，我们在经济学中使用进化模型的一个基本动机来自于这样的事实，即本章后面章节论述的许多结论，例如剔除劣战略或稳定性的集值概念，在许多类模仿者动态中仍然成立。从这个观点来看，进化稳定战略没有这种稳健性是很麻烦：正如弗里德曼（Freedman，1991）所指出的，在第六节讨论的单调动态的情况下，一个进化稳定战略不一定是渐近稳定的。（在第十节我们将讨论一个能够证明这个结论的例子）

3.5 非对称模仿者动态模型

现在我们转向存在参与人 1、参与人 2 以及其他参与人的不同群体的情况。我们首先考虑，在这种情况下模仿者动态是如何被定义的，特别地，如果不同类型的参与人的群体具有不同的规模，则模仿者动态该如何定义。然后我们将证明，在非对称的情况下，混合战略均衡不是渐近稳定的。然而，混合战略均衡能够满足作为一个中心的更弱的性质。

如果存在规模不同的两个群体，则模仿者动态应该如何定义呢？例如，如果参与人 1 的群体规模是参与人 2 的群体规模的三倍，那么在模型的随机匹配的解释下，每个参与人 1 的平均相互作用次数只有每个参与人 2 的相互作用次数的 1/3，因此参与人 1 的群体将进化得更慢。不考察起源于不同调整率的复杂问题，我们将遵循标准的习惯并仅考虑如下的动态。

$$\dot{\theta}_t^i(s^i) = \theta_t^i(s^i)\left[u_t^i(s^i) - \bar{u}_t^i\right]$$

64　这里上标 i 指不同的群体。[8]假设两个群体总是具有相同规模，这个动态对应于随机匹配模型。另一种解释是，这个等式可以被看做是对如下情况的描述，代理人知道对手战略的概率分布，且状态变量的进化反映了代理人修改他们选择的决定，而不是对从行动中得到的支付的固定不变（hardwired）反应。

非对称情况下（与同质情况相反）最有趣的事实是，内点，即严格混合战略组合，不可能是渐近稳定的。基于模仿者动态"体积不变"（preserve volume）这个事实（这个事实是在埃瑟和埃金（Eshel and Akin，1983）中研究的埃金的观察结果），霍夫波尔和西格蒙德（Hofbauer and Sigmund，1988）在两人博弈中证明了这个结论。里兹伯格和威布尔（Ritzberger and Weibull，1955）将这个结果扩展到几个参与人的博弈中。我们不给出证明，而是举一个例子来说明为什么在非对称群体模型中内点更不可能是稳定的。附录中提供了一个对体积不变映射（volume-preserving maps）和刘维尔公式的简要概括。

再论例 3.1　再次考虑例 3.1 中的博弈，只是现在参与人 1 和参与人 2 有不同的群体。回想一下，如果两个参与人采取相同的行动，则他们获得的支付为 0；如果他们采取不同的行动，则他们获得的支付为 1。容易看出，参与人采取不同行动的两个非对称均衡是渐近稳定的。在同质群体中是渐近稳定的混合战略均衡现在是一个鞍点：如果在参与人 1 的群体中有超过 1/2 的代理人采取战略 A，那么采取战略 B 的代理人在参与人 2 的群体中所占的比例增长；如果在参与人 2 的群体中有超过 1/2 的代理人采取战略 B，那么采取战略 A 的代理人在参与人 1 的群体中所占的比例增长。因此，从在参与人 1 的群体中有超过 1/2 的代理人采取战略 A、在参与人 2 的群体中有超过 1/2 的代理人采取战略 B 的任何一点开始，系统收敛到所有参与人 1 都采取战略 A 且所有参与人 2 都采取战略 B 的状态。同样地，如果从在参与人 1 的群体中有超过 1/2 的代理人采取战略 B、在参与人 2 的群体中有超过 1/2 的代理人采取战略 A 的任何一点开始，系统会收敛到另一个纯战略均衡。相位图如图 3—6 所示。

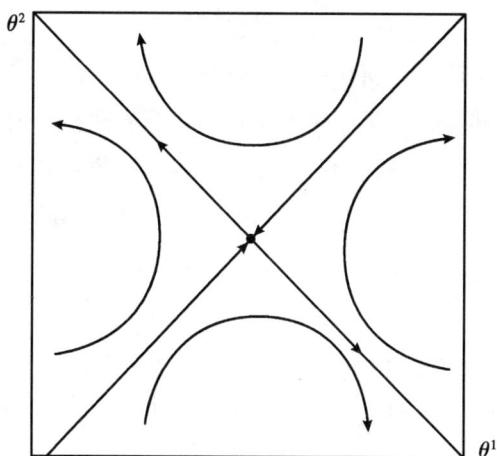

图 3—6　具有两个群体的非对称协调博弈的相位图

因为混合战略均衡的任何开邻域都包含收敛于两个非对称的纯战略均衡的点，所以混合战略均衡是不稳定的。注意，从"对角线"上任何一点开始的轨迹都收敛到混合战略均衡。而在对角线上采取战略 A 的参与人在群体中所占的比例在每一个群体中都是相同的。这是

65 更一般事实的结果。这个事实就是：在对称博弈中，开始于对称的起始位置的轨迹一直保持对称，因而具有与单群体模型中的路径相同的路径。这也表明，一个在同质群体模型中不稳定的对称点，在非对称群体中也是不稳定的。

与单群体模型在结论上的差异并不令人吃惊：在第一种情况下，参与人之间不存在非对称，这允许他们在一个纯战略均衡上协调一致；在第二个博弈中，参与人能够将他们的标签作为协调工具。

尽管在非对称群体中内点不可能是渐近稳定的，但它们能够满足一个更弱的条件。如果一个定态被一簇闭合轨迹所包围，并且在均衡附近出发的所有点一直保持在均衡附近，那么我们说这个定态是一个中心（center）。从一般动力系统的角度来看，一个中心是一种刀刃性质，意思是动态中的小变化会导致渐近性质的突变。能产生这种效果的小变化的例子将在第八节进行简要讨论，与来自相同群体的参与人相遇的概率很小这个性质在第五节讨论。然而，正如通常的稳健性和一般性问题一样，相对于一大类干扰不稳健的性质一类更小的干扰是稳健的。在这种情况下，中心是非对称群体模仿者动态的一个稳健的性质，也就是说，对于战略式支付的一个不可忽略的集合，这个性质

66 成立。特别的，无论何时只要 2×2 博弈没有纯战略均衡，定态就是一个中心（Schuster and Sigmund，1981）。[9]图 3—7 描述了在 2×2 便士匹配博弈中出现的中心。[10]在 3×3 博弈中，对于战略式支付的一个低维集合，非对称群体模仿者动态只有一个中心（Hofbauer，1996）。[11],[12]

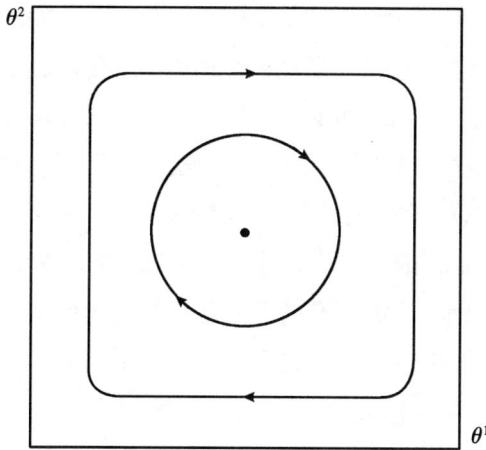

图 3—7　2×2 便士匹配博弈的相位图

3.6　对模仿者动态方程的解释

3.6.1　概要

　　为什么经济学家，或者更一般的，甚至是博弈论专家，应该对模仿者动态感兴趣呢？毕竟，我们认为个体一般不会被安排去执行某些战略。因此，直接安排猴子去执行某些行为，我们就更不清楚了。并且，就像这个模型假设的那样，即使是我们认为可能是遗传下来的行为，也不是被单个基因记录遗传密码，而是许多遗传因素之间复杂的相互作用的结果。实际上，在有性繁殖中，即使一个严格的生物学描述也不会直接导致模仿者动态。

　　那么我们如何在经济学中解释这个系统呢？存在一个潜在的会产生这种动态的学习模型吗？已经有两种学习模型被推荐用来解释模仿者动态。一种是"到处询问"（asking around）或者说是社会学习（social learning）模型。在这种模型中，参与人只能向群体中的其他参与人学习。为了使最终得到的系统的状态仅是当前被采用的战略的概率分布，而不是整个历史的某个函数，参与人要么必须忘记他们自己过去的经历，要么必须定期地被替代使得只有新参与人做出选择。

此外，类模仿者动态可以由期望水平模型（model of aspiration levels）解释。在这个模型中参与人"满意"而不是"最优"。存在许多系统地阐述这样的模型使得它们产生一个支付单调动态（payoff monotone dynamic）的方法。支付单调动态是指，战略的增长率由面对当前群体它们所获得的期望支付决定，使得做得越好的战略就增长得越快。模仿者动态是一个特殊形式的支付单调动态。在模仿者动态中，增长率与平均支付差异成比例，并且这些学习模型的特定的规范能产生准确的模仿者动态。然而，因为通常对这种准确的规范不存在非常有说服力的论点，所以我们更喜欢集中于如下的结论，即存在大量的能够产生支付单调动态的学习过程。

3.6.2 社会学习

让我们首先来考察这样的思想，即进化模型描述了一个社会学习过程。最简单的模型是，在每一个时期，在群体中所占比例为 α 的代理人离开系统[13]，他们被新的代理人替换，而新代理人会学习一些与当前的状态有关的东西。为了具体化，我们假设每个新的代理人都观察到一个已有代理人以及随机从同一群体中抽取的另一个代理人的战略和支付。[14]那么新的代理人会对战略做出一次性的选择，或者采取具有更高的观察到的支付的战略，或者在难以比较的情况下选择他们从现有代理人那里"继承"下来的战略。[15]而且，如果他们抽样得到的代理人使用与他们"继承"下的战略相同的战略，那么即使这个战略的支付很差，代理人也不会改变这种战略。

直观地看来，因为像"如果其他战略的支付更高就转换战略"的规则仅仅依赖于支付的次序等级，而不是支付差额的大小，所以我们不能期望这种规则产生像模仿者动态这样的动态，而在模仿者动态中，调整的速度依赖于支付差额的大小。而且，如果代理人观察到他们抽取的代理人的已实现的支付，而不是面对当前群体得到的平均支付，那么最后得到的过程甚至不一定是支付单调的。关键问题在于，当与对手行动的分布匹配时，"如果其他战略获得的支付高就转换战略"这个规则偏好支付的众数较高的战略，而不是支付的均值较高的战略。[16]

为了认识到这一点，考虑图 3—8 中的博弈。在这个博弈中，参与人 2 是一个支付一直为零的"虚拟人"：如果在参与人 2 的群体中有 1/3 的代理人采取战略 L，那么参与人 1 的群体的最优反应就是采取战略 U，但是战略 D 的支付具有更高的众数。因此，无论何时只要一个使用战略 U 的参与人 1 抽取一个使用战略 D 的参与人 1，反之亦然，那么在参与人 1 的群体中有 2/3 的代理人选择较差的反应 D。我们称这种"众数加强"动态（"median-enhancing" dynamics）为模仿动态（emulation dynamics）。

	L	R
U	9, 0	0, 0
D	2, 0	2, 0

图 3—8　具有虚拟的参与人 2 的博弈

为了研究模仿动态的性质，我们考虑上述博弈中的行动的一族简单的两群体模型。假定对于每个参与人类型都存在一个很大的（连续）群体，并且假设在每个时期代理人与一个来自其他群体的代理人随机匹配进行阶段博弈。因为参与人 2 是虚拟的，所以我们将固定参与人 2 的战略的概率分布，同时为使符号更清楚，我们用 $\bar{\theta}_2(L)$ 表示采取战略 L 的代理人在参与 2 的群体中所占的比例。在上面描述的简单的模仿动态中，抽取某个使用相同战略的代理人作为"父亲"的新代理人不会转变战略；在时期 t，在参与人 1 的群体中使用战略 U 的代理人所占的比例为 $\theta_1(U)$，因此在现有的代理人中，有比例为 $\theta_1(U)^2$ 的代理人由这样的代理人组成：这些代理人抽取使用战略 U 的代理人作为"父亲"，而这些"父亲"也抽取另一个使用战略 U

的代理人作为"父亲"。抽取使用战略 U 的代理人作为"父亲",而这些"父亲"也抽取另一个使用战略 U 的代理人作为"父亲"的代理人坚持使用战略 U,当且仅当他们"父亲"的支付为 9,也就是说,如果在上一期它们与使用战略 L 的代理人匹配,这种代理人在群体中所占的比例为 $\bar{\theta}_2(L)\theta_1(U)\theta_1(D)$。相似地,其"父亲"使用战略 D 的代理人转向使用战略 U,如果他们遇到一个使用战略 U 的而且其上一个对手使用战略 L 的代理人,这样的代理人在群体所占的比例是 $\bar{\theta}_2(L)\theta_1(U)\theta_1(D)$。合并各项得到如下的微分方程。

$$\theta_1^{t+1}(U) = (1-\alpha)\theta_1^t(U) + \alpha(\theta_1^t(U)^2 + 2\bar{\theta}_2(L)\theta_1^t(U)\theta_1^t(D))$$

将 $\theta_1^t(D) = 1 - \theta_1^t(U)$ 带入,化简,并且转化到连续时间得到方程:

$$\dot{\theta}_1^t = \theta_1^t(1-\theta_1^t)(2\dot{\theta}_1^t(l)-1)$$

这样,无论何时只要采用战略 L 的代理人在群体中所占的比例小于 1/2,系统都会收敛到 $\theta_1 = 0$(所有的参与人 1 都使用战略 D)。甚至于,无论何时只要 $\theta_2'(D) > 2/9$,U 就是最优反应。[17]

响应这个结论,施拉格(Schlag,1994)考虑一个离散时间系统。在这个系统中,代理人观察他们抽取的代理人的已实现的支付,并且以随着支付差异线性增长的概率转换到更好的战略。在施拉格喜欢的特定情况下,这个行为规则具有下面的形式:如果代理人的"父亲"的支付为 u,并且代理人抽取一个支付为 u' 的代理人,那么这个代理人转换战略的概率为 max $\{0, b(u'-u)\}$。[18]认为这个行为是合理的一个理由是,在群体中存在转换成本的分布。另一个理由是,根据宾默尔和萨缪尔森(Binmore and Samuelson,1997),存在"期望水平"的分布,而且代理人仅当他们当前的支付低于他们的期望水平时才会变得活跃。然后,施拉格证明了,当群体增长时,系统的轨道收敛于连续时间模仿者动态的轨道。

为了简化，我们将为上面描述的特定博弈提供施拉格模型的一个大群体版本。像以前一样，其"父亲"使用战略 U 且与战略 L 匹配的代理人不会转变战略，其"父亲"使用战略 D 且抽取一个与 R 匹配的使用战略 U 的代理人的代理人也不会转变战略。然而，在其"父亲"使用战略 D 且抽取一个与 L 匹配的使用战略 U 的代理人的代理人中，只有比例为 q 的人将转换到战略 U，而在看到战略 D 比战略 U 得到更高支付的代理人中，只有比例为 r 的代理人从战略 U 转换到战略 D。(在施拉格的规定中，参数 q 和 r 由博弈的支付矩阵决定。只要我们只考虑一个单一的支付矩阵，我们就将它们看做是固定的。而且，对于更一般的战略 D 的支付依赖于参与人 2 的战略的支付矩阵，存在四个需要考虑的转换参数，而不是两个。) 运动方程现在为：

$$\theta_1^{t+1}(U) = (1-\alpha)\theta_1^t(U) + \alpha(\theta_1^t(U))^2 + [(\bar{\theta}_2(L))$$
$$+ (1-\bar{\theta}_2(L))(1-r)]\theta_1^t(U)\theta_1^t(D)$$
$$+ [\bar{\theta}_2(L)q]\theta_1^t(U)\theta_1^t(D)$$

相应的连续时间极限为：

$$\dot{\theta}_1^t = \theta_1^t(1-\theta_1^t)(z-1)$$

其中 $z = \bar{\theta}_2(L)(q+r) + (1-r)$。

这样，当且仅当 q 和 r 是使得无论何时只要 $\bar{\theta}_2(L) > 2/9$ 就有 $z > 1$ 的参数，系统向支付增加的方向运动（支付是单调的）。在这个博弈中，存在许多满足这个条件的 q 和 r 的组合。施拉格的结论表明，"成比例的"或线性的模仿率保证了对于任何特殊的支付矩阵对 ⁷¹应的约束条件得到满足，保证了一个特定的成比例的策略产生一个在时间周期越来越短的极限中收敛于模仿者动态的离散时间随机系统，这里收敛与本节后面讨论的博格斯-萨林模型中的收敛的意义相同（有一点微妙）。

不是假定代理人观察到其他参与人的已实现的支付，比约纳斯特德和威布尔（Bjornerstedt and Weibull, 1955）而是假定代理人收到关于他们抽取战略的当前期望支付的可能有噪声的统计信息。比约纳斯特德和威布尔证明了，这个假设，再加上噪声的支撑集充分大这一假设条件，导致最终得到的过程是单调的。

为了证明这点，假定噪音的分布使得在任何两个噪音项间的差异为累积分布函数 Φ_i。那么，当前使用战略 S^i 且抽取一个使用战略 S^{-i} 的参与人的参与人 i 转换战略的概率，等于噪音项小于支付差异 $u_t^i(\tilde{s}^i) - u_t^i(s^i)$ 的概率。这个概率等于 $\Phi_i(u_t^i(\tilde{s}^i) - u_t^i(s^i))$。因为在成比例抽样的情况下，使用战略 s^i 且抽取战略 s^{-i} 的代理人在群体中所占的比例 $\theta^i(s^i)\theta_t^i(\tilde{s}^i)$ 等于使用战略 s^{-i} 且抽取 s^i 的代理人在群体中所占的比例，所以群体按照如下动态进化。

$$\dot{\theta}_t^i(s^i) = \theta_t^i(s^i)\Big[\sum_{\tilde{s}^i}\theta_t^i(\tilde{s}^i)(\Phi_i(u_t^i(s^i) - u_t^i(\tilde{s}^i))$$
$$- \Phi_i(u_t^i(\tilde{s}^i) - u_t^i(s^i)))\Big]$$

无论何时只要 Φ_i 关于所有的支付差异都是严格递增的，这个动态就是支付单调的；无论何时只要噪音的支撑集足够大，这个结论就成立。

而且，如果噪音在足够大的区间上为均匀分布，并且对于不同的参与人分布是相同的，那么 $\Phi(u) = a + bu$，$b > 0$，并且上面的动态简化为

$$\dot{\theta}_t^i(s^i) = \theta_t^i(s^i)\Big[\sum_{\tilde{s}^i}\theta_t^i(\tilde{s}^i)(2b(u_t^i(s^i) - u_t^i(\tilde{s}^i)))\Big]$$
$$= 2b\theta_t^i(s^i)(u_t^i(s^i) - \bar{u}_t^i)$$

这就是模仿者动态（在重新调节之前）。

基于如下想法，比约纳斯特德（Bjornerstedt，1995）提出了模仿者动态的另一种起源。这个想法就是，只有"不满足"的代理人改变他们的战略，其中不满足的概率依赖于代理人自身的支付以及当前状态的某个函数，比如群体中的当前平均支付或当前最低支付。（这些函数描述了当前使用一个给定战略的所有代理人的总体行动；在某些情况下，这些函数可以根据每个代理人仅仅观察到另一个战略的支付

的个体代理人行为规则建立起来。）不满足的代理人会随机选取另一个代理人（成比例抽样），并且不管那个代理人的当前支付如何都会拷贝他的选择。[19]如果拥有更低支付的代理人更有可能不满足，那么最终的动态是单调的；而且，比约纳斯特德证明了，在不满意的概率是支付的适当换算后的线性函数（a suitably scaled linear function）这样特定的情况下，结果正好是模仿者动态。（换算必须确保转换战略的概率保持在 0 和 1 之间，因此要依赖于特定博弈的支付函数。）

与在第九节讨论的宾默尔和萨缪尔森（Binmore and Samuelson，1995）论文中一样，由模仿者动态组成的一个运用是对经验的结果进行研究。然而，会遗忘和到处询问的代理人的模型没有真正地应用到这种设置中，因为不允许试验对象到处询问有关其他参与人的战略和已实现支付的信息。另一个产生模仿者动态的学习模型是一个刺激—反应模型，刺激—反应模型不要求代理人间彼此相互交流或观察彼此的行为，在刺激—反应模型中每一个参与人角色甚至存在许多代理人。

3.6.3　刺激—反应模型

对模仿者动态的另一个辩护来自心理学中的研究刺激—反应学习模型的文献。这种模型基本上是一种"生搬硬套的"学习（"rote" learning）模型，该模型假设做得好的行动被"强化"，因此更可能在将来被再次使用。表现差的行动会受到"负强化"，在将来更不可能被使用。在博格斯和萨林（Borgers and Sarin，1995）的论文中能够找到刺激—反应模型如何导致模仿者动态的一个例子。在他们的论文中，每个代理人仅观察到自己实施的行动和得到的支付。为简单起见，我们专门研究两人博弈。在每一个时期，代理人使用一个混合战略；在时期 t 系统的状态为 (θ_t^1, θ_t^2)，是两个参与人在时期 t 所采用的混合行动组成的向量。支付被标准化使其在 0 和 1 之间，使得它们可以被解释为概率。状态按下面的方式进化：如果参与人 i 在时期 *73*

t 采取战略 s_t，并且最终支付是 $\tilde{u}_t^i(s_t)$，那么

$$\theta_{t+1}^i(s) = (1 - \gamma \tilde{u}_t^i(s^t))\theta_t^i(s) + E(s_t, s)\gamma \tilde{u}_t^i(s_t)$$

$$E(s_t, s_t) = 1$$

$$E(s_t, s) = 0, s \neq s_t$$

这里，强化的程度是与已实现的支付成比例的，而假设支付一直是正的，这意味着被采取的行动在如下意义上一直得到"正的强化"，即这个行动更可能在下一个时期被采用。因此，在一个固定不变的环境中，使用这种规则的代理人收敛于如下状态的概率大于零：在这个状态中，一个较差的选择被采取的概率为 1。[20]

一个简单的计算表明，参与人 i 使用战略 s 的概率的期望增加值等于当前的概率与战略 s 的期望支付和参与人当前采用的混合战略的期望支付之差的乘积。在 $r \rightarrow 0$ 的极限中，博格斯和萨林证明了这种随机过程的轨迹依概率收敛于连续时间模仿者动态。然而，需要注意的是，这并不意味着由于存在"锁定"到一个我们上面提到的次优选择的可能性，在两个代理人的行动都遵从上述的刺激—反应方程的时候，模仿者动态具有与随机系统产生的行为相同的不对称行为。在我们所举的便士匹配博弈的例子中，当连续时间模仿者系统不收敛于一个纯战略组合时，随机强化模型最终会被一个纯战略组合所吸收。在离散时间和连续时间系统的渐近行为中的这种不连续性正是我们下面将要详细论述的问题。

3.7 模仿者动态的一般化和重复剔除严格劣战略

模仿者动态是很特殊的，似乎很难证明精确导致总体水平的模仿者动态的个体水平调整模型是合理的。然而，到处询问模型和刺激—

反应模型都会导致支付单调的动态，支付单调的意思是采取做得很好的战略的参与人的数量一直增加。这产生了这样一个问题，即模仿者动态的哪个性质能够扩展到保持这个直观思想的其他动态。这里，我们考虑单调性以及和它的一些变化形式（如果有的话），并且我们将证明，即使是单调性的相对弱化的概念也足以确保重复剔除严格劣战略。

遵循萨缪尔森和张（Samuelson and Zhang, 1992），我们称一个调整过程（即状态空间 $\Theta^1 \times \Theta^2 = \Sigma^1\Sigma^2$ 上的一个流）是正则的（regular），如果它满足下面三个条件：（1）它是 Lipschitz 连续的；（2）每一群体中流的总和为零；（3）份额为零的战略具有非负的增长率，称这个过程是支付单调的，如果具有更高当前支付的战略具有更高的当前增长率。[21]

定义 3.1 一个过程是支付单调的（payoff monotone），如果在所有的内点上，有

$$u_t^i(s^i) > (=) u_t^i(s^{i'}) \Rightarrow \frac{\dot{\theta}_t^i(s^i)}{\theta_t^i(s^i)} > (=) \frac{\dot{\theta}_t^i(s^{i'})}{\theta_t^i(s^{i'})}$$

尽管在某些方面这个条件很弱，增长率严格按对应的支付排序这个要求会排除最优反应动态，因为在最优反应动态下，所有不是最优反应的战略都有相同的增长率 -1。

回忆第一章中严格占优的定义：如果存在某个其他（可能是混合的）战略 $\hat{\sigma}^i$，使得对于所有的对手战略组合 σ^i，有

$$u^i(\hat{\sigma}^i, \sigma^{-i}) > u^i(\sigma^i, \sigma^{-i})$$

则战略 σ^{-i} 是严格劣的。重复剔除严格劣战略是这样一个过程，即首先剔除每个参与人的所有严格劣战略，然后剔除一旦劣战略被剔除就成为严格劣战略的所有战略，一直重复进行直到不能再剔除为止。遵循萨缪尔森和张，将重复剔除纯严格劣战略（iterated pure-strategy strict dominance）这个过程定义为只考虑纯劣战略的类似的重复剔除过程。显然，这一过程会剔除更少的战略，因为一个严格劣战略可能

不比任何纯战略劣。

命题 3.4 （Samuelson and Zhang，1992）在任何正则的、单调的动态中，如果战略 s 被重复剔除纯劣战略过程剔除，那么不论这种状态自己是否收敛，战略 s 的份额都会渐近收敛于零。[22]

证明概要 最简易的情况是一个战略 s 被某个其他纯战略 $\hat{s}$ 严格占优。那么 s 的增长率一直是一个小于 $\hat{s}$ 的增长率的固定的数，因此在群体中 s 的份额必须渐近趋向于零。一旦认识到这一点，这个结果能够扩展到重复剔除就不足为奇了。直觉上，我们期望调整过程贯穿重复剔除过程：一旦劣战略有接近于零的份额，那么在第二轮重复剔除纯劣战略中被剔除的战略的支付一定比具有显著份额的其他战略的支付更低，因此这些劣战略的份额开始向零收缩，并且一直这样连续下去。既然重复剔除过程会在有限轮内停止（在具有有限数量的行动的阶段博弈中），那么调整过程最终会剔除问题中的所有战略。

为了使这个直觉更准确，我们采用霍夫波尔和威布尔(Hofbauer and Weibull,1996)在证明命题 3.5 中所使用的论点。首先要注意的是，每一个被一个纯战略严格占优的战略的份额的上界是一个以指数率收敛于零的函数。因为仅存在有限数量的这样的劣战略，所以对于任意的 ε，存在一个有限的时间 T，使得每一个这样的战略的份额都小于 ε。

令 $\tilde{s}^i$ 为参与人 i 的一个不被纯战略严格占优，但一旦第一轮剔除完成将被某一个战略 $\hat{s}^i$ 严格占优的战略。因为支付函数是混合战略的连续函数，所以一旦所有"纯战略—严格劣"战略的份额小于某个充分小的数 ε，$\hat{s}^i$ 就比 $\tilde{s}^i$ 有一个严格高的支付；[23] 而且通过取 ε 足够小，我们能够确保对于在重复剔除的第二轮中被剔除的所有战略，这是一致真实的。这样，在某个有限时间 T' 之后，在第二轮被剔除的所有战略的份额的上界是一个以指数率收敛于零的函数。因此，这

些战略的份额在某个有限时间 T'' 内将变得微乎其微，论点继续成立。因为在有限博弈中剔除过程在有限轮内结束，所以仅需要有限次的剔除，从而得到如下结论：存在有限时间 T，在 T 之后，所有被重复

剔除纯严格劣战略过程剔除的战略的份额收敛于零。（证明结束）

比约纳斯特德（1995）提出的一个例子表明，单调动态不一定剔除被一个混合战略严格占优的战略，这个例子使用了"如果不满意就抽样"的动态形式。

例 3.4　考虑如图 3—9 所示的德科尔和斯克默（Dekel and Scotchmer，1992）提出的石头—剪刀—布博弈的变化形式。这里，上方的 3×3 矩阵是石头—剪刀—布博弈的一个非零和版本，而第四个战略被前三个战略的等权重混合战略严格占优但是不被任一个纯战略严格占优。但是，无论何时只要第四个战略和一个其他战略很罕见（scarce），它就是好于平均值（better-than-average）的反应。现在，让我们来考虑一个"如果不满意就抽样"的动态，在这个动态中，每个参与人抽样的倾向依赖于当前的总体状态和参与人自己的支付，而且这个依赖性具有如下的特殊形式：给定当前的状态，具有最低可能支付的参与人一定被抽样。那么，因为第四个战略一般不是绩效最差的战略，所以即使在连续时间里它仍然会幸存下来，除非系统开始时就正好处于纳什均衡。

1.00, 1.00	2.35, 0.00	0.00, 2.35	0.10, 1.10
0.00, 2.35	1.00, 1.00	2.35, 0.00	0.10, 1.10
2.35, 0.00	0.00, 2.35	1.00, 1.00	0.10, 1.10
1.10, 0.10	1.10, 0.10	1.10, 0.10	0.00, 0.00

图 3—9　德科尔和斯克默的石头—剪刀—布博弈的变化形式

顺便说一下，应该注意的是，在这个例子中混合战略纳什均衡是一个进化稳定战略。因此，这个例子也表明，对于一般的单调动态，进化稳定战略并不意味着渐近稳定性。

为了剔除被混合战略严格占优的战略，萨缪尔森和张引入了"总体单调性"的概念。

定义 3.2　一个系统是总体单调的（aggregate monotonic），如果在所有的内点上，有

$$u_t^i(\sigma^i) > u_t^i(\hat{\sigma}^i) \Rightarrow \sum_{s^i} (\sigma^i(s^i) - \hat{\sigma}^i(s^i)) \frac{\dot{\theta}_t^i(s^i)}{\theta_t^i(s^i)} > 0$$

这是说，如果混合战略 σ^i 比混合战略 $\hat{s}^i$ 有更高的当前支付，那么 σ^i 的增长率高于 $\hat{s}^i$ 的增长率。容易看出，总体单调性意味着单调。萨缪尔森和张证明了，模仿者动态是总体单调的，并且任何总体单调的系统会剔除所有被重复剔除严格劣战略过程剔除的战略。

最近，霍夫波尔和威布尔（1996）已经发现了一个更弱的充分条件，他们称之为凸单调性（convex monotonicity）。

定义 3.3　一个系统是凸单调的（convex monotonic），如果在所有的内点上，有

$$u_t^i(\sigma^i) > u_t^i(s^i) \Rightarrow \sum_{s'^i} \sigma^i(s'^i) \frac{\dot{\theta}_t^i(s'^i)}{\theta_t^i(s'^i)} > \frac{\dot{\theta}_t^i(s^i)}{\theta_t^i(s^i)}$$

总之，这说明如果混合战略 σ^i 比纯战略 s^i 具有更高的当前支付，那么 σ^i 的增长率高于 s^i 的增长率。

一个凸单调的系统显然是单调的，因此凸单调性排除了最优反应动态。然而存在凸单调的近似最优反应动态。例如，霍夫波尔和威布尔指出，对于任意正数 λ，下面这个动态是凸单调的：

$$\dot{\theta}_t^i(s^i) = \theta_t^i(s^i) \left[\frac{\exp(\lambda u_t^i(s^i))}{\sum_{\hat{s}} \theta_t^i(\hat{s}^i) \exp(\lambda u_t^i(\hat{s}^i))} - 1 \right]$$

当 λ 变得无限大时，这个系统就收敛于最优反应动态。

命题 3.5　（Hofbauer and Weibull, 1996）在任何正则的凸单调动态中，如果纯战略 s 被重复剔除严格劣战略过程剔除，那么，不管状态是否收敛，战略 s 的份额会渐近收敛于零。而且，如果混合战略被重复剔除严格劣战略过程剔除，那么对所有的 $\varepsilon > 0$，存在一个时间 T，使得对于所有的 $t > T$，在 σ 的支撑集中至少有一个纯战略的份额小于 ε。

证明的概要　像在前面那个命题的证明中那样，关键的步骤是 78 证明劣战略被剔除。为了证明这一点，假定参与人 i 的战略 s^i 严格 劣于战略 σ^i，并且不失一般性，假定战略 σ^i 给出了战略 s^i 以外的每 一个战略分配严格大于零的概率。现在让我们考虑 $P^i_\sigma(\theta^i) = \theta^i(s^i) \prod_{\tilde{s}} \theta^i(\tilde{s}^i)^{-\sigma^i(\tilde{s}^i)}$ 定义的函数 P，于是，$P^i_\sigma(\theta^i) = \theta^i(s^i) E_{\sigma^i}(\theta^i)$，其中 $E_{\sigma^i}(\theta^i)$ 是在命题 3.3 的证明中使用的熵函数的逆函数。沿着任 意的内部轨迹，

$$
\begin{aligned}
\dot{P}_{\sigma^i}(\theta^i_t) &= \dot{\theta}^i_t(s^i) E_{\sigma^i}(\theta^i_t) + \theta^i_t(s^i) \dot{E}_{\sigma^i}(\theta^i_t) \\
&= \left(\frac{\dot{\theta}^i_t(s^i)}{\theta^i_t(s^i)} + \frac{\dot{E}_{\sigma^i}(\theta^i_t)}{E_{\sigma^i}(\theta^i_t)} \right) P_{\sigma^i}(\theta^i_t) \\
&= \left(\frac{\dot{\theta}^i_t(s^i)}{\theta^i_t(s^i)} - \sum_{\tilde{s}} \sigma^i(\tilde{s}^i) \frac{\dot{\theta}^i_t(\tilde{s}^i)}{\theta^i_t(\tilde{s}^i)} \right) P_{\sigma^i}(\theta^i_t)
\end{aligned}
$$

从凸单调性和 $E_{\sigma^i}(\theta^i)$ 不等于零可知，这个表达式在单纯形的内部是 严格负的。因此 P 必定收敛于零，因此我们得到如下结论：$\theta^i(s^i)$ 以指数率收敛于零（再次使用 $E_{\sigma^i}(\theta^i)$ 不等于零这个事实）。

为了证明过程继续重复剔除劣战略，现在只通过用占优混合战略 代替每一个占优纯战略来解释命题 3.4 的证明中的那个类似的论点 （实际上这个论点来自 Hofbauer and Weibull, 1996）。（证明结束）

作为对重复剔除结论的最后说明，我们应当指出，模仿者动态甚 至不需要剔除弱劣战略，因为弱劣战略中的纳什均衡能够是稳定的 （但不是渐近稳定的）。第九节将给出一个这样的例子，并且将深入讨 论对此的一个反应。

3.8　短视调整动态

除上节讨论的总体单调性和凸单调性之外，还有另外一个有用的

单调性的一般概念，这个概念被称为短视调整（myopic adjustment）。短视调整动态不仅包括模仿者动态而且包括最优反应动态，并且它仅要求效用沿着调整路径递增（保持其他参与人的行动不变）。我们考虑这个思想的两种应用。首先，我们给出单群体 2×2 对称博弈情况下短视调整的完整特征。其次，我们考虑战略稳定性的集值概念，并考虑对于一个短视调整过程它如何与成为吸引子这个性质联系起来。

3.8.1　与单调调整相比较的短视调整

短视调整的概念由斯温克尔斯（Swinkels，1993）提出。作为一个特殊的情况，这个单调性的一般概念不仅包括模仿者动态也包括最优反应动态。

斯温克尔斯的短视条件是，保持其他参与人的行动不变，沿着调整路径效用应该不减。正式地说：

定义 3.4　一个系统是短视调整动态（myopic adjustment dynamic），如果下式成立：

$$\sum_i u_t^i(s^i)\dot{\theta}(s^i) \geqslant 0$$

下面我们重新考虑单调性条件，即效用越高意味着增长率越高。这个条件的一个应用是，那些份额正在扩大的战略一定比那些份额正在缩小的战略有更高的效用。用 $\underline{u}^i$ 表示份额在（弱）扩大的任意战略的最小效用，并且用 $\bar{u}^i$ 表示份额在严格递减的任意战略的最大效用。单调性意味着 $\underline{u}^i \geqslant \bar{u}^i$。注意：

$$\sum_i \dot{\theta}(s^i) = 0 \Rightarrow \sum_{s^i \mid \dot{\theta}(s^i) \geqslant 0} \dot{\theta}(s^i) = - \sum_{s^i \mid \dot{\theta}(s^i) < 0} \dot{\theta}(s^i)$$

如果我们计算分别定义在份额正在扩大的那些战略以及份额正在减小的那些战略之上的效用变化的时间比率的和，我们会发现：

$$\sum_{s^i \mid \dot{\theta}(s^i) \geqslant 0} u_t^i(s^i)\dot{\theta}(s^i) + \sum_{s^i \mid \dot{\theta}(s^i) < 0} u_t^i(s^i)\dot{\theta}(s^i)$$

$$\geqslant \underline{u}_t^i \sum_{s^i \,\mid\, \dot{\theta}(s^i) \geqslant 0} \dot{\theta}(s^i) + \bar{u}_t^i \sum_{s^i \,\mid\, \dot{\theta}(s^i) < 0} \dot{\theta}(s^i)$$

$$= \underline{u}_t^i \sum_{s^i \,\mid\, \dot{\theta}(s^i) \geqslant 0} \dot{\theta}(s^i) + \bar{u}_t^i \left(- \sum_{s^i \,\mid\, \dot{\theta}(s^i) \geqslant 0} \dot{\theta}(s^i) \right)$$

$$= (\underline{u}_t^i - \bar{u}_t^i) \sum_{s^i \,\mid\, \dot{\theta}(s^i) \geqslant 0} \dot{\theta}(s^i) \geqslant 0$$

这使我们得到如下结论。

命题 3.6 每个单调正则的系统都是一个短视调整动态。

正如我们上面提及的,最优反应动态也是一个短视调整动态。也就是说,再次将状态变量解释为信念而不是行动的一个群体分布,保持对手的战略不变,系统

$$\dot{\theta}^i = BR^i(\theta^j) - \theta^i$$

也增加效用。的确,在特定意义上,保持对手的战略不变,最优反应动态会尽可能快地增加效用。因此,适用于所有短视调整动态的结论对最优反应动态也适用,并且隐含地适用于连续时间虚拟行动和模仿者动态。[24]

3.8.2 2×2 对称博弈

在具有对称初始条件(或等价的,单个群体)的一个 2×2 对称博弈的特殊情况下,短视调整动态足够强以至于能够产生一些结论。在这种情况下,状态变量是一维的,因此在连续时间模型中系统不能循环,并且一定收敛于一种定态。而且,惟一可能的定态是这个博弈的纳什均衡,而这个博弈至多有三个纳什均衡。定态的稳定性完全由每一点上的流的方向决定,且移动的比率没有差异。

在一个对称的单群体 2×2 博弈中,保持对手的战略不变,短视调整动态不能在对应于效用递减的方向上移动系统。[25]如果我们增加短视调整的如下假设:(1)在效用改善的方向上(如果有的话)移动一定是严格正的,(2)每个纳什均衡都是一种定态,于是在除了非

纳什纯战略组合之外的任何地方，能够确定流的方向。（注意，这两个假设在模仿者动态和最优反应动态中都得到满足。）因此，除了非纳什战略组合是否是（不稳定地）定态这个问题外（像它们在模仿者动态中一样，但是在最优反应动态不是这样），所有短视动态系统的总体性质都正好相同。特别的，如果存在一个独一无二的纳什均衡（要么在内部，要么在边界上），那么从所有的内部初始条件出发，这个纳什均衡都是吸引子。其他的一般可能性是存在一个混合战略均衡和两个严格纯战略均衡，例如，在协调博弈中就是如此。这里，如图3—10所示，两个纯战略均衡是稳定的，混合战略均衡是不稳定的。（如果纯战略均衡中有一个是不稳定的，那么另一个战略将必须是无限接近不稳定均衡的混合战略的最优反应，而这与第一个均衡是严格的假定相矛盾。）

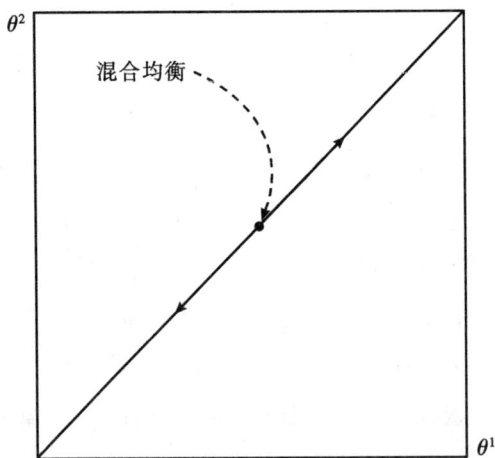

图3—10 2×2 对称博弈的相位图

3.8.3 稳定吸引子和战略稳定性

斯温克尔斯（Swinkels, 1993）证明了有关短视调整动态的一个一般性结论：他在动态系统的稳定性和由科尔伯格与默滕斯（Kohlberg and Mertens, 1986）提出的博弈—理论（game-theoretic）意义上的战略稳定性之间建立了一个联系。如果满足以下两个条件，混合战略纳什均衡的一个集合就是超稳定的（hyperstable）：（1）对于另外加给博弈的每一个冗余战略，对于通过强迫对手颤抖而产生的每一个充分小的支付扰动，受扰动的博弈有一个接近初始集合的纳什均衡；（2）这个集合是具有特征（1）的最小集合。例如，科尔伯格和默滕斯证明了，每一个超稳定集必定包含一个子博弈精炼均衡和一个贯序均衡。

下面给出的斯温克尔斯的结论将注意力局限于凸渐近稳定集。这有效地排除了极限环，将注意力集中于定态的集合和纳什均衡的集合上。现在回忆第一章中的结论：对于一般的战略式支付，每个纳什均衡都是局部隔离的。实际上，更一般的结论也是正确的：对于一般的支付，每个纯战略纳什均衡是严格的从而是趋稳定的。当然，这并不令人吃惊，研究诸如超稳定性等纳什均衡精炼的主要动机来自对非一般战略式支付的考虑，而当战略式博弈中的战略是重要的扩展式博弈中的完全相机计划（complete contingent plans）的时候，这种支付就产生了。实际上，斯温克尔斯采用了科尔伯格和默滕斯的方法，即采用战略式博弈的方法来解决源于扩展式博弈的问题。本书的第二部分将使用精确反映扩展式结构的模型讨论扩展式博弈中的学习。

命题 3.7 （Swinkels, 1993）如果一个集合在每一个纳什均衡都是一个定态的短视调整动态下，是渐近稳定的，且有一个包含在与凸集同态（homeomorphic）的吸引域中的邻域（在特定情况下这个集合是连通的），那么这个集合包含一个超稳定集。特别地，它也包含一个贯序均衡。

尽管斯温克尔斯的证明的细节很复杂，但其基本思想却很简单。考虑严格短视动态这个特殊的情况。在严格短视动态中，保持对手的战略不变，除了在定态中以外，群体的效用严格递增。在这种情况下，定态与纳什均衡一致。证明的思路是，因为问题中的集合是渐近稳定的，所以集合必定保持渐近稳定，甚至在博弈受到扰动时也是如此。换句话说，在受扰动的博弈中，我们可以找到一个与旧的动态很接近的新短视动态。因为初始向量域向内指向集合的一个邻域的边界，所以一个小的扰动不会改变这种情况。但是流将一个与一个凸集同态的集合映射到它本身，因此由布劳尔（Brower）不动点理论，集合包含流的一个不动点，也就是一个定态；并且通过构造，这个集合位于原始集合的附近。因为在严格短视动态中定态是纳什均衡，所以证明结束。斯温克尔斯的整个证明非常复杂，因为需要剔除在弱短视*83* 动态中不是纳什均衡的定态，因为在受扰动的博弈中找到一个与旧动态很接近的新短视动态这个步骤需要一些工作。

然而，我们应当指出，一个集合是渐近稳定的这个性质比一个点是渐近稳定的这个性质更强。如果一个定态不是渐近稳定的，那么（一般而言）在长期中导致这个的初始条件的集合的测度为零，这个集合必定是一个源点或一个鞍点。然而，对集合而言这不一定是正确的，就像图3—11中所说明的那样。图3—11中的集合不是渐近稳定的。这里，顶部的实线表示定态的一个集合。线的右边的初始条件收敛于这条线，左边的初始条件接近这条线但不收敛于这条线。没有一个定态是独立渐近稳定的，因为一个小的干扰就能导致另一个邻近的定态。同样，集合也不是渐近稳定的，因为在直线的左边离开集合的一个小的干扰不会使集合再返回到该直线上。然而，存在大量的（开集）能收敛于这个集合的初始条件。

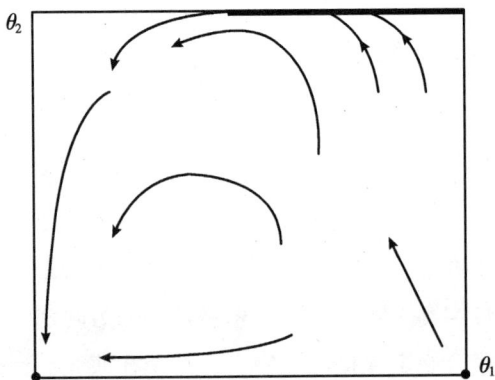

图3—11　稳定但不渐近稳定的集合

3.9 集值极限点和漂移

宾默尔和萨缪尔森（1995）详述了这样一个思想，即可能存在一些均衡的集合，它们是非稳定的，然而却是对系统长期行为的很好的渐近描述。他们认为，过分相信确定性学习动态在一个定态集合的邻域内的精确预测是一种错误，因为这里的预测对它的流的微小扰动十分敏感，并且我们猜想可能存在各种未在模型中考虑的力量，这些力量产生少量的决定性"漂移"。当然，在开始时，我们未在模型中考虑漂移的原因是，我们认为漂移"很小"，而一个充分小的漂移对孤立的、双曲的定态只有一个微不足道的影响：尽管漂移可能引起定态位置上的轻微变动，但是一个小的漂移并没有强到足以产生偏离稳定定态的路径，也没有强到能够强迫系统收敛于一个在没有漂移时不是稳定的定态。

宾默尔和萨缪尔森认为，在均衡集合的附近，情况有很大差异。这在图 3—12 所示的他们的最后通牒最小博弈的例子中最易看到。这个博弈的具体细节是，第一个参与人建议要么两个参与人平分四美元要么自己保留三美元。如果提出一个平等分配的建议，这个建议将被接受；但是如果第一个参与人建议进行一个不平等的分配，那么第二个参与人可以选择接受这种分配或拒绝。在第二个参与人拒绝时，双方支付都为零。

	Y	N
H	2, 2	2, 2
L	3, 1	0, 0

图 3—12 宾默尔–萨缪尔森的最后通牒最小博弈

这个博弈的纳什均衡的集合和模仿者动态在图 3—13 中描绘出来了。这个博弈中，在 (L, Y) 处存在一个严格的纳什均衡，并存在纳什均衡的一个组成部分 C。在 C 中，参与人 1 采取战略 H，而参与人 2 给弱劣战略 N 分配至少 1/3 的概率。因为在 $(L，Y)$ 处的均衡是严格的，所以它是模仿者动态的一个吸引子。参与人 1 采取战略 H 的那部分均衡是不稳定的：群体中一小部分参与人采取战略 L 就会使参与人 2 的战略逐渐向 Y 移动，因此最终多于 1/3 的参与人 2 会采取 Y，从而系统移向 $(L，Y)$。

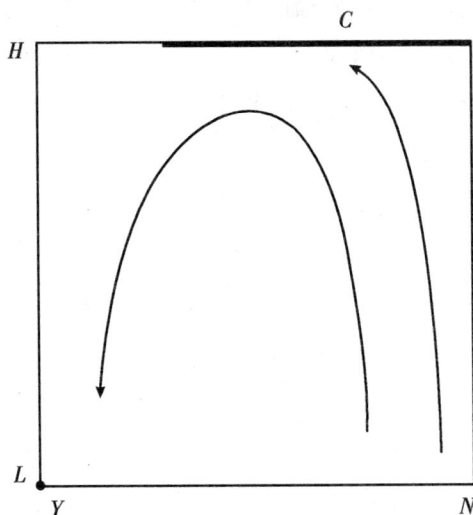

图 3—13　最后通牒最小博弈的模仿者动态相位图

　　宾默尔和萨缪尔森的关键点是，在邻近不稳定区域 C 的点上，原有系统的"力量"或速率很小，因为参与人 2 的群体接近中立。假定由于群体中一些人偶然地在他们的两个战略中随机选择（50－50）战略所以产生了一个漂移，使得在其他条件均相同时，存在一个较弱的移向中心的趋势。此外，假定由于参与人 2 的群体有更少的损失所以他们更可能随机选择，那么在模仿者动态之上的是图 3—14 所示的那种小漂移动态。我们给模仿者动态分配大部分的权重，给漂移动态分配很少的权重，以此将两个动态合并，合并后的动态有如图 3—15 所示的形状。现在，当 L 有一个很低的概率时，参与人 2 的群体在 Y 和 N 间随机选择的趋势超过向 L 移动的趋势，系统在均衡的集合附近有稳定的定态。

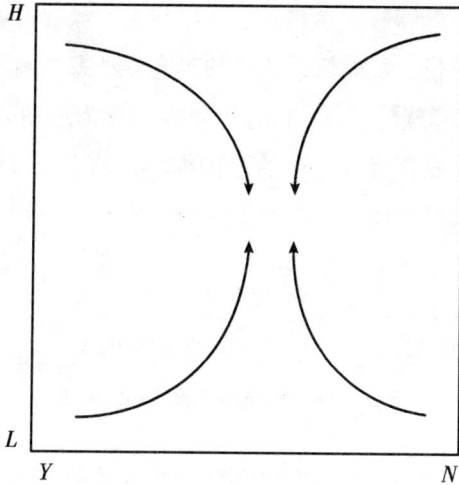

图 3—14　漂移

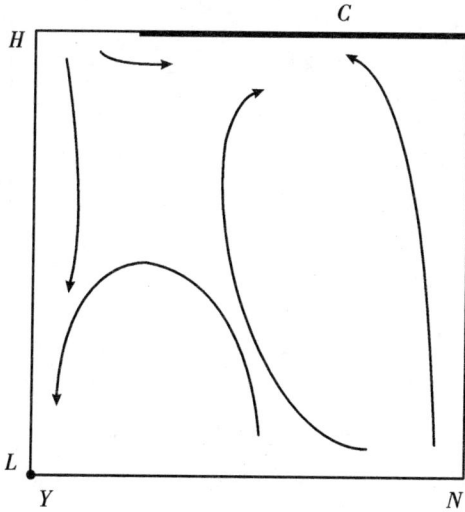

图 3—15　最后通牒最小博弈中模仿者动态加漂移动态

　　宾默尔和萨缪尔森作了其他几个有用的观察。首先，他们注意到漂移是否重要依赖于漂移的性质和确定性动态的性质。特别地，如果两个参与人以相同的比率漂移，那么流的图看起来与没有漂移时的图相同，并且，特别地，均衡集是不稳定的。此外，固定如图 3—14 所示的漂移，并且继续假定参与人 2 比参与人 1 漂移得更快，我们能够修改该博弈的支付，从而修改相应的确定性动态。例如，我们考虑图 3—16 所示的博弈族。当 $a=0$ 时博弈族简化为最初研究的博弈；当 a 向 1 增大时，混合战略均衡的范围缩小，直到 Y 的概率从 2/3 降到 1/3 为止，就像如图 3—17 所表明的那样。

	Y	N
H	2, 2	2, 2
L	3 $(1+a)$, 1	0, 0

图 3—16　类最后通牒最小博弈族

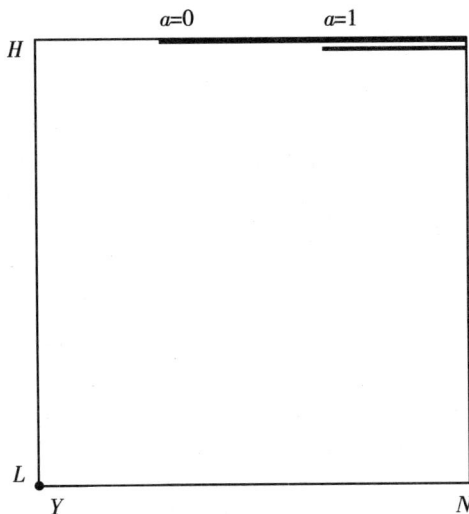

图 3—17　最后通牒最小博弈中的均衡集

在提出的漂移模型中（见图 3—14），当 $a=1$ 时，漂移不产生任何差异，因为在参与人 1 进行 50－50 随机化的右边，系统总是向左漂移。只有 $a<1/3$ 时漂移才起作用，因此在一部分均衡集附近系统向左漂移。在这里系统开始使均衡集稳定化。宾默尔和萨缪尔森认为，这具有重要的预言性的结论：a 越大，我们更可能在 (L, Y) 处看到严格均衡。但要，要注意的是，这种分析建立在当支付变化时漂移不变这个假定之上，而有关参与人 2 比参与人 1 漂移得更快的论

点假定漂移在一定程度上由参与人的支付决定。在这个特定的例子中，使均衡集更小（a 更大）的支付中的相同变化也会使参与人相对而言不那么中立，因此应当减小漂移的比率，从而倾向于加强均衡集的稳定性。但是，这并不会推翻基本的结论，因为一旦部分均衡完全在 1/2 的右边，不论它们的强度如何，任何向 1/2 的漂移都会加强这部分均衡的稳定性。这与宾默尔和萨缪尔森的基本结论一致，即越短的部分越不可能是稳定的，但也对将漂移视为固定不变的观点提出了警告。

　　这些思想是很重要的，因为我们将要考察的许多系统，包括平滑虚拟行动，都表现出了漂移。然而，正如上面提到的，对于一般的战略式支付，所有的动态都是局部孤立的，因此这个观察在一次性同时行动博弈中不太重要。与斯温克尔斯的结论一样，宾默尔和萨缪尔森的分析最适用于从重要的扩展式博弈中得到的战略式博弈，例如，战略式最后通牒最小博弈就是从图 3—18 所示的扩展式最后通牒最小博弈中得到的。

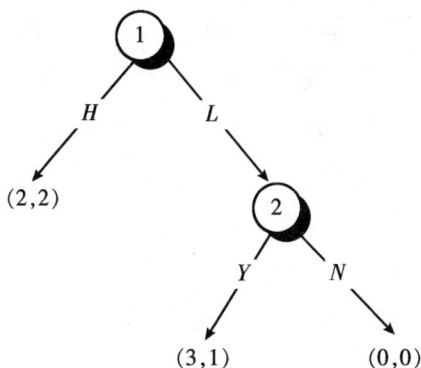

图 3—18　扩展式最后通牒最小博弈

　　宾默尔和萨缪尔森不仅想到了这个扩展式博弈，而且提出了更强的观点：学习加上上面描述的那种漂移能够对在扩展式最后通牒最小博弈的试验中发现的经验现象进行理论上的解释，这个现象就是：第一个行动的参与人并没有得到绝大部分的蛋糕。[26]

这个观点有两个潜在的难题。首先，宾默尔和萨缪尔森研究模仿者动态。正如我们前面所讲的，这个模型的刺激—反应理论的理论基础难以让人信服，而且很清楚的是到处询问模型不适用于实验环境。当然，这里模仿者动态被当作一个使事情更精确的合适方法；宾默尔和萨缪尔森受到了如下信念的激励：即他们的结论也能在相关的支付单调动态中得到，而支付单调动态更容易被证明是合理的。

更根本地，我们发现将参与人 2 采取行动 N 归因于如下原因是没有吸引力的，即在短期内缺乏参与人 2 最终将"学习"这个"知识"，因为如果参与人 2 理解了博弈的规则和他自己的支付函数，则他会明白采取战略 N 是错误的。有人可能争辩说，不管试验规则是什么，实际上参与人 2 不会理解（或相信）实验是匿名进行的，因此采用在重复议价的情况下是最优的规则（"不被利用"）。然而，我们发现实验文献中的标准解释，即参与人 2 的支付依赖于其他事情而不是他们得到的金钱更让人信服。

顺便指出，在战略式博弈中采取战略 N 是弱劣的。有人可能认为，我们应该只考虑给非弱劣的战略分配大于零的权重的规则，因为如果参与人从外部知道了博弈的规则，那么不需要任何"学习"他就能推算出哪些战略是弱劣的。这个观点需要验证，因为在一些扩展式博弈中，采取一个弱劣战略可能是有意义的，因为它能够披露对手行动的信息，这是我们将在第七章深入讨论的一个观点。然而，这种信息收集的解释并不能应用到博弈树"终端"的决策上，比如这个博弈中的战略 N，并且我们发现很难理解为什么惟一目标是货币收入最大化的参与人会采取战略 N。

3.10　廉价磋商和秘密握手

与最优反应动态和漂移的观点紧密联系的稳定性的一个有趣的集

值概念就是吉尔伯和马蒂绥（Gilboa and Matsui，1991）介绍的"周期稳定集"（cycli-cally stable set）这个概念。如果存在一个通向另一个战略组合的连续时间最优反应动态路径，则称这个战略组合是从另一个战略组合可达的（accessible）。（注意，如果需要，参与人调整的相对比率可以不同或者随着时间变化。）如果在一个集合外没有点是从它的内部可达的，并且集合内的每一个点都是从集合内的任何其他点可达的，那么这个集合是周期稳定的（cyclically stable）。

　　一个周期稳定的集合是相对稳定的这个观点似乎无可争议。更可疑的是非周期稳定的均衡集是不稳定的这个观点，也就是说，仅仅因为存在一些引向外部的最优反应路径，我们有什么理由相信实际上参与人会遵循这条特定的路径呢？这就是漂移的观点很重要的地方。当存在差异时会出现多个最优反应路径，并且一个微小的漂移将趋向于将参与人从一个无差异的点移向另一个无差异的点。因此，如果有多个最优反应路径，其中只有一个通向一个特定集合的外部，那么我们能够想像随机漂移最终会使这个特定的路径出现。

　　周期稳定集能产生有趣结论的一类有趣的博弈是前面在研究进化稳定性时讨论的"廉价磋商"博弈。考虑图 3—19 中的协调博弈的例子。此外，我们允许参与人可以在行动之前发送信息 L 或信息 R。我们在前面看到，一个进化稳定战略不能剔除"胡说的"均衡，而在这个均衡中所有信息都以大于零的概率被发送。

	L	R
L	2, 2	-100, 0
R	0, 100	1, 1

图 3—19　一个协调博弈

　　马蒂绥（Matsui，1991）用周期稳态集而没有用进化稳定战略。马蒂绥证明了，当给任意的 2×2 共同利益博弈（game of common interest）加一轮廉价磋商时，存在一个惟一的周期循环集[27]，并且这个博弈有惟一的帕累托有效的结果。

这种思想背后的直觉与漂移的观点紧密联系在一起。假设上述博弈的结果是 (R, R)。如果所有参与人都采用忽视第一阶段的信息并且在第二阶段一直采取行动 R 这个战略，那么不管第一阶段发布什么信息，这个战略都是一个最优反应。因此，没有什么能阻止系统漂移到所有参与人都宣布将采取行动 (R, R) 并且也实际采取该行动这个状态；也就是说，存在一个连续时间最优反应动态的路径，该路径将系统从"胡说状态"引导到只发送单个信号的状态。然而，现在考虑一个参与人 1，他宣布将采取行动 L 并且当且仅当他的对手宣布将采取行动 L 时他采取行动 L。因为无论怎样，所有的参与人 2都将采取行动 R，所以这个战略也是一个最优反应。而且，当所有参与人 1 采取行动 R 时，对于一些参与人 2 来说漂移到这个战略也是一个最优反应，同时一旦漂移的过程开始进行，新的战略会成为一个严格最优反应。另一方面，马蒂绥证明了，当所有代理人正在采取行动 L 时，均衡不会出现。如下论点是正确的：如果对手宣布将采取行动 R，那么自己宣布将采取行动 R 并且实际采取行动 R 并没有什么不利，因此系统可能漂移到这个状态；一旦达到这个状态，就没有参与人希望利用这个机会促使（对手）采取行动 R。

我们将在第 7 章研究扩展式博弈中的学习的时候重新讨论这个例子；现在我们仅指出，被用来定义周期稳定集的战略上的连续时间最优反应动态，隐含地假定参与人观测到他们对手的所有战略，而不仅仅观察到已实现的行动。

3.11　离散时间模仿者系统

虽然许多有关模仿者动态的文献都涉及连续时间系统，但是就像在我们以前对博格斯-萨林的刺激—反应模型的讨论中那样，考虑在多大程度上离散时间系统给出相似或不同的结论也是很有兴趣的。要这样做，第一步当然是定义离散时间模仿者系统。虽然有几个可能的备选方案，但是也许非对称群体的最明显的离散时间公式（再次假定每个群体的规模相同）是：

$$\phi_{t+1}^i(s) - \phi_t^i(s) = \Delta\phi_t^i(s)u_t(s)$$

其中 Δ 是时间区间的长度[28]，并且支付对应于单位时间内的净繁殖率（net reproduction rate），这导致如下的群体份额方程[29]：

$$\theta_{t+1}^i(s) - \theta_t^i(s) = \frac{\phi_t^i(s)(1 + \Delta u_t^i(s))}{\sum_{s'}\phi_{t+1}^i(s')} - \theta_t^i(s)$$

$$= \frac{\Delta\theta_t^i(s)(u_t^i(s) - \bar{u}_t^i)}{1 + \Delta\bar{u}_t^i}$$

注意，当时间区间的长度趋于零时，这个等式收敛于连续时间模仿者动态；还要注意，这个系统的步长依赖于支付的绝对大小，因此，例如，给所有的支付都增加 100 会缩小步长。这是因为，如果总群体不变，那么绝对增长率额外增加 1% 会导致群体份额额外增加 1%。然而，如果所有的战略都具有很大的绝对增长率，则这是无关紧要的。

作为替代，可以将支付函数解释为每期的繁殖率而不是每单位时间的繁殖率。在这种解释下，参数 Δ 在方程中消失，为更短的时间区间建立模型的方法是将所有支付向零的方向减小：在时间区间趋于无穷小的极限中，从一个时期到下一个时期群体几乎不变。

作为一个典型的情况，离散时间模仿者动态的收敛和稳定性会与连续时间模仿者动态的收敛和稳定性不同，因为"长"时间区间比"短"时间区间引起更多的变化。论述长时间区间的效果的引人注目的例子是德科尔和斯克默（Dekel and Scotchmer，1992），他们证明了离散时间模仿者动态不需要剔除所有的严格劣战略。（在讨论单群体的情况时，我们遵循德科尔-斯克默；回忆一下，这也描述了两群体系统的从一个对称的初始位置出发的进化。）

德科尔和斯克默从图 3—20 所示的非零和的石头—剪刀—布博弈

开始他们的论述。在这个博弈中，混合均衡（1/3，1/3，1/3）是一个进化稳定战略。均衡支付是 3.35/3；面对自己，任何战略的支付都为 1。于是，我们知道在连续时间模仿者动态中混合战略均衡是渐近稳定的。然而，计算表明离散时间模仿者动态朝着边界向外螺旋。（Δ=1 使得这里"大"的支付隐含地对应于一个不可忽略的时间区间长度。）

1.00，1.00	2.35，0.00	0.00，2.35
0.00，2.35	1.00，1.00	2.35，0.00
2.35，0.00	0.00，2.35	1.00，1.00

图 3—20　德科尔和斯克默的非零和的石头—剪刀—布博弈的变化形式

　　然后，德科尔和斯克默将第四个战略加入博弈中，就得到了例 3.4 描述的博弈，图 3—21 也描述了这个博弈。回忆一下，第四个战略被其他三个战略的一个混合战略严格占优，但不会被这三个战略中的任何一个单独严格占优，并且面对自己第四个战略做得很差。然而，对于它和一个其他战略很少被采用的状态，第四个战略是一个 *93* "好于均值"的反应。因为这个新战略对均衡（1/3，1/3，1/3，0）而言不是最优反应，所以那个点是一个进化稳定战略，因此在连续时间模仿者动态中是渐近稳定的。[30]而且，正如我们在第七节了解到的，从任何一个内点开始，连续时间模仿者必定剔除被占优的第四个战略。然而，反证法表明，在离散时间里，第四个战略的份额不会趋于零：如果它的份额变得很小，那么动态会朝着对应于其他三个战略的单纯形的边界向外螺旋，并且在这个边界的大部分点上，第四个战略有一个大于零的增长率。

1.00，1.00	2.35，0.00	0.00，2.35	0.10，1.10
0.00，2.35	1.00，1.00	2.35，0.00	0.10，1.10
2.35，0.00	0.00，2.35	1.00，1.00	0.10，1.10
1.10，0.10	1.10，0.10	1.10，0.10	0.00，0.00

**图 3—21　德科尔和斯克默的具有加入的第四个战略的非零和
石头—剪刀—布博弈的变化形式**

离散时间和连续时间系统的渐近行为间的差异产生了这样一个问题，即这些行为间的一般关系是什么。动态系统结构稳定性上的标准结论意味着如下事实（例如，参考 Hirsch and Smale，1974）。

1. 如果一个定态在连续时间动态中是双曲的和渐近稳定的，那么对于充分小的时间区间它是渐近稳定的。

2. 如果一个定态在连续时间动态中是双曲的和不稳定的，那么对于充分小的时间区间它是不稳定的。

因为定态 (1/3，1/3，1/3，0) 在连续时间模仿者动态中是双曲的和渐近稳定的，所以对于充分小的时间区间它也是渐近稳定的。因此，德科尔-斯克默例子中的问题是，到底是长时间区间还是短时间区间是该情形的更好的描述。

更一般地，上面的事实 1 和事实 2 表明，在许多情况下连续时间和离散时间之间的矛盾在时间区间越来越小的极限中消失。一个显著的例外是在本章第五节的末尾处讨论的连续时间动态有一个中心的情况。如果一个定态在连续时间动态里是一个中心，那么在离散时间动态中它是不稳定的，甚至对任意小的时间区间而言也是如此。在图 3—22 中很容易看到这一点。图 3—22 来自博格斯和萨林（Borgers and Sarin，1995），这篇论文研究零和博弈"便士匹配"中的模仿者动态（也见 Akin and Losert，1984）。在连续时间中，系统环绕中心运动。作为一个好的近似，在离散时间中，系统沿圆的切线移动，这能够在图 3—22 中看到。结果，动态系统将连续时间轨道上的点移到离中心更远的点上。

虽然对于动态的一般扰乱而言，中心不是结构稳定的，但是在模仿者动态中它们能因为支付的一个"胖"集（a "fat" set）而出现。特别地，就像第五节所指出的那样，在两群体模型中，中心在具有惟一的完全混合战略均衡的所有 2×2 博弈中都出现。因此，如果有人考虑离散时间和连续时间模仿者动态间的精确关系，结论是存在支付的一些开集，对于这些开集，即使在时间区间的长度趋于零的极限中

94

两个动态也是不同的。然而，如果考虑对动态的其他小的扰动，并且在"接近"模仿者动态的动态中考虑从离散时间到连续时间的极限，答案就变化了，因为这样的扰动会（一般地）使中心是双曲的，并且使中心要么渐近稳定要么不稳定，无论在哪一种情况下，系统在非常短的离散时间区间的极限中的渐近行为会与在连续时间中的渐近行为相同。

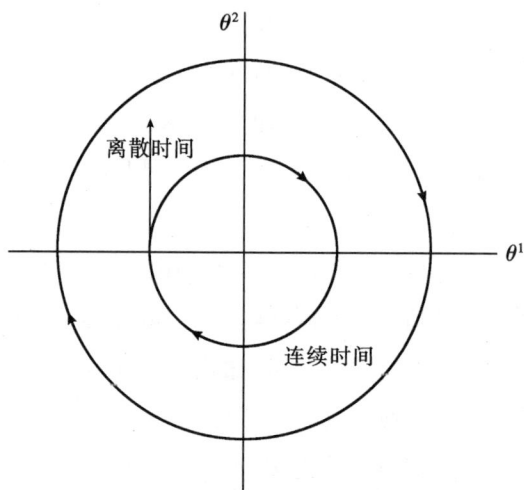

图3—22　猜谜博弈中的模仿者动态相位图

附录：刘维尔（Liouville）定理

对系统的长期出现动态而言，流对体积的影响有重要的结论。[31]例如，容易发现，在一维系统中，如果集合的体积随着时间的过去而减小，那么系统必定收敛于惟一的全局稳定的定态。更一般地，在系统的定义域的内部固定一个 n 维动态系统和一个可测集 A。在 t 时 A 的像（image）是 $A(t) = \{x(t, x_0) \mid x_0 \in A\}$。考虑在这个流下这个像会发生什么。这样一个集合的体积的变化完全由矩阵 $Df(x)$ 的迹（trace）决定，这被称为向量域的散度（divergence），也就是说：

$$\mathrm{div}(f) = \mathrm{tr}(Df) = \sum_i \frac{\partial f_i}{\partial x_i}$$

刘维尔定理认为，如果在开区域 X 上散度为零，那么只要系统停留在区域 X 内，像 $A(t)$ 就与原始集合 A 有相同的欧几里得体积。如果散度是负的，像的体积会随时间严格递减；如果它是正的，像的体积会严格递增。

就像已经指出的那样，在一个一维系统中体积收缩是一个很强的性质，因为它保证收敛于惟一的全局稳定的定态。体积收缩在两维系统也很重要，因为它意味着系统不可能有一个重要的封闭轨迹或"圆"：一个圆将平面隔成内部区域和外部区域，因此由圆和其内部区域组成的封闭集必定是不变集。然而，在这个集合上流将是体积不变的而不是体积收缩的。虽然体积收缩在越高维的系统中越不重要，但是，它意味着系统收敛于一个维数至少比原系统的维数小 1 的流形（mainfold）。

在研究模仿者动态中，散度为 0 的情况是特别有用的。因为渐近稳定的定态是体积收缩的，所以散度为 0 的系统不可能有渐近稳定的定态。标准的模仿者动态的散度不为 0。但通过变量的一个（平滑 *96* 变化它能够变换成这样的系统。霍夫波尔（1995）给出了一个这样的变换：首先将使用某一战略的群体的规模作为一个单位进行正规化，即对于某一战略 $\tilde{s}^i$，令 $\xi^i(s^i) = \theta^i(s^i)/\theta^i(\tilde{s}^i)$。然后令 $v^i = \log \xi^i$。注意，这个变换仅在单纯形的内部才有效。最后得到的系统由两部分构成，这意味着控制进化 v^i 的项仅依赖对应于参与人 j（$j \neq i$）的状态变量。从而得到如下的结论：雅可比矩阵 Df 对角元素为零，因此它的迹（散度）是零。

这个变换后的系统的散度为 0 这个事实能够披露初始系统的什么信息呢？变换后的系统的路径是初始系统路径的变换，因此定态和它们的稳定性不变。特别地，在内部，初始系统不可能有渐近稳定的定态。[32]然而，变换改变了映射的散度，因此变换后的映射保持体积不变这个事实并不意味着初始映射也是如此。的确，因为边界上的严格定态是稳定的，所以在初始系统中在这样的动态附近体积必定收缩。还要注意，变换后的映射可能具有与旧映射不同的速率，并且，特别地，在有限时间内达到的点集在变换中不一定被保留下来；威布尔（1995）给出了一个例子，在这个例子中模仿者动态的一个相似变换产生一个在有限时间内达到边界均衡的系统。

参考文献

Akin, E. and V. Losert. 1984. Evolutionary dynamics of zero-sum games. *Journal of Mathematical Biology* 20:213-258.

Banerjee, A., and D. Fudenberg. 1995. Word of mouth communication. Mimeo. Harvard University.

Binmore, K., and L. Samuelson. 1992. Evolutionary stability in repeated games played by finite automata. *Journal of Economic Theory* 57:278-305.

Binmore, K., and L. Samuelson. 1997. Muddling through: Noisy equilibrium selection. *Journal of Economic Theory* 74:235-265.

Binmore, K., and L. Samuelson. 1995. Evolutionary drift and equilibrium selection. Mimeo. University College London.

Bjornerstedt, J. 1995. Experimentation, imitation, and evolutionary dynamics. Mimeo. Stockholm University.

Bjornerstedt, J., and J. Weibull. 1995. Nash equilibrium and evolution by imitation. In *The Rational Foundations of Economic Behavior*, ed. by K. Arrow et al. London: Macmillan.

Blume, A., Y. G. Kim, and J. Sobel. 1993. Evolutionary stability in games of communication. *Games and Economic Behavior* 5:547–575.

Bomze, I.1986. Noncooperative two-person games in biology: A classification. *International Journal of Game Theory* 15:31–57.

Borgers, T., and R.Sarin. 1995. Learning through reinforcement and replicator dynamics. Mimeo. University College London.

Borgers, T., and R.Sarin. 1996. Naïve reinforcement learning with endogenous aspirations. Mimeo. University College London.

Boylan, R.1994. Evolutionary equilibria resistant to mutation. *Games and Economic Behavior* 7:10–34.

Bush, R., and R.Mosteller. 1955. *Stochastic Models of Learning*. New York:Wiley.

Cabrales, A., and J.Sobel. 1992. On the limit points of discrete selection dynamics. *Journal of Economic Theory* 57:473–504.

Crawford, V., and J.Sobel. 1982. Strategic information transmission. *Econometrica* 50:1431–1452.

Dekel, E., and S.Scotchmer. 1992. On the evolution of optimizing behavior. *Journal of Economic Theory* 57:392–406.

Ellison, G., and D.Fudenberg. 1993. Rules of thumb for social learning. *Journal of Political Economy* 101:612–643.

Er'ev, I., and A.Roth. 1996. On the need for low rationality cognitive game theory. Reinforcement learning in experimental games with unique mixed strategy equilibria. Mimeo. University of Pittsburgh.

Eshel, I., and E.Akin. 1983. Coevolutionary instability of mixed Nash solutions. *Journal of Mathematical Biology* 18:123–233.

Farrell, J.1986. Meaning and credibility in cheap talk games. Mimeo. University of California at Berkeley.

Friedman, D.1991. Evolutionary games in economics. *Econometrica* 59:637–666.

Fudenberg, D. , and E. Maskin. 1990. Evolution and cooperation in noisy repeated games. *American Economic Review* 80:274-279.

Gaunersdorfer, A. , and J. Hofbauer. 1995. Fictitious play, Shapley polygons and the replicator equation. *Games and Economic Behavior* 11: 279-303.

Gilboa, I. , and A. Matsui. 1991. Social stability and equilibrium. *Econometrica* 58:859-867.

Hirsch, M. , and S. Smale. 1974. *Differential Equations, Dynamical Systems, and Linear Algebra*. New York: Academic Press.

Hofbauer, J. 1996. Evolutionary dynamics for bimatrix games: A hamiltonian system? *Journal of Mathematical Biology* 34:675-688.

Hofbauer, J. , and J. Weibull. 1996. Evolutionary selection against dominated strategies. *Journal of Economic Theory* 71:558-573.

Hofbauer, J. , and K. Sigmund. 1988. *The Theory of Evolution and Dynamical Systems*. Cambridge: Cambridge University Press.

Hofbauer, J. , P. Schuster, K. Sigmund, and K. Sigmund. 1979. A note on evolutionary stable strategies and game dynamics. *Journal of Theoretical Biology*, 81:609-612.

Kim, Y. G. , and J. Sobel. 1991. An evolutionary approach to preplay communication. Mimeo. University of California at San Diego.

Kohlberg, E. , and J.-F. Mertens. 1986. On the strategic stability of equilibria. *Econometrica* 54:1003-1038.

Kreps, D. , and B. Wilson. 1982. Sequential equilibria. *Econometrica* 50:863-894.

Matsui, A. 1991. Cheap-talk and cooperation in a society. *Journal of Economic Theory* 54:245-258.

Maynard Smith, J. 1974. The theory of games and evolution of animal conflicts. *Journal of Theoretical Biology* 47:209.

Milgrom, P., and J. Roberts. 1990. Rationalizability, learning, and equilibrium in games with strategic complements. Mimeo. Stanford University.

Nachbar, J. 1990. "Evolutionary" selection dynamics in games: Convergence and limit properties. *International Journal of Game Theory* 19:59−89.

Norman, M. F. 1972. *Markov Processes and Learning Models*. New York: Academic Press.

Prasnikar, V., and A. Roth. 1992. Considerations of fairness and strategy: Experimental data from sequential games. *Quarterly Journal of Economics* 107:865−888.

Rabin, M. 1990. Communication between rational agents. *Journal of Economic Theory* 51:144−170.

Ritzberger, K., and J. Weibull. 1995. Evolutionary selection in normal-from games. *Econometrica* 63:1371−1399.

Robson, A. J. 1990. Efficiency in evolutionary games: Darwin, Nash and the secret handshake. *Journal of Theoretical Biology* 144:379−396.

Samuelson, L., and J. Zhang. 1992. Evolutionary stability in asymmetric games. *Journal of Economic Theory* 57:363−391.

Schlag, K. 1993. Cheap talk and evolutionary dynamics. Mimeo. Universität Bonn.

Schlag, K. 1994. Why imitate, and if so, how? Exploring a model of social evolution. Mimeo, D. P. B-296. Universität Bonn.

Schuster, K. P., and K. Sigmund. 1981. Coyness, philandering and stable strategies. *Animal Behavior* 29:186−192.

Swinkels, J. 1993. Adjustment dynamics and rational play in games. *Games and Economic Behavior* 5:455−484.

Taylor, P., and L. Jonker. 1978. Evolutionarily stable strategies and
99

game dynamics. *Mathematical Biosciences* 16:76-83.

van Damme, E. 1987. *Stability and Perfection of Equilibria*. Berlin: Springer.

Warneryd, K. 1991. Evolutionary stability in unanimity games with cheap talk. *Economic Letters* 36:375-378.

Weibull, J. 1995. *Evolutionary Game Theory*. Cambridge: MIT Press.

Zeeman, E. 1980. Population dynamics from game theory. In *Global Theory of Dynamical Systems*. Lecture Notes in Mathematics, 819:472-497. Berlin: Springer.

【注释】

[1] 比如，见 Journal of Economic Theory（1992）和 Games and Economic Behavior（1993）中的专刊。

[2] 非双曲的定态相对于动态的一般扰动是不稳健的这个事实并不意味着它们能够被支付的很小的变化所破坏。事实上，在 2×2 博弈的非对称群体模型中，大范围的支付值有中心，就像我们将在第五节中看到的那样。

[3] 吉曼（Zeeman，1980）最早证明这个结论。对这种博弈的变化形式的更详细的讨论可以参考 Hofbauer and Sigmund（1988），Gaunersdorfer and Hofbauer（1995）。如果系统被"变异"或新加入者的一个确定性的流扰动，使得边界变成排斥性的，那么，由 Poincare-Bendixson 定理，对于很小的 ε>0，将存在一个循环（封闭的轨迹）。对定态的如下性质的讨论，即相对于这种确定性变异的动态的扰动，定态是稳健的（在本质不动点的意义上），见 Boylan（1994）。

[4] 例如，见在第 5 章讨论的随机扰动的结果。

[5] 相似的观点已经被用来解释为什么在重复博弈中进化可能倾向于选择有效的均衡；见 Binmore and Samuelson（1992）及 Fudenberg and Maskin（1990）。

[6] 通过验证 E 是凹的并运用詹森不等式能给出直接的证明。

[7] 它也有非对称均衡。

[8] 霍夫波尔和西格蒙德（1988, ch.27）讨论了一种由梅钠德·史密斯（Maynard Smith, 1974）提出的替代方法。在这个方法中，两个群体调整的相对速度用它们的平均支付定标，不是用群体规模定标。这里两个群体的平均支付可能不同。

[9] 这表明，在石头—剪刀—布博弈中，中心对支付扰动的敏感性不是完全普遍的——应用结构稳定性的论点，改变支付函数不一定会产生充分大范围的扰乱。

[10] 为说明这个图是正确的，我们能够注意到沿任何轨迹，

$$Q(\theta^1, \theta^2) = \theta^1(H)(1 - \theta^1(H))(\theta^2(H)(1 - \theta^2(H)))$$

都是一个常量，从而画出 Q 的阶层曲线（level curves）。

[11] 这个证明有点微妙，因为即使对这些一般的支付，也能够存在内部的定态，在这些定态中线性化的系统有纯虚数的特征值。霍夫波尔使用一个二阶的近似来确定定态是稳定的或者是不稳定的或者是一个中心。

[12] 在一次私下交流中，霍夫波尔猜测这个结果可以扩展到具有多于三个行动的博弈中。

[13] 这种假设用来为代理人缺乏记忆辩护。此外，我们可以假设代理人不能记起过去的经历，或者说代理人是如此罕见地修改他们的战略，以至于他们认为过去的经历与当前的形势无关。

[14] 换句话说，抽取一个战略的概率等于它在当前群体中的份额。这种"按比例"抽样在一般文献中是标准的，但是其他的抽样规则也值得考虑，就像巴纳吉和弗登伯格（Banerjee and Fudenberg, 1995）在相关的社会学习的情况下所指出的那样。为了与那篇论文比较，我们应该注意到，在这里所描述的过程中，每个代理人的样本容量为 2。

[15] 如果我们认为代理人忘记过去的经历而不是被替换，那么，这个假定将使他们坚持他们自己的战略，直到他们发现另一个更好的战略。

[16] 这实际上是与数理心理学文献中著名的"概率匹配"相同的事实，见 Norman（1972）。最近，施拉格（Schlag, 1994）在博弈学习的情况下，埃利森与弗登伯格（Ellison and Fudenberg, 1993）在代理人学习自然的移动的情况下，注意到了这个事实。作为一个群体对"对立方"行动的反应，这两种情况是相同的。差异来源于这样的事实，即在博弈中，响应参与人 1 的群体中战略的分

布，参与人 2 使用的战略的分布随着时间进化，而定义在自然的移动上的概率分布通常被假定是外生的。

[17] 更一般地，埃利森和弗登伯格证明了，如果战略 U 更好的概率 p 是独立同分布的而不是一个常数，那么系统将是遍历的，且 $\theta_1^t(U)$ 的长期平均值等于 $\theta_1^t(U) > 1/2$ 的概率。

[18] 施拉格也考虑了更一般的情况，即代理人有时会转变到具有更低支付的战略上。

[19] 在其他研究者中，宾默尔和萨缪尔森（1997）研究了"不满意就转换战略"的相似的模型。在宾默尔和萨缪尔森的论文中，如果代理人的支付小于某一个外生的期望水平，他就觉得不满意；像在上面的例子中那样，不满意的代理人按照一个规则来选择转换到哪个战略，而这个规则会导致代理人更可能转换到具有更高当前支付的那些战略。

[20] 这与布什和莫斯特勒（Bush and Mosteller, 1955）的"随机学习理论"（stochastic learning theory）相似。在这个理论中，所有的结果都提供正的强化；第 4 章将讨论博格斯和萨林（Borgers and Sarin, 1996）以及欧文和罗思（Er'ev and Roth, 1996）的相关的模型，这些模型更符合试验证据，但在连续时间极限中不会产生模仿者动态。

[21] 萨缪尔森和张简单地称这些过程为"单调的"。

[22] 纳赫巴（Nachbar, 1990）也有相似的结论，这个结论仅适用于"占优—可解"博弈（"dominance-solvable" games）。在这个博弈中，重复剔除过程会剔除除了一个战略以外的所有战略。对于上模博弈（supermodular games）米尔格朗和罗伯茨（Milgrom and Roberts, 1990）也获得了相似的结论。

[23] 注意，这种连续性论点不应用于弱占优这个概念。

[24] 记住，虚拟行动和最优反应动态间的等价性只在连续时间中成立，并且连续时间模型能够描述离散时间虚拟行动的渐近行为，但是不能描述离散时间最优反应动态的渐近行为，因为后一个动态是时间同质的，并且不渐近地"放慢速度"。

[25] 在所有博弈中都如此，但是在 2×2 对称博弈中更加有用。

[26] 对这个试验现象的很好的讨论，以及许多参考文献，能够在普拉斯尼卡和罗思（Prasnikar and Roth, 1992）中找到。

[27] 这是一个两群体模型；没有假定两个参与人一直采取相同的方式行动。

[28] 如果我们更精确地考虑连续时间模型，则我们希望将 △ 视作时间区间的指数。

[29] 在注释 5 中提到的另一个系统导致一个对应的离散时间动态。

[30] 这首先由卡布拉斯和索贝尔（Cabrales and Sobel, 1992）提出。

[31] 这里的体积指普通的欧几里得体积。

[32] 这个结论不能扩展到整个系统，因为：（1）刘维尔定理仅仅在开域内成立；（2）我们所使用的变换在单纯形的边界上效果很差。

第4章 随机虚拟行动和
混合战略均衡

4.1 引 言

101 　　本章从虚拟行动的角度考察随机模型。在随机模型中，当几个选择对参与人来说几乎没有差异时，参与人随机化。本章的主要动机之一是为在类虚拟行动模型中博弈收敛于混合战略均衡提供一个更令人满意的解释。研究随机模型的另一个动机是避免标准虚拟行动内在的不连续性，而不连续性使得数据的一点小变化引起行动上的突变。在很多情形下描述这种不连续性的反应也许是不现实的，正如心理试验所显示的那样，因为在被认为是相似的备选方案之间的选择趋向于相对随机化。而且，不连续的反应使第 2 章所描述的非频繁转换条件可能不成立，这使得参与人面对在第 2 章中描述的"错误"类型，从而使得参与人所获得的效用一直少于其保留价值。相反，通过使用本章提出的随机规则，参与人能确保他们所得到的效用在时间平均上至少等于其保留价值。

　　传统的虚拟行动过程是确定的，除非历史平均使得参与人在几种行动之间是没有差异的。当然，对于一般的战略支付和一般的先验信念，不存在使参与人完全无差异的样本，因此具有代表性的是参与人在每个阶段都采用纯战略。我们在第 2 章结尾讨论的虚拟行动的变化形式允许参与人随机化。特别地，回忆一下渐近经验信念的概念，在允许任何有限时间 t 时的信念是任意的时候，该概念要求信念在极限中收敛于虚拟行动所产生的频率。正如我们将要看到的，这样的程序允许参与人在每个阶段随机化，因此，这样一个程序可能收敛于一个混合战略均衡。但是，在这个程序中，参与人随机行动的理由不是非常令人满意。

　　正如我们在早先提到的，研究随机模型的另一个动机是避免标准虚拟行动内在的不连续性，这种不连续性很难描述而且可能带来长期很差的绩效。这使我们考察当参与人几乎无差异时他们随机化的虚拟行动的变化形式。在对离散时间的随机类虚拟行动程序的研究中，我们认为，参考连续时间确定动态系统的极限行动可帮助理解这些系统的渐近性质。粗略地说，在类虚拟行动程序中，随着时间的推移观察值的平均使系统中的噪声相对于系统的运动速度有所减弱。如果相对于系统的确定性运动噪声一直较大，那么连续时间极限用处不大。这种情况将在下一章加以考虑。

102

4.2 收敛的概念

第2章中对虚拟行动的讨论遵循标准的惯例，即认为如果每个参与人行动的经验频率收敛，则参与人的行动收敛。我们在第2章就已经指出这一收敛概念缺乏说服力：因为它只要求单个参与人行动的边际分布收敛，从而允许行动的联合分布相关的可能性，正如在参与人总是难以协调的协调博弈的例子中一样，这导致了与纳什均衡完全不同的支付。如果对收敛性概念进行强化，要求行动的联合分布收敛，则从频率的角度看，博弈中的行动确实类似于一个纳什均衡。但是，这一反应并不完全令人满意，因为它允许持续循环。例如，在便士匹配博弈中，(H, H)，(H, T)，(T, H)，(T, T) 的确定性交替可以看做收敛于一个纳什均衡的序列。

在本章中，我们将遵循弗登伯格和克雷普斯（Fudenberg and Kreps, 1993）所采用的方法，把学习过程的收敛定义为参与人的预期行动收敛。值得注意的是，虽然并不显而易见，但这确实是一个比参与人行动的边际分布收敛或联合分布收敛更强的条件。然而弗登伯格和克雷普斯采用关于强大数定理的一个变化形式，得到结论[1]：当预期行动收敛时，行动组合的实际联合经验分布几乎必然收敛于预期行动的边际分布之积。

根据弗登伯格和克雷普斯（1993），我们认为：如果对于每个 $\varepsilon > 0$，存在某些行动的历史使得预期行动收敛于该战略组合的后续概率（subsequent probability）至少为 $1 - \varepsilon$，则称该战略组合是局部随机稳定的（locally stochastically stable）。局部随机稳定性不要求行动几乎一定收敛，因为当行动是随机的时候，总以很小的概率出现不具代表性的结果，而这些不具代表性的结果将导致参与人偏离目标战略。局部随机稳定性也使用了一个非常弱的概念——"局部"，因为它只要求对于某些历史收敛的概率较高就够了，而不要求对于目标战

103

略组合的某个（适当定义的）邻域中的所有历史都收敛。

4.3　渐近短视和渐近经验主义

下面考察在何种程度上类虚拟行动是渐近局部稳定的。由于我们已经把收敛性定义为预期行动的收敛，所以遵循确定性循环的行动并不收敛，特别地，即使是经验边际频率收敛于纳什均衡战略组合，该行动也不能收敛于纳什均衡。进而，行动收敛于混合均衡的惟一方式是每个阶段的行动分布是混合的。而这只有在参与人使用某种明确的随机化时才有可能，这首先导致了为什么在给定阶段的预期行动的分布应该是随机的这一问题。

该问题与对混合战略均衡的批评相似，因此毫不吃惊这一问题再次出现。一种浅薄的辩解是，只要在该战略支撑集中的每一行动产生相同的预期支付，参与人就愿意采用混合战略。根据混合战略均衡的定义，该说法是对的。为了把它融入特定的但并不十分令人满意的"学习"情况中，可以假定参与人开始博弈时认为对手的行动严格对应于混合均衡，除非参与人获得了"具有压倒多数"的反对该评估的统计证据，否则参与人将一直保持这一评估。[2]而且，假设只要参与人保持这种信念，他将根据他在混合均衡中的战略选择自己的行动。如果每一个参与人都遵循这一规则，那么根据大数定律，没有一个参与人会拒绝这一假设：他的对手也遵循混合均衡，博弈确实会收敛于我们所描述的混合均衡。当然，这个关于在混合战略均衡中持续混合的"解释"也有其缺陷，使得参与人的行动中存在对混合均衡的弱偏好。但是基于均衡学习的解释也有同样的缺陷：没有任何明确理由而假定参与人遵循混合均衡。

更一般地，我们可以考虑渐近类似于虚拟行动的程序的稳定性质。对参与人 i，其行动规则 ρ_i^t 指定了一个基于行动历史的混合战略。一个对参与人 i 的评估是从历史到定义在对手混合战略空间 $\sum^{-i}$

104

之上的分布的映射。正如在第 2 章那样，如果评估沿着每一个观察值序列收敛于经验平均值，则评估是渐近经验的（asymptotically empirical）。如果当历史变得更长时，给定参与人的评估，参与人 i 在每个历史中选择的行动所导致的损失趋向于 0，则其行动规则是渐近短视的（asymptotically myopic）。[3] 如果对于每一个大于零的 ε，参与人的行动无限频繁地偏离该组合，且偏离该组合的程度几乎一定大于 ε，则该组合是不稳定的（unstable）。

命题 4.1 （Fudenberg and Kreps，1993）如果 σ 不是一个纳什均衡，则对于任何关于渐近经验评估是渐近短视的行动规则，σ 是不稳定的。

105

这一直观结论与第 2 章中相应的结论相同：如果行动收敛于 σ，则参与人的评估也收敛于 σ，但由于 σ 不是一个纳什均衡，所以某些参与人将选择偏离它。

相反，弗登伯格和克雷普斯指出：就关于渐近经验评估是渐近短视的某些行动规则而言，任何纳什均衡是局部随机稳定的。然而，这一观点的证明依赖于以上论及的框架，在这个框架中，在特定博弈中参与人开始时具有强先验信念，并一直坚持这一信念直到他们获得强有力的反面证据。因此，刚才所引用的稳定性结论并不能用来证实混合分布实际将作为学习结果出现这一观点。[4]

4.4 随机扰动支付与平滑最优反应

要建立一个学习采用混合战略的有意义的模型，首先应该对均衡中的混合做出合理的解释。其中一个合理解释就是哈塞尼（Harsanyi，1973）净化理论（purification theorem），该理论将定义在行动之上的混合分布解释为无法观察到的支付扰动的结果，而这些支付扰动有时导致参与人严格偏好某一行动，有时导致参与人严格偏好另一行动。[5]弗登伯格和克雷普斯（1993）根据这一思路发展了一个虚拟行动模型。在考虑将此模型应用于虚拟行动之前，先看看在静态情况下随机偏好如何为混合战略均衡提供一个正面的解释是非常有用的。

通常，参与人 i 在战略组合 s 中的支付为 $u^i(s)$。但现在假定参与人 i 的支付为 $u^i(s) + \eta^i(s^i)$，其中，η^i 是一个关于有限区间上的勒贝格测度绝对连续的随机向量。这简化了哈塞尼的一般公式，在该公式中对参与人 i 支付的已实现的扰动依赖于他所选择的行动但不依赖于其他参与人的行动。该公式的基本假设是：每个参与人的随机支付扰动 η^i 是该参与人的私人信息。因此该博弈是一个不完全信息贝叶斯博弈，每个参与人选择一个将他的类型映射到一个战略上的规则。

由于每个参与人的类型只影响自己的支付，该博弈的均衡可用每个参与人战略的边际分布 σ^i 来描述。对于定义在参与人 i 的对手的行动之上的每一个分布 σ^{-i}，假设参与人 i 的最优反应分布（best-response distribution）$\overline{BR}^i(\sigma^{-i})$ 由 $\overline{BR}^i(\sigma^{-i})(s^i) = \text{Prob} \left[使得 s^i \right.$ 是 σ^{-i} 的最优反应的 $\eta^i \left. \right]$ 给定。由于我们假定 η^i 具有关于勒贝格测度绝对连续的分布，因此对几乎每一种类型都存在惟一的最优反应。因此不像通常的最优反应对应，最优反应分布实际上是一个函数。更强的结论是，绝对连续假设意味着最优反应分布是一个连续函数。[6]展望学习模型（looking ahead to the learning model），这意味着如果参与人的评估收敛，那么他的行动也收敛，而这种情况在标准虚拟行动中不会发生。

在具有随机扰动支付的博弈中纳什均衡的概念能够从最优反应分布的角度来定义。

定义 4.1　如果对于所有的 i，都有 $\overline{BR}^i(\sigma^{-i}) = \sigma^i$，则称组合 σ 是一个纳什分布（Nash distribution）。

如果支付扰动较大，这一分布与初始博弈的任一个纳什均衡相比都具有很大的差异。然而，哈塞尼净化理论表明对于战略式博弈中的一般支付而言，当支付扰动的支撑集变得集中于零时，扰动博弈中的纳什分布逼近初始博弈中的纳什均衡。因此，对于较小的支撑集，我们能够将扰动博弈的纳什分布等同于初始博弈中对应的、可能是混合的均衡。

这里，关键的特征是函数 $\overline{BR^i}$ 不仅连续而且接近于实际的最优反应函数。例如，在便士匹配博弈中，如果参与人 1 以最优反应对应 BR^1 与对手匹配则参与人 1 赢。对应的平滑最优反应 $\overline{BR^i}$ 见图 4—1。注意，一般来说，即使对手采取纯战略，平滑最优反应 $\overline{BR^i}$ 仍将是随机的，正如在图 4—1 中所表明的。

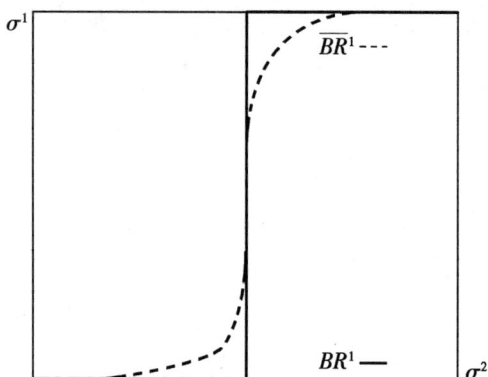

图 4—1　最优反应和平滑最优反应

107　　在这一点，我们能够注意到为什么参与人可能使用 $\overline{BR^i}$ 之类的平滑最优反应函数的其他理由。下面是其中的两个理由。

● 随机行动能够使参与人避免被一个聪明的对手控制。思考一下在便士匹配博弈中，如果一个参与人遵循一个确定的规则，那么无论这一规则有多么复杂，不考虑参与人使用一个简单的 50–50 随机方法能够在一半的时间（平均说来）获胜的事实，一个足够聪明的对手能够推导出是哪一个确定规则，从而能够在整个博弈期间获胜。在几乎无差异时通过明确的随机化能够防止此类控制。在本章和第 8 章，我们将更深入地考察随机化规则的绩效。

● 正如在第 3 章中对生搬硬套学习模型（rote learning model）的讨论中所提到的，在心理学中对认知阈限（threshold perception）的

研究表明当被要求对两个选项进行辨别时，研究对象的行动是随机
的，而且当选项更加截然不同时，其行动也变得更为可靠（也就是
"明确"）。在两个不同的战略中进行选择时，对两个战略差异程度的
一种衡量方法是战略之间效用的差别。根据这种分析，瑟斯顿
（Thurstone，1927）的比较判断法则类似于前面所描述的随机效用模
型。实际上，图 4—1 描绘的平滑最优反应曲线与来自于心理试验
（包括即使差异很大行动仍保持极小的随机性这一事实）的行动曲线
非常相似。关于心理模型的一个很好的讨论，包括许多参考文献和一 *108*
些试验结果，能够在马萨罗和弗里德曼（Massaro and Freedman，
1990）中找到。[7]

　　纳什分布和纳什均衡之间的联系可以从一个例子中很好地反映出
来。考虑图 4—2 所表示的协调博弈。其最优反应和平滑最优反应在
图 4—3 中给出。

	A	B
A	2, 2	0, 0
B	0, 0	1, 1

图 4—2　一个协调博弈

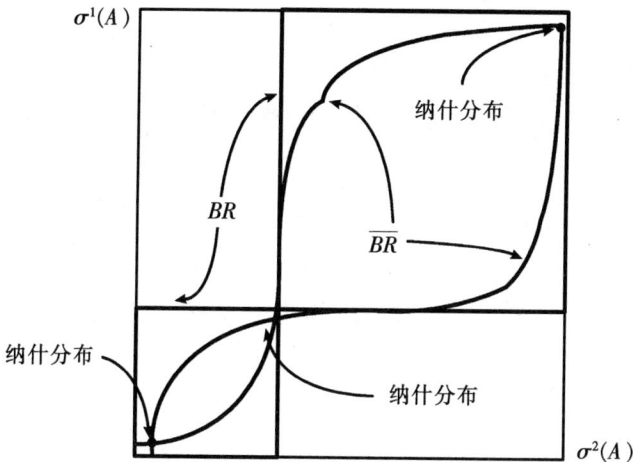

图 4—3　图 4—2 的最优反应和平滑最优反应

这里有五个值得注意的地方。第一，存在对应于三个纳什均衡的三个纳什分布。第二，这三个纳什分布中没有一个与非扰动博弈的对应纳什均衡相一致。对应于混合均衡的纳什分布处于其左下方，意味着与在混合均衡中相比，A 很少被采用。对应于纯战略均衡（A，A）（右上角）和（B，B）（左下角）的纳什分布都包含某些随机化。这里，具有代表性的是：例如，如果最优反应包含随机化是因为某些效用使得无论其他参与人如何行动，A 都是该参与人的最优反应，则不可能存在任何"纯"纳什分布（即"退化纳什分布"）。第三，对应于混合均衡的纳什分布处于实际混合均衡的左下角，这意味着与在混合均衡中相比，A 很可能极少被采用。如果效用波动在零的周围对称分布，那么这一点对于支付矩阵而言一定如此。原因是显而易见的：在混合均衡中，参与人在 A 和 B 之间是无差异的。对称效用波动意味着在这种情况下两个参与人有均等的机会采取行动 A 或 B。为了将参与人采取行动 A 的可能性减少到近似于 1/3——这正是行动 A 在混合均衡中被实施的可能性——必须调整概率以减少采取行动 A 所得到的支付水平。只有当在纳什分布中采取行动 A 的实际可能性小于 1/3 时才是这样的。

第四，由哈塞尼净化理论我们知道，当具有大量的支付冲击时，扰动博弈中的纳什分布与初始博弈中的对应纳什均衡之间的差接近于零。（思考一下用某个正数 ϵ 乘以初始支付波动 $\eta_i(s_i)$，然后令 ϵ 趋向于 0。）

第五，应该指出的是，上图可以应用于参与人的行动由平滑最优反应分布描述的任何情况，不论这些平滑最优反应分布是否来自于没有观察到的支付分布。当这些分布被认为是外生的任意函数时，没有明显的理由可以说明其交点可以称为"纳什分布"，但由于这样做不会引起混淆，因此我们将在任何情况下使用这一名称。

对应于纳什分布的静态概念的是虚拟行动中的动态变化形式。在这个变化形式中，参与人是对具有平滑逼近 $\overline{BR}^i(\gamma_{t-1}^i)$ 的评估 γ_{t-1}^i

做出反应，不是对最优反应做出反应，这里 γ_{t-1}^i 是对最优反应的评估。我们将这一学习规则称为平滑虚拟行动（smooth fictitious play）。

4.5　平滑虚拟行动和随机逼近

正如我们所提到的，平滑虚拟行动的基本思想是参与人在每一阶段从 $\overline{BR}^i$ 中进行独立抽样，而不是像在虚拟行动中那样使用精确的最优反应映射 BR^i。对于一个固定的平滑函数 $\overline{BR}^i$，用 $\overline{BR}^i(\gamma_t^i)$ 表示相关的平滑虚拟行动，其中 γ_t^i 是在标准虚拟行动中使用的那类评估准则的序列。这种平滑虚拟行动的基本原理之一是随机效用模型，在此模型中参与人在每一阶段都得到一个独立抽样 η^i。基本原理之二是参与人明确选择随机化。我们将在本章第七节考察这两个基本原理。

弗登伯格和克雷普斯（1993）最先对平滑虚拟行动进行了分析，他们证明了在平滑程度足够小的情况下，对应于混合均衡的纳什分布在具有惟一混合均衡的 2×2 博弈中具有全局稳定性。这一结果表明，平滑虚拟行动为学习如何导致参与人在每个阶段的行动对应于一个混合战略均衡这一内容提供了解释。[8]

为了证明全局收敛，弗登伯格和克雷普斯使用了随机逼近理论的方法。该理论基于下列思想：离散时间的时间平均随机系统的长期行动可以通过分析相关的连续时间确定系统来确定。贝纳姆和赫希（Benaim and Hirsch，1996b），卡尼奥斯基和杨（Kaniovski and Young，1995）使用相似的技术完成了对 2×2 博弈中的平滑虚拟行动的研究。特别地，如果 2×2 博弈具有惟一的严格均衡，那么平滑最优反应函数的惟一交点是平滑虚拟行动的全局吸引子。在具有两个严格均衡和一个混合均衡的博弈中，系统以概率 1 收敛于其中的一个严格均衡，而相对的概率取决于初始条件。[9]

然而，平滑虚拟行动并没有消除循环的可能性，甚至在具有惟一纳什均衡的博弈中也是如此。贝纳姆和赫希（1996b）证明了在乔丹（1993）的三人便士匹配博弈中平滑虚拟行动收敛于一个循环。

111　　在对随机逼近的相关理论进行正式表述之前，我们首先要对该理论有一个粗略的认识。在第二章我们看到在确定性虚拟行动中，沿着非频繁转换路径，该动态渐近地类似于那些改变时间度量尺度后的连续时间最优反应动态。当平滑虚拟行动是随机的时候，许多独立随机变量的时间平均值具有非常小的随机性，因此可得到一个近似的结论：该动态渐近地类似于连续时间"近似最优反应"（near best response）动态[10]

$$\theta^i = \overline{BR^i}(\theta) - \theta^i$$

因此，如果随机系统最终收敛于一个点或一个循环，则该点或该循环应该是连续时间动态的一个封闭轨迹（closed orbit）。而且，如果一个点或循环是连续时间动态的非稳定轨迹（unstable orbit），那么我们可以期望噪声将最终"剔除"系统中相对应的"刀刃"（knife edge），使得随机系统只能收敛于连续时间系统的稳定轨迹。

在 2×2 博弈中，很容易看到，在具有两个严格均衡的博弈中，混合均衡在平滑最优反应动态下是不稳定的；证明如下结论只是稍微有点复杂，即在像便士匹配博弈那样具有惟一混合战略均衡的博弈中，混合均衡在平滑最优反应动态中是全局稳定的。这解释了上述结果的基本原理。

库什纳和克拉克（Kushner and Clark，1978），荣和索德斯琼姆（Ljung and Soderstrom，1983），阿瑟、厄默勒和卡尼奥斯基（Arthur，Ermol'ev and Kaniovski，1983），佩曼特（Pemantle，1990），贝纳姆和赫希（1996a）以及其他学者已经给出了从对应的连续时间确定性系统的定态的稳定性中推导出随机离散时间系统的渐近极限点所需的条件。

贝纳姆和赫希（1996a）也证明了，收敛于封闭轨迹也能得到类似的结论。我们不加证明地给出基本结论，并说明如何使用这些结论来描述 2×2 博弈中平滑虚拟行动的行动特征。附录中阐明了对一个非常简单的随机逼近结果进行证明所需的技巧。

112

考虑一个定义在 R^n 中的一个紧集上的离散时间随机过程：

$$\theta_{t+1} - \theta_t = \frac{F(\theta_t) + \eta_{t+1}}{t+1}$$

其中函数 F 是平滑的（C^2），η_t 为满足 $E[\eta_{t+1} | \theta_t, \cdots, \theta_1] = 0$ 的噪声项。[11]应用于平滑虚拟行动中时，状态空间是行动的经验分布，而映射 F 为 $\overline{BR}(\theta) - \theta$。噪声项是 $\overline{BR}(\theta_t)$ 的期望值和实现值之差，因此噪声项条件期望为 0，但噪声项一般不是独立同分布的或甚至不是可交换的（exchangeable）。如果支付分布关于适当的勒贝格测度是绝对连续的，那么在随机效用的情况下 $\overline{BR} = C^2$ 这一假设是满足的。[12]

该文献的思路是找到 $\{\theta_t\}$ 的样本轨迹的渐近极限点是连续时间过程 $\dot{\theta} = F(\theta)$ 的稳定 ω -极限的条件。

第一步是证明样本轨迹几乎一定在连续时间过程的某一不变集中。

命题 4.2 （Benaim and Hirsch, 1996a）离散时间过程的任何实现的 ω -极限集是连续时间过程的一个不变集的概率等于 1；该集合是紧的、连通的，且不包含真子集，这些真子集是连续时间过程的吸引子。

利用手上的这个结论，我们能够描述在具有惟一混合战略均衡的 2×2 博弈中平滑虚拟行动的长期行动特征。如果平滑虚拟行动源于效用扰动，而且关于适当的勒贝格测度扰动分布是绝对连续的，那么扰动博弈具有惟一的纳什均衡。[13]命题 4.2 证明了在纳什分布是连续时间动态的全局吸引子的任何博弈中，平滑虚拟行动收敛于纳什分布。证明后面这个结论的方法之一是通过构造一个严格的李亚普洛夫函数来证明。实际上，弗登伯格和克雷普斯在对全局收敛提供一个直接证明的过程中构造了这样一个函数。

113

贝纳姆和赫希（1996）使用了另一个更短的论证：他们首先指出由于连续时间平滑最优反应过程具有形式 $\dot{\theta}_t^i = \overline{BR}i(\theta_t^{-i}) - \theta_t^i$，所以它的雅可比行列式的所有对角线上的元素均为 -1，因此该过程是体积收缩的（volume contracting）；其次，他们指出 R^2 上的一个体积收缩的过程不可能具有有限循环，因此该过程一定收敛于一个定态。[14]

回到一般随机逼近的情况中，第二个考虑的事情是在不止一个 ω -极限集的情况下，决定选择哪一个 ω -极限集。如果至少有 1 个相关特征值具有正实部，则该定态是线性不稳定的（linearly unstable）。下一个结果说明如果在状态的每个组成部分的演化过程中存在数量不可忽视的噪声，那么离散时间系统以概率 0 收敛于线性不稳定的定态。

命题 4.3 （Pemantle，1990）[15] 假设噪声项 η_t 的分布满足对每个单位向量 e_i 有 $E(\max(0, e_i \circ \eta_t)) > c > 0$。如果 θ^* 对于连续时间过程是线性不稳定的，则有 $P\{\lim_{t\to\infty}\theta_t = \theta^*\} = 0$。

这一结论几乎足以证明：逼近混合均衡的纳什分布不会出现在具有两个严格均衡和一个混合均衡的性别战之类的 2×2 博弈中，因为在这些博弈中，混合均衡在精确的最优反应对应下是不稳定的。当然，最优反应对应的大扰动能够引入稳定的内部纳什分布，但我们希望当平滑最优反应充分接近初始的平滑最优反应时，这种情况不要出现。贝纳姆和赫希证明了对于产生于充分小的支付扰动的平滑虚拟行动而言，这一情况的确不会出现。

为了完成对具有三个均衡的 2×2 博弈的分析，我们希望证实该过程将结束于逼近其中一个纯均衡的纳什分布。证明分为三个部分：第一，如前所述，在 2×2 博弈中，平滑虚拟行动一定收敛于一个定态。第二，若支付扰动很小，则在每个纯战略均衡的邻域中存在渐近稳定的纳什分布，而且这些分布是仅有的渐近稳定的定态。第三，如果在系统中有"足够的噪声"，那么渐近稳定的定态将以正的概率成为长期结果。这是一个相当一般性的观察，并不局限于平滑虚拟行动，但是为了简单化，我们给出适用于虚拟行动的情形。

命题 4.4　（Benaim and Hirsch，1996b）考察一个两人平滑虚拟行动，在该行动中每个战略组合在任何状态 θ 都具有正的概率。如果 θ^* 是一个连续时间过程的渐近稳定均衡，则不管初始条件如何都有 $P\left[\theta_t \rightarrow \theta^*\right] > 0$。

4.6　部分抽样

虚拟行动要求参与人追踪整个历史。虚拟行动的一种变化形式是使他们从过去观察的"记忆"中（彼此）独立随机抽样。根据参与人的记忆可以追溯到博弈的起点还是只包括一段有限长的时间，可以形成两种不同的模型。

从整个过去历史中抽取观察结果的模型非常类似于平滑虚拟行动，卡尼奥斯基和杨（1995）已经研究了这个模型。在这个模型中，每个过去阶段以相等的概率被抽样。由于所有过去的观察值具有相同的权重，每个连续阶段对后续行动的影响以比率 $1/t$ 递减，就如在虚拟行动中一样，而且正如上面已经提到过的，系统的长期行动再一次由随机逼近方法确定。此外，极限与前面所讨论的平滑近似最优反应动态的极限的类型相同。

在坎宁（Canning，1991）和杨（1993）考察的参与人不仅随机抽样而且具有有限记忆的情况下结果就不同了，因为即使在较大的时期 t，也只存在固定数目的可以利用的数据，因此每一个阶段的观察值对状态具有不可忽视的影响。这意味着噪声项的影响不需要渐近消失，而且系统在极限中不会趋向于一个连续时间系统。在这些文章中，对于从以前 $m(m \geqslant k)$ 个阶段的结果中随机抽出的 k 个无放回观察值样本，每一个参与人采取一个精确的最优反应。在 $m = k$ 的 *115*

情况下，我们可以将有限记忆解释为参与人离开博弈且被替换的结果；$k < m$ 对应于在每个阶段新的参与人替换原有的参与人而且新的参与人对近期的参与人进行随机投票的情况。

对于这一动态过程，严格纳什均衡主要关注的是：如果一个严格均衡 s^* 在连续的 m 个阶段中被实施，那么它将在以后永远被实施，因为任何人能记住的惟一结果是 s^*。而且，行动不能收敛于非纳什均衡。

杨（1993）考察了一种弱非循环博弈（weakly acyclic games）。弱非循环的意思是从任何纯战略组合开始，交替行动或库诺特最优反应动态（只考虑纯最优反应）在有限的 L 步中收敛于严格纳什均衡。杨证明了如果样本容量 k 不大于 $m/(L+2)$，而且是无放回抽样，那么在这类博弈中动态几乎必然收敛于一个严格均衡。证明的方法与随机逼近完全无关，而是采用下一章将要讨论的马尔可夫链方法。

我们在此不给出证明，而用杨的论文中的一个例子来说明，并用图 4—4 来描述这一结论。如果在评估中两个参与人的初始权重均为 $(1, 1)$，那么与前面考察的弗登伯格-克雷普斯的例子一样，虚拟行动就在结果 (A, A) 和 (B, B) 之间循环。

	A	B
A	0, 8	1, $\sqrt{2}$
B	$\sqrt{2}$, 1	0, 0

图 4—4　杨的例子

在该例子中，路径长度为 $L = 1$，因此杨的结论表明，如果 $k \leqslant m/3$，那么博弈最终停止循环，而且被一个严格均衡吸收。为了简化起见，令 $k = 1$，$m = 3$。则在任何时期 t，两个参与人在时期 $t+1$ 和时期 $t+2$ 抽到 t 期结果的概率为 1/81。这意味着每次当在时期 t 采取的战略组合要么是 (A, B) 要么是 (B, A) 时，在所有后续阶段行动保持在该组合的概率为 1/81。这样，为了证明行动以概率 1

收敛于纳什均衡，只要证明采取战略组合（A，B）或（B，A）的阶段的确是无限多的即可。但是没有哪个路径会连续出现三个或三个以上（A；A）或者连续出现三个或三个以上（B，B），而且（A，A）和（B，B）在过去三个阶段被采取的任何时期 t，一个参与人抽样（A，A），另一个参与人抽样（B，B）的概率是不可忽视的，因此时期 $t+1$ 的结果为（A，B）的概率是不可忽视的。

116

在库诺特调整过程的长度为 $L=1$ 的情况下，这一例子是特殊的；杨在一般情况下证明了库诺特路径的每一步在每一时期都有大于零的概率。正如在这一例子中，直观上是抽样的噪声破坏了循环中的"不协调"。当然所有这些都依赖于对弱非循环博弈的限制，因此最优反应过程本身并不循环。

赫肯斯（Hurkens，1994）和桑奇里科（Sanchirico，1996）使用紧密相关的模型[16]研究了在一般博弈中收敛于 CURB 集（在最优反应下封闭）。（CURB 集是每个参与人战略 E^i 的集合，使得对于每个参与人 i，对 $E^{-i} \equiv \times_{j \neq i} E^j$ 上的概率分布的每一个最优反应都在 E^i 内。）像在杨的论文中那样，在赫肯斯和桑奇里科所研究的系统中，参与人忽视充分遥远的过去的所有观察值。[17]这样，如果每个"最近的"观察值属于某个特定的 CURB 集，则当期的行动也将处于该 CURB 集中；也就是说，CURB 集是吸收的。这一结果本身并没有很大意义，因为整个战略空间总是一个 CURB 集，但这一结论确实有助于给这些"部分随机"系统的行动一个提示。

赫肯斯和桑奇里科的更为有趣的结论给出了系统被最小的 CURB 集所吸收的条件，也就是说，最小 CURB 集是指不存在严格子集，也是 CURB 集的集合。（纯战略严格纳什均衡总是只有一个，因此最小 CURB 集也只有一个[18]；在杨的弱非循环博弈中，这些纯战略严格纳什均衡是惟一的最小 CURB 集。）后一个结论还要求两个额外的假设。第一，由于如果对手给他们自己的所有行动赋予正的概率则一个行动可能仅仅是一个最优反应，所以参与人必须具有足够长的记

117 忆，使得历史能够产生一个具有完全支撑性的评估。第二，正如在杨的模型中那样，必须存在一个随机性的源泉（source of randomness）。桑奇里科为了满足该条件和"足够长的记忆"的条件，要求代理人采取对相对于其对手行动的任何分布为最优反应的每个战略的概率大于零。而这些分布的支撑集集中于在最后 k 个阶段采取过的战略，在这里 k 表示战略组合的数目。具有该性质的规则的一个例子是：每一个参与人首先通过从最近 k 个阶段进行有放回抽样，构造对其对手行动的一个评估，然后采取对于该评估而言是最优反应的战略或者持续采取他在前几个阶段所采取的战略。

4.7   普遍一致性和平滑虚拟行动

在这一节我们将说明，除了随机效用模型以外，还存在对平滑虚拟行动的另一种解释：即使中立（indifferent）不是一种使他们在将对手的行动模型化时不会犯错误的保护措施，参与人仍然可能选择随机化行动。这种随机化行动提供了一种"安全线"，它与在两人零和博弈理论中使用的随机最大最小战略密切相关。

在我们关于确定性虚拟行动的研究中，我们看到对于满足不频繁转换条件的历史，虚拟行动具有渐近一致性，但在不满足非频繁转换的弗登伯格-克雷普斯的模型中，双方参与人所获得的支付比他们在每一个阶段随机选择 50－50 所确保的支付少得多。对于弗登伯格和莱文（Fudenberg and Levine, 1995a）所研究的学习规则来说，这一现象产生了两种迫切的需要（desiderata）。其一是安全性（safety），它意味着参与人意识到不管对手的行动如何，他所实现的平均效用几乎肯定至少为他的最小最大化支付。其二是普遍一致性（universal consistency），这一性质要求不管对手的行动如何，参与人几乎一定能够获得至少与他事先知道观察的频率但不知道次序时能够获得的支付一样的支付。由于相对于实际频率分布的最优反应的支付至少必须为最小最大化支付，由此可以得出结论：普遍一致性隐含着安全性。因此我们重点考察第二个标准。

定义 4.2　规则 ρ^i 是 ε - 普遍一致的，如果对于任何 ρ^i，在由 (ρ^i, ρ^{-i}) 所产生的分布之下，几乎一定有：

$$\limsup_{T \to \infty} \max_{\sigma^i} u^i(\sigma^i, \gamma_t^i) - \frac{1}{T} \sum_t u^i(\rho_t^i(h_{t-1})) \leqslant \varepsilon$$

注意，将普遍一致性描述为一个目标是与贝叶斯方法不同的，贝叶斯方法用于说明对手战略的先验信念和使用相对于这些信念而言是最优反应的学习规则。但是，任何贝叶斯主义者的期望都既是安全的又是一致的。这些标准要求程序相对于所有方案而言是安全的和一致的，而不仅仅要求程序相对于将先验信念视为概率为 1 的信念而言是安全的和一致的。

显然，没有任何确定性决策程序能够是安全的或隐含有普遍一致性。在胜得 1 负得 -1 的便士匹配博弈中，任何确定性决策规则都可被知道该规则的对手完全击败，最终肯定得到 -1 的支付。然而，通过具有相同权重的随机化，值为 0 的最小最大化支付几乎肯定得到保证。问题是，不论是否通过一个明确的随机虚拟行动程序，它都可能达到（或几乎达到）普遍一致性。

这一肯定的答案最初是哈南（Hannan，1957）和布莱克韦尔（Blackwell，1956a）给出的，而且布莱克韦尔是从其向量最小最大定理（Blackwell，1956b）中推导出来的。对这些早期结论的很好的介绍可以从卢斯和雷法（Luce and Raiffa，1957）的附录中找到。这些结论曾经被人们遗忘随后又被许多作者再次发现，这些作者包括巴努斯（Banos，1968），梅吉多（Megiddo，1980），奥尔（Auer，1995），福斯特和沃拉（Foster and Vohra，1995），弗登伯格和莱文（1995a）。在计算机科学文献中，基本的问题是"在线决策问题"（on-line decision problem），这个结论在该问题中有许多应用，包括数据压缩问题（the problem of data compression）。我们的介绍是基于弗登伯格和莱文（1995b）的，他们引用了福斯特和沃拉（Foster and Vohra, 1995）的观点，证明了普遍一致性可由平滑虚拟行动程序实现，在该程序中，$\overline{BR^i}$ 是通过最大化函数 $u^i(\sigma) + \lambda v^i(\sigma^i)$ 推导出来的。正式的表述为：

命题 4.5 假设 v^i 是一个平滑的、严格可微的凹函数，而且满足边界条件：当 σ^i 逼近单纯形（simplex）的边界时，v^i 的斜率变为无限。则对任何 $\varepsilon > 0$，存在一个 λ，使得平滑虚拟行动程序是 ε - 普遍一致的。

在证明这一结论之前，指出如下问题是很重要的：函数 v^i 不仅被假定为连续的，而且是平滑的，并且满足保证存在惟一的 $\overline{BR^i}$ 的假设。而且，边界条件意味着，不管对手行动的频率是多少，在最大化问题严格内解（strict interiority of the solution to the maximization problem），每个战略被采取的概率严格大于零。

以满足这些假设的一个函数为明确的例子来说明这一点或许是有用的。如果我们取 $v^i(\sigma^i) = \sum_{s^i} - \sigma(s^i)\log\sigma^i(s^i)$，则可以明确地求得 $\overline{BR^i}$：

$$\overline{BR^i}(\sigma^{-i})[s^i] = \frac{\exp(1/\lambda)u^i(s^i, \sigma^{-i})}{\sum_{r^i}\exp(1/\lambda)u^i(r^i, \sigma^{-i})}$$

这是一个关于逻辑虚拟行动的特殊例子，因为每一个战略被采取的概率与该战略在过去的历史中产生的效用的一个指数函数成比例。逻辑虚拟行动对应于在经验工作中广泛使用的逻辑决策模型。注意，当 $\lambda \to 0$ 时，不是最优反应的任何战略被采取的概率将趋于零。同时还应该注意的是，该函数具有我们已经在第 3 章讨论过的凸单调性。最后，在证明这一定理之前，将 $\vec{u}^i(\sigma^{-i})$ 定义为当对手采取战略 σ^{-i} 时由参与人 i 的不同行动产生的效用所组成的向量是有用的。令 $\vec{u}^i_t =$

$\vec{u}^i(\gamma_t^i)$，则 $\overline{BR}^i$ 最大化的目标函数为：

$$u^i(\sigma) + \lambda v^i(\sigma^i) = \sigma^i \cdot \vec{u}_t^i + \lambda v^i(\sigma^i)$$

这一点很重要，因为它解释了为了实施谨慎的虚拟行动，参与人不需要将他的决策建立在历史频率 γ_t^i 的基础上，而是可能将他的决策建立在历史效用 $\vec{u}_t^i$ 的基础上。历史效用 $\vec{u}_t^i$ 将通过不同的行动获得。[19]

命题 4.5 的证明　令 $V^i(\vec{u}_t^i) = \max_{\sigma^i} \sigma^i \cdot \vec{u}_t^i + \lambda v^i(\sigma^i)$ 表示目标函数的最大值，用 $u_t^i = \sum_{\tau \leqslant t} u^i(s_\tau)$ 表示实际效用。定义成本为应该得到的效用（对应于逼近函数 V^i）与实际得到的效用之差 $c_t^i = tV^i(\vec{u}_t^i) - u_t^i$。注意，定义 ε - 普遍一致性的损失 $\max_{\sigma^i} \sigma^i \cdot \vec{u}_T^i - (1/T)\sum_{t=1}^{T} u^i(\overline{BR}(\vec{u}_t^i), \rho_i^{-i}(h_{t-1}))$ 正好是 $c_t^i/t - \lambda v^i(\overline{BR}^i(\vec{u}_t^i))$ 的期望值。因此，为了论证 ε - 普遍一致性，我们可以说明对于较小的 λ 成本也较小。

如果时期 t 的结果为 s，那么在时期 t 成本的增量为：

$$\begin{aligned} g_t^i(s) = {} & tV^i\left(\frac{(t-1)\vec{u}_{t-1}^i + \vec{u}^i(s^{-i})}{t}\right) - u^i(s) \\ & - (t-1)V^i(\vec{u}_{t-1}^i) \end{aligned}$$

换句话说，$c_t^i - c_{t-1}^i = g_t^i(s_t)$。证明的第一步是证明，如果对于所有的 σ^{-i} 和 h_{t-1} 以及所有足够大的 t，有 $g_t^i(\rho^i(h_{t-1}), \sigma^{-i}) \leqslant \varepsilon'$，则 ρ' 是 $\varepsilon' + \lambda \parallel v^i \parallel$ 普遍一致的。这可以通过强大数定理的一个相关例行的应用来证明：其思想是给定历史，成本 g_t^i 实际的增量是独立随机变量，因此它们的平均值一定始终接近于条件期望 $g_t^i(\rho^i(h_{t-1}), \rho^{-i}(h_{t-1}))$ 的平均值。这意味着成本 c_t^i 的平均值几乎一定是渐近有界的，界为 ε'。

证明的第二步是证明对于任意 σ^{-i} 有 $g_t^i(\overline{BR}^i(\vec{u}_{t-1}^i), \sigma^{-i}) \leqslant$

$\lambda \parallel v^i \parallel + \lambda^{-1}B/t$,这里 B 为仅依赖于 v^i 的常数。不等式右边的第一个部分是由 $\overline{BR}^i$ 最大化 V^i 而不是最大化 u^i 引入的误差;第二个部分是由于用 V^i 的一阶导数与参与人 i 的评估变化之积代替 V^i 的变化而造成的近似误差,该误差与 $1/t$ 成比例。由这一上界得到了定理的结论:选择 λ 使得 $2\lambda \parallel v^i \parallel \leqslant \varepsilon/2$,我们观察到对于足够大的 t 也有 $\lambda^{-1}B/t \leqslant \varepsilon/2$。

下面我们推导这一上界。令 $\hat{\sigma}^i_{t-1} = \overline{BR}(\vec{u}^i_{t-1})$ 表示给定评估 γ^i_{t-1},在时期 t 参与人 i 将选择的混合战略。由 g^i_t 的定义我们发现当参与人 i 的对手采取任意一个行动 σ^{-i} 时,g^i_t 在时期 t 的值为:

$$g^i_t(\hat{\sigma}^i_{t-1}, \sigma^{-i}) = \sum_{s^{-i}} tV^i\left(\frac{(t-1)\vec{u}^i_{t-1} + \vec{u}^i(s^{-i})}{t}\right)\sigma^{-i}(s^{-i})$$
$$- u^i(\hat{\sigma}^i_{t-1}, \sigma^{-i}) - (t-1)V^i(\vec{u}^i_{t-1})$$
$$= \sum_{s^{-i}} t\left[V^i\left(\frac{(t-1)\vec{u}^i_{t-1} + \vec{u}^i(s^{-i})}{t}\right) - V^i(\vec{u}^i_{t-1})\right]$$
$$\sigma^{-i}(s^{-i}) - u^i(\hat{\sigma}^i_{t-1}, \sigma^{-i}) + V^i(\vec{u}^i_{t-1})$$

方括号中的项表示在分别给定时期 t 和 $t-1$ 的评估的情况下最大支付之差。由于我们构造的 V^i 是平滑的,二阶导数与 λ^{-1} 成比例,我们可以用这一离散微分的线性逼近来代替它,并产生阶数不高于 $\lambda^{-1}(1/t)$ 的误差。[20]使用包络定理(the envelope theorem),用在最优组合中实现的效用替代 V^i 的导数,并注意到,从时期 $t-1$ 到时期 t 参与人评估的变化与 $1/t$ 同阶,我们发现对于某一个仅仅依赖于 v^i 的 B 有:

$$g^i_t(\hat{\sigma}^i_{t-1}, \sigma^{-i}) \leqslant \sum_{s^{-i}}\left[\hat{\sigma}^i_{t-1} \cdot (\vec{u}^i(s^{-i}) - \vec{u}^i_{t-1})\right]$$
$$\sigma^{-i}(s^{-i}) - u^i(\hat{\sigma}^i_{t-1}, \sigma^{-i}) + V^i(\vec{u}^i_{t-1}) + \frac{\lambda^{-1}B}{t}$$
$$= -\hat{\sigma}^i_{t-1} \cdot \vec{u}^i_{t-1} + V^i(\vec{u}^i_{t-1}) + \frac{\lambda^{-1}B}{t}$$

其中第二步由下式推出:

$$u^i(\hat{\sigma}^i_{t-1}, \sigma^{-i}) = \hat{\sigma}^i_{t-1} \cdot \vec{u}^i(\sigma^{-i})$$
$$= \sum_{s^{-i}} \hat{\sigma}^i_{t-1} \cdot \vec{u}^i(s^{-i})\sigma^{-i}(s^{-i})$$

而且，在 $\max_{\sigma^i} \sigma^i \cdot \vec{u}^i_{t-1} + \lambda v^i(\sigma^i)$ 的问题中，$\hat{\sigma}^i_{t-1}$ 是最优解，$V^i(\vec{u}^i_{t-1})$为最大值。由此得出结论：

$$g^i_t(\hat{\sigma}^i_{t-1}, \sigma^i) \leqslant \lambda \parallel v^i \parallel + \frac{\lambda^{-1}B}{t}$$

（证明结束）

注意在 V^i 逼近 u^i 的程度和 V^i 的平滑程度之间存在一个取舍。λ 越小，V^i 就越逼近 u^i，证明中的逼近误差$2\lambda \parallel v^i \parallel$也越小。然而较小的 λ 又增加了 V^i 在参与人 i 通过因子 λ^{-1}转换战略的那一点附近的二阶导数，增加了由于"转换"$\lambda^{-1}B/t$ 带来的损失。因此一个较小的 λ 意味着参与人 i 将不得不在"一致性"变得相关之前等待更长的时间。

4.8 刺激反应和作为学习模型的虚拟行动

虚拟行动或平滑虚拟行动是一种学习模型，通过随机逼近公理该学习模型使类似于连续时间最优反应的动态发生。另一种有趣的学习模型是建立在"刺激反应"（stimulus-response）或"强化"（reinforcement）学习思想的基础之上的。我们在第 3 章已经讨论了一个这样的模型——博格斯和萨林（Borgers and Sarin，1995）的模型，我们发现在时间期限越来越小的极限中，该模型具有与离散时间模仿者动态相同的极限。这一节给出一些能够更好地模拟代理人行动方式的相关模型，并将模型的描述性行动与虚拟行动的描述性行动进行比较。

4.8.1 具有负强化的刺激反应

回忆一下基本的博格斯-萨林（1995）模型：参与人在每一阶段

使用混合战略，在时期 t 的系统状态用 (θ_t^1, θ_t^2) 表示，它是两个参与人在时期 t 采取的混合行动组成的向量。支付被正规化使其在 $0\sim$ 1 之间，使得它们具有与概率相同的尺度。系统状态按以下方式演化：如果参与人 i 在时期 t 采取行动 s_t^i，且得到的支付为 $\tilde{u}_t^i(s_t^i)$，则：

$$\theta_{t+1}^i(s^i) = (1 - \gamma\tilde{u}_t^i(s_t^i))\theta_t^i(s^i) + E(s_t^i, s^i)\gamma\tilde{u}_t^i(s_t^i)$$
$$E(s_t^i, s_t^i) = 1$$
$$E(s_t^i, s^i) = 0, s^i \neq s_t^i$$

该模型的一个很突出而且似乎不现实的方面是，如果一个行动被采取，则与它没有被采取的情况相比，此时它更可能在将来再次被使用，即使该行动导致最低的可能支付。

为解决这一问题，博格斯和萨林（1996）设想了一个更为一般的刺激反应模型。在该模型中，强化可以为正也可以为负，取决于实现的支付是大于还是小于参与人的"期望水平"。正式地说，参与人在时期 t 的期望（aspiration）水平用 ρ_t^i 表示，用 $r_t^i(s^i)=\tilde{u}_t^i(s^i)-\rho_t^i$ 表示时期 t 的实现的效用与期望水平之差。下面我们将注意力集中于两行动的情况，系统按以下规则演化：

$$\theta_{t+1}^i(s^i) = (1 - |r_t^i(s^i)|)\theta_t^i(s^i) + E(s_t^i, s^i)\max(r_t^i(s^i),0)$$
$$- (1 - E(s_t^i, s^i))\min(r_t^i(s^i),0)$$

其中，与上面一样，$E(s_t^i, s^i)$ 为指标函数，也就是说，如果 $s_t^i=s^i$，则 $E(s_t^i, s^i)=1$。这样，当参与人对结果 $(r_t^i(s^i)>0)$ 满意时，则相应行动的概率就增大；当参与人对结果 $(r_t^i(s^i)>0)$ 不满意时，则相应行动的概率就减小。

注意，当 $\rho_t^i\equiv 0$ 时，该模型退化为前面讨论过的模型（其中 $\gamma=$ 1）。博格斯-萨林（1996）较多地关注期望水平可能随参与人观察值的变化而变化的方式的含义，期望水平不变但是不等于零的简单情况是非常有趣的。显然，如果期望水平大于 1 使得所有的结果都令人失望，那么参与人永远都不会锁定在一个纯战略行动上。相对不明显的是，如果只存在两个战略 H 和 T，所有的支付的实现值不是 0 就是 1，战略 H 得到支付 1 的概率为 p，战略 T 得到支付 1 的概率为 $1-p$（便士匹配博弈中参与人好像在与独立同分布的战略进行博弈），而且期望水平固定在 $1/2$，那么 $\theta_t^i(s^i)$ 收敛于 p。

这个与成功的概率相等的概率随机化战略被称为是"概率匹配"（probability matching）。尽管这样的战略不是最优的，但是心理学家曾经相信它是人类行为的特征。然而，随后的研究表明，如果目标被给予足够的重复选择的机会（Edwards，1961）或者被提供金钱方面的报酬[21]（Siegel and Goldstein，1959），人们的行动将从概率匹配向最优化方向转变，因此在我们看来，认为概率匹配普遍存在的观点是不可信的（关于这篇文献的评论参见 Lee（1971））。因此，即使给定一个任意长的时间期限，对于固定的中等期望水平，刺激反应模型也无法锁定在最优战略上，这是刺激反应模型的一个缺陷。

欧文和罗思（Er'ev and Roth，1996）提出了一个刺激反应模型的密切相关的变化形式，并利用它研究经验数据。他们研究的移动方程为：

$$\theta_{t+1}^i(s) = \frac{\max\{v, (1-\gamma)\theta_t^i(s) + E[s^t, s] r_t^i(s^i)\}}{\sum_{s'} \max\{v, (1-\gamma)\theta_t^i(s') + E[s^t, s'] r_t^i(s^i)\}}$$

他们假设期望水平满足以下动态方程：

$$\rho_{t+1}^i = \begin{cases} (1-\omega^+)\rho_t^i + \omega^+ \tilde{u}_t^i(s^t) & \text{如果 } \tilde{u}_t^i > \rho_t^i \\ (1-\omega^-)\rho_t^i + \omega^- \tilde{u}_t^i(s^t) & \text{如果 } \tilde{u}_t^i \leqslant \rho_t^i \end{cases}$$

这一处理是为了在长期中将系统从概率匹配中移走；参数 v 是为了使战略的概率偏离零。如果我们令 $v=0$，则上式简化为：

$$\theta_{t+1}^i(s) = \frac{(1-\gamma)\theta_t^i(s) + E[s^t, s] r_t^i(s^i)}{\sum_{s'} (1-\gamma)\theta_t^i(s') + E[s^t, s'] r_t^i(s^i)}$$

这与博格斯-萨林（1996）模型类似：当行动受到正的强化时，其概率增大；当行动受到负的强化时，其概率减小。

4.8.2　经验证据

刺激反应模型的发展在很大程度上源于心理学家对人类及动物行为的观察。其中一个观察就是反应的随机性和平滑性；当然，对平滑虚拟行动来说也是如此。目前还没有大量的证据使我们能够在经验的基础上区分两种模型：欧文和罗思（1996）认为他们对刺激反应模型提出的变形能够比简单虚拟行动更好地拟合数据。我们认为，这在很大程度上是因为它们具有大量的自由参数，而且由于高度的自相关，大多数在函数形式上有足够弹性的学习模型将较好地拟合这些数据。欧文和罗思在考察个体行为的两个试验中证明了，他们的模型确实比最优反应动态和虚拟行动做得好。然而，"始终处于混合纳什均衡"的非常幼稚的模型在一个试验中做得比欧文和罗思的模型稍微好一点，而在另一个试验中则做得比欧文和罗思的模型稍微差一点，这表明，任何相对较快的收敛于纳什均衡的学习模型将和他们的模型做得一样好。

然而，欧文和罗思的工作指出了标准虚拟行动模型的一个重要的难点。当参与人使用精确的最优反应函数时，该模型预测了一个突然由一个行动转变为另一个行动的确定性过程。然而平滑虚拟行动没有这一违反事实的预测。此外，欧文和罗思研究的虚拟行动的版本具有零先验权重，这意味着参与人对他们的最初的几个观察值将做出非常迅速反应，而实际行动却要比这迟钝得多。而且在没有增加欧文和罗思模型所使用的参数个数的情况下，以上所讨论的过去观察值的指数加权模型似乎能够改进类虚拟行动拟合数据的程度。程和弗里德曼（Cheung and Friedman, 1994）在将修正的虚拟行动模型与数据拟合方面取得了一些成功，他们指出修正的虚拟行动模型确实优于刺激反应模型。马杰尔（Majure, 1994）确实发现模仿者动态比虚拟行动更好，但他引入随机性的方法不太令人满意，而且他没有考虑过去观察值权重的指数化衰减。

最后，范·哈伊克、白特里奥和兰金（Van Huyck, Battalio and Rankin，1996）明确地将逻辑虚拟行动视为学习模型，并将其与模仿者和其他刺激反应模型进行了比较。他们报告了基于简单 2×2 协调博弈的试验研究，在该协调博弈中如果参与人选择相同的行动就什么也得不到，如果选择相反的行动就可得到一个单位的支付。考虑了四种试验设计：要么是单个群体（即同质群体的情况），要么是两个群体，而且参与人有权使用一个公开观察协调策略或者无权使用该策略，也就是标记"参与人 1"和"参与人 2"的分配。在两个群体的情况下，在试验开始的时候给所有人选择一次标记；在单个群体的情况下，在每一个阶段随机分配标记。

如果没有标记，情况对应于图 4—5 所示的简单 2×2 博弈。正如我们在第 3 章讨论过的，在博弈 1 的同质群体的处理方式中，混合战略纳什均衡（1/2，1/2）在模仿者动态下是全局稳定的，然而在非对称群体中则是不稳定的。在单个群体和标记的情况下，模仿者动态的两个稳定点为有效均衡"如果标记为参与人 1 则选择 A，如果标记为参与人 2 则选择 B"以及"如果标记为参与人 1 则选择 B，如果标记为参与人 2 则选择 A"；而当参与人忽视他们的标记时非有效均衡是不稳定的。

	A	B
A	0, 0	1, 1
B	1, 1	0, 0

图 4—5　简单的协调博弈

在试验中，试验对象行动的次数介于 30 到 75 之间。模仿者动态解释了数据的基本定性特征，然而在对称均衡由于加标记而不稳定的情况下，与模仿者动态预测的行动相比，这种情况下的行动更经常保持在对称均衡附近。（这导致了这样一个问题：在一个有点长的期间，*126*

会发生什么情况。)

范·哈伊克、白特里奥和兰金考察了几个个体学习行动的模型。他们认为他们能够拒绝关于参与人使用战略的历史绩效(就像他们在刺激反应模型中所做的一样)的假设,而接受参与人使用战略的预测绩效(正如他们在平滑虚拟相似行动模型中所做的一样)的假设。实际上,在他们的资料中,在十二个阶段中有十一个阶段,逻辑虚拟行动模型对数据有很好的拟合效果。[22]

4.8.3 学习的有效性

给定从试验数据中区分不同学习模型的困难,并给定我们的先验信念是人们经常很擅长于本书所讨论的那种学习,我们认为弄清哪些学习模型能够很好地解释学习是一个很有意义的问题。[23]例如,在平滑虚拟行动中,我们证明了无论对手的战略如何,从时间平均的意义上来说,参与人做得与他们好像事先知道对手的行动频率一样好。

作为学习模型,刺激反应模型具有某些理想的性质。博格斯-萨林研究的正强化模型的最简单版本的方程为

$$\theta_{t+1}^i(s^i) = (1 - \gamma \bar{u}_t^i(s_t^i))\theta_t^i(s^i) + E(s_t^i, s^i)\gamma \bar{u}_t^i(s_t^i)$$

$$E(s_t^i, s_t^i) = 1$$

$$E(s_t^i, s^i) = 0, s^i \neq s_t^i$$

该模型对应于计算机科学文献中所谓的学习自动机(learning automaton)。纳内拉和撒切尔(Narendra and Thatcher, 1974)证明了,面对一个独立同分布的对手,当强化参数 λ 趋向于 0 时,时间平均的效用收敛于某个最大值,该最大值能够在参与人面对对手行动的分布时得到。然而,这一相对较弱的性质可以被许多不具有普遍一致性的学习规则所满足,包括"纯"虚拟行动,而该性质自身似乎并没有强到足够说明一个规则是合理的。与之相反,无论对手如何行动,平滑

虚拟行动保持其一致性。

实际上，在面对独立同分布的对手时，自动学习机在长期中做得很好，但即使在长期中对手是近似独立同分布的，当系统收敛于一个均衡时就是如此，自动学习机将做得非常差。其原因在于，面对独立同分布的对手，自动学习机最终被一个纯战略所吸收。因此，如果对手行动的分布在长时间内显著不同于其渐近分布，则系统可能在对手行动转向长期行动频率之前被一个"错误"的纯战略所吸收；这种可能性依赖于强化参数和对手行动变化之前的时间长度。

为了避免行动最终陷入一个纯战略的预测，正如欧文和罗思（1996）所做的，能够对刺激反应模型进行修改，从而使每个行动的概率始终远离 0。弗里德曼和申克（Friedman and Shenker，1995）在这种情况下证明了，如果对手的行动是使得一个战略在所有时间始终保持最优的行动，则"迅速反应学习自动机"（responsive learning automaton）在长期中有较大的概率收敛于实施正确的战略。这包含了系统收敛于均衡的情况，但仍然非常不符合普遍一致性。

4.8.4　作为刺激反应模型的虚拟行动

刺激反应模型的一个重要性质是，在进行选择时，它只使用关于学习者已实现的支付的信息。这既可看做缺点也可看做优点：一方面，不像虚拟行动，对手的行动不必被实际观察到；另一方面，如果该信息是有用的（特别是在试验设置中），那么就不应被忽略。

应该注意的是，存在平滑虚拟行动的一个变化形式，该变化形式只使用自身的支付信息。特别地，考察逻辑虚拟行动

$$\overline{BR}^i(\sigma^{-i})[s^i] \equiv \frac{\exp((1/\lambda)u^i(s^i,\sigma^{-i}))}{\sum\limits_{r^i}\exp((1/\lambda)u^i(r^i,\sigma^{-i}))}$$

注意，为计算采取某一战略的概率，只需要估计每一行动的效用　*128*

$u^i(r^i, \sigma^{-i})$。实际上，与在刺激反应模型中一样，我们能够将这些效用看做采取战略的"倾向"，只不过在这里这些倾向以不同的方式计算和使用。这建议参与人追踪每一行动的历史效用，即，他们计算估计值

$$\bar{u}_t^i(s^i) = \frac{1}{k_{t-1}(s^i)} E(s_t^i, s^i) [\tilde{u}_t^i(s^i) - \bar{u}_{t-1}^i] + \bar{u}_{t-1}^i$$

其中，$k_t(s^i)$ 是到时期 t 为止，参与人 i 采取行动 s^i 的次数。将实施战略的概率记为

$$\theta_t^i[s^i] \equiv \frac{\exp((1/\lambda)\bar{u}_t^i(s^i))}{\sum_{r^i} \exp((1/\lambda)\bar{u}_t^i(r^i))}$$

如果对手的行动并不收敛，逻辑虚拟行动的这一变化形式就不再与虚拟行动渐近相似了。这是因为与具有高概率的战略相比，具有低概率的战略很少更新，而在实际的逻辑虚拟行动中，二者更新的频率相同（因为使用了对手行动的数据）。然而，如果我们使用另一种加权规则：

$$\bar{u}_t^i(s^i) = \frac{1}{\theta_t^i(s^i)k_{t-1}(s^i)} E(s_t^i, s^i) [\tilde{u}_t^i(s^i) - \bar{u}_{t-1}^i] + \bar{u}_{t-1}^i$$

则在大样本中，这一行动规则产生与一般逻辑虚拟行动本质上相同的结果，因此它也是普遍一致的。注意该规则也可解释为一种刺激反应模型：这里，如果一种行动比预期做得好，该行动就得到一个正的强化；如果一种行动比预期做得差，该行动就得到一个负的强化。在这里，"期望水平"是到目前为止效用的简单平均。通过使概率成为期望水平的简单函数，该规则避免了像传统的刺激反应模型那样将支付和概率直接组合的要求。这种"逻辑虚拟行动"规则使我们感到至少与在传统的刺激反应模型中引入期望水平的方式一样直观。

4.9　对战略空间的学习

我们所讨论过的例子几乎都涉及相对较小的战略空间。然而，在许多实际应用中，特别是那些涉及重复行动（即使在一个试验设置中）的应用，其战略空间往往是非常大的。我们刚刚讨论过的刺激反应模型和改变平滑虚拟行动的期望水平得到的新模型都要求参与人追踪每一战略实际的或可能的绩效。这在战略空间非常大的情况下是不现实的，即使在单人博弈中也是如此，因此自然产生了这样一个问题：是否存在一种只需要跟踪较少的战略子集的方法。关于这种方法的一个例子就是约翰·霍兰（John Holland）的遗传算法（genetic algorithm），关于遗传算法的较好的讨论可参见 Goldberg（1989）。

遗传算法在某种程度上类似于刺激反应方法或改变平滑虚拟行动的期望水平得到的新模型。但有两个显著的区别。首先，在任何给定的时期，只追踪一个较小的战略子集的绩效，并且基于战略的相对绩效在这些战略之间随机化。其次，存在两种方法，通过这两种方法可以将战略增加到所考虑的战略子集中或从该战略子集中移走。这两种方法都建立在将战略进行二进制编码的基础之上；也就是说，战略空间中的每一个战略都被赋予了一个独一无二的二进制编码以便于识别。引进新战略的一种方法是通过随机变异：随机的改变现有编码中现有的数字以产生新的战略。因为这保证了最终所有的战略都被考虑到，适当地校准它就能够保证一致性。引进新战略的另一种方法是通过"交叉"，即随机地断开两个现有的编码，将一个编码的第一部分与另一个编码的第二部分配到一起产生两个新的编码。该方法的理论性质是很难理解的；他们在很大程度上依赖于战略编码的方式，但是实际应用表明，使用某些战略编码方法，交叉能够在一个相对比较复杂的问题中实现较快的收敛。

将标准遗传算法作为博弈学习模型存在两个问题。第一个问题涉及算法的长期绩效。这里的问题是遗传算法利用历史绩效来对战略进行评估。如果决策环境对应一个来自固定分布的独立同分布抽样，则这一评估方法是可接受的，而且在这样的环境中遗传算法会做得很好。但是在博弈学习的背景下，一般来说每一个参与人的决策问题不可能是不变的，因此我们对平滑虚拟行动的分析说明，通过用过去绩效的加权平均来代替战略的平均支付能够得到较好的长期绩效（即普遍一致性），这里的权重与战略与被使用的频率的倒数成比例。我们还没有意识到尝试将这种加权方法应用到遗传算法中，但这看起来似乎并不难。

第二个问题不在于遗传算法本身，而在于遗传算法如何在经济模型中应用。这些遗传算法首先出现在宏观经济价格出清模型中，它的应用倾向于假定参与人的整个群体联合使用一个遗传算法（正如在布拉德和达菲（Bullard and Duffy，1994）中一样）而不是每个参与人单独使用一个遗传算法。这造成概念和动机方面的几个问题，相对于执行交叉操作所需的信息而言尤其如此。然而最近普赖斯（Price，1997）所做的工作表明，当单个参与人使用遗传算法而不是整个群体使用遗传算法的时候，在这篇文章中所建立的许多稳定性的结论仍然成立。

附录：随机逼近理论

在这个附录中，我们通过考察一个给定的离散时间系统 $\theta_{t+1} - \theta_t = (F(\theta_t) + \eta_{t+1})/(t+1)$ 在何时几乎必然收敛于一个特定状态 θ^* 来解释随机逼近理论的方法。充分条件是通过研究连续时间系统 $\dot{\theta} = F(\theta)$ 得到的。获得全局收敛的一种情况是，当 F 容许一个"近似严格"的李亚普洛夫函数 V 的时候。这是一个沿着 F 的所有非平稳轨迹严格递减的函数。此外如果这个李亚普洛夫函数的最小值是一个孤立的定态，则贝纳姆和赫希证明了系统以概率 1 收敛于该定态。

为了对这一结论提供一些直观的认识，我们在一维状态空间 $[-1，1]$ 满足 $F(0)=0$ 和对所有的 $\theta\neq0$ 都有 $\theta F(\theta)<0$ 的情况下证明该结论。注意在连续时间动态中，点 0 是全局稳定的。因此在这一假设条件下，联系离散时间和连续时间系统的一般理论简化为一个结论，即离散时间系统以概率 1 收敛于 0。如果我们进一步指定 $F(\theta)=-\theta$，则这一结论是非常明显的，因为此时我们有

$$\theta_{t+1} - \theta_t = \frac{-\theta_t + \eta_t}{t+1}$$

或者

$$(t+1)\theta_{t+1} - t\theta_t = \frac{t+1}{t+1}(-\theta_t + \eta_t) + \theta_t = \eta_t$$

于是 $\theta_{t+1} = \sum_{s=1}^{t} \eta_s/(t+1)$，收敛结果简化为强大数法则。

对于一般函数 F，我们可以使用李亚普洛夫函数 $V(\theta)=\theta^2$ 来证明离散时间系统几乎必然收敛于 0。有好几种方法可以证明这一点。

由于点 $\theta=0$ 在连续时间确定性动态中是一个定态，而且李亚普洛夫函数 V 是正的并在所有其他点严格递减，所以认为 V 在随机动态中应该是一个上鞅，这是一个吸引人的想法。对点 $\theta=0$ 的考虑证明了并非如此，因为在这一点有 $E[V(\theta_{t+1})|\theta_t] > V(\theta_t)=0$。然而在 0 的任意固定邻域之外这一直观的认识本质上是正确的，对于足够大的 t 我们最终可以得到 $E[V(\theta_{t+1})|\theta_t] < V(\theta_t)$。直观地说，系统的"确定性转换"趋向于减小 V，但由于 V 是一个凸函数，所以随机跳跃趋向于增加 V。然而这些跳跃的规模以比率 $1/t$ 递减，因此当转换项被限制在非零的时候，它最终在任意区域占优。例如在 $F(\theta)=-\theta$ 且 η_t 由 $\{-1,1\}$ 上具有参数 $p=1/2$ 的二项分布所产生的特定情况下，我们能够取 $V(\theta)\theta^2$，发现有

$$E[\,V(\theta_{t+1})\mid\theta_t\,]-V(\theta_t)$$

$$=\frac{\left(\dfrac{t\theta_t+1}{t+1}\right)^2+\left(\dfrac{t\theta_t-1}{t+1}\right)^2-2\theta_t^2}{2}=\frac{-(2t+1)\theta_t^2+1}{(t+1)^2}$$

在区间外，对于所有的 $t>(1/2a^2)-1/2$ 这是区间 $[-a,a]$ 的负外部。这可用来证明 $\{\theta_t\}$ 不能收敛于一个 0 以外的极限。

我们不遵循这一思路，而是对 V（从而 θ）收敛于 0 提供一个直接的证明。定义 $M(\theta_t)=E[\,V(\theta_{t+1})-V(\theta_t)\mid\theta_t\,]$ 为李亚普洛夫函数中的期望变化，该变化要么为正要么为负，并令 $M^+(\theta_t)=\max\{M(\theta_t),0\}$。同时定义

$$V^*(\theta_t)=V(\theta_t)-\sum_{s=1}^{t-1}M^+(\theta_s)$$

因此有

$$V^*(\theta_{t+1})-V^*(\theta_t)=V(\theta_{t+1})-V(\theta_t)-\max\{M(\theta_t),0\}$$

132 通过构造，这成为一个上鞅：

$$E(V^*(\theta_{t+1})\mid\theta_t)-V^*(\theta_t)$$
$$=E(V(\theta_{t+1})\mid\theta_t)-V(\theta_t)-\max\{M(\theta_t),0\}$$
$$=M(\theta_t)-\max\{M(\theta_t),0\}$$
$$=\min\{0,M(\theta_t)\}\leqslant 0$$

下一步是检验上鞅 V^* 有下界，使得我们可以得出它几乎必然收敛的结论。为了证明这一点，代入 $V(\theta)=\theta^2$，并计算

$$M(\theta_t)=E\left[\left(\frac{(t+1)\theta_t+F(\theta_t)+\eta_{t+1}}{t+1}\right)^2-\theta_t^2\mid\theta_t\right]$$
$$=\frac{2\theta_t F(\theta_t)}{t+1}+\frac{F(\theta_t)^2+E\eta_{t+1}^2}{(t+1)^2}$$

因此，有

$$M^+(\theta_t) \leqslant \frac{F(\theta_t)^2 + E\eta_{t+1}^2}{(t+1)^2}$$

M 的表达式的右边的第一项被假定为非正，该部分对应于系统的确定性转换，第二部分则具有有限和，因此 M 是可求和的。M^+ 只有第二项因此也是可求和的，而且由于 V 有下界 (0)，所以 V^* 也有下界。

　　于是 V^* 是一个上鞅，而且有下界，因此它几乎必然收敛。现在 $V - V^*$ 是一个下鞅，而且由于 V 具有上界而且 V^* 具有下界，所以 $V - V^*$ 有上界。因此由鞅收敛理论，$V - V^*$ 几乎必然收敛。由于 V^* 几乎必然收敛，因此 V 几乎必然收敛。

　　证明 V 收敛于 0 的最后一步是证明 V 具有严格正的极限的概率不可能大于零。直观地说，如果在一个较大的时期 t，系统停留在这样一个点附近，则"确定性的影响"将支配噪声项，而且将系统推向 0。为了给出正式的论证，假定 V 被限制为不等于零这一事件的概率为大于零。这意味着 θ 也被限制为不等于零，因此对某一个 $\varepsilon > 0$ 有 $\mathrm{sgn}(\theta_t)F(\theta_t) < -\varepsilon < 0$，而且对于某一个 $\delta > 0$ 有 $\mathrm{sgn}(\theta_t)V'(\theta_t) < -\delta < 0$。由于 V 是平滑的，我们有

$$M(\theta_t) = E\big[V(\theta_{t+1}) - V(\theta_t) \mid \theta_t\big]$$

$$= E\Big[V\Big(\theta_t + \frac{F(\theta_t) + \eta_{t+1}}{(t+1)}\Big) - V(\theta_t) \mid \theta_t\Big]$$

$$= E\Big[V'(\theta_t)\Big(\frac{F(\theta_t) + \eta_{t+1}}{(t+1)}\Big)\Big] + o\Big(\frac{1}{t^2}\Big)$$

由于无论何时只要 V 是平滑的，V' 和 F 的符号就相反，而且同时被限制为不等于零，因此我们可以得出结论，沿着任何 V 被限制为不等于零的路径，对足够大的 t 和某一个 $\lambda > 0$，有

$$M(\theta_t) < \frac{-\lambda}{t+1} < 0$$

定义 $\overline{V}(\theta_t) = V(\theta_t) - \sum_{s=1}^{t-1} M(\theta_s)$。注意 $\overline{V}$ 是一个鞅，而且在所

有路径上对于所有的 t 有 $\overline{V}(\theta_t) \geqslant V^*(\theta_t)$。由于 V^* 几乎必然具有有限极限，所以 $\overline{V}$ 不会以大于零的概率收敛于 $-\infty$。如果 V 依然被限制为不等于零，则 M 的上界是负的且 V 有下界（下界是非负的）这一事实意味着 $\overline{V}$ 收敛于 $+\infty$。于是，如果 V 始终被限制为不等于零的概率大于零，我们有 $\lim_{t\to\infty} E\overline{V}(\theta_t) = \infty$，这与 $\overline{V}$ 是一个鞅相矛盾。因为我们已经知道 V 收敛，所以 V 不能以大于零的概率保持不等于零这一事实意味着 V 收敛于 0。

参考文献

Arthur, B., Y. Ermol'ev, and Y. Kanioskii. 1983. A generalized urn problem and applications. *Cybernetica* 19:61-71.

Auer, P., N. Cesa-Bianchi, Y. Freund, and R. Schapire. 1995. Gambling in a rigged casino: The adversarial multi-armed bandit problem. 36th *Annual IEEE Symposium on Foundations of Computer Science*. New York: IEEE Computer Society Press.

Banos, A. 1968. On pseudo-games. *Annals of Mathematical Statistics* 39:1932-1945.

Benaim, M., and M. Hirsch. 1996a. Asymptotic pseudo-trajectories, chain-recurrent flows, and stochastic approximation. *Journal of Dynamics and Differential Equations* 8:141-174

Benaim, M., and M. Hirsch, 1996b. Learning processes, mixed equilibria and dynamical systems arising from repeated games. Mimeo. University of California at Berkeley.

Blackwell, D. 1956a. Controlled random walks. *Proceedings International Congress of Mathematicians* 1954, vol. 3. Amsterdam: North Holland, pp. 336-338.

Blackwell, D. 1956b. An analog of the minmax theorem for vector payoffs. *Pacific Journal of Mathematics*, 6:1−8.

Borgers, T., and R. Sarin. 1995. Learning through reinforcement and *134* replicator dynamics. Mimeo University College London.

Borgers, T., and R. Sarin. 1996. Naïve reinforcement learning with endogenous aspirations. Mimeo University College London.

Bullard, J., and J. Duffy. 1994. Using genetic algorithms to model the evolution of heterogenous beliefs. Mimeo. Federal Reserve Bank of St. Louis.

Canning, D. 1991. Social equilibrium. Mimeo. Cambridge University.

Cheung, Y., and D. Friedman. 1994. Learning in evolutionary games: Some laboratory results. Mimeo. University of California, Santa Cruz.

Edwards, W. 1961. Probability Learning in 1 000 trials. *Journal of Experimental Psychology* 62:385−394

Er'ev, I., and A. Roth. 1996. On the need for low rationality cognitive game theory: Reinforcement learning in experimental games with unique mixed strategy equilibria. Mimeo. University of Pittsburgh.

Foster, D., and R. Vohra. 1995. Asymptotic calibration. Mimeo. Wharton School.

Friedman, E., and S. Shenker. 1995. Synchronous and asynchronous learning by responsive learning automata. Mimeo. Duke University.

Fudenberg, D., and D. K. Levine 1995a. Consistency and cautious fictitious play. *Journal of Economic Dynamics and Control* 19:1065−1090.

Fudenberg, D., and D. K. Levine 1995b. Conditional universal consistency. forthcoming. *Games and Economic Behavior*.

Fudenberg, D., and D. Kreps. 1993. Learning mixed equilibria.

Games and Economic Behavior 5:320-367

Fudenberg, D., and J. Tirole. 1991. *Game Theory*. Cambridge: MIT Press

Goldberg, D. E. 1989. *Genetic Algorithms in Search*, *Optimization and Machine Learning*, Reading, MA: Addison Wesley.

Hannan, J. 1975. Approximation to Bayes' risk in repeated plays. In *Contributions to the Theory of Games*, vol. 3, ed. by M. Dresher, A. W. Tucker, and P. Wolfe. Princeton: Princeton University Press, pp. 97-139.

Harsanyi, J. 1973. Games with randomly disturbed payoffs. *International Journal of Game Theory* 2:1-23

Holland J. H. 1975. *Adaptation in Natural and Artificial Systems*. Ann Arbor: University of Michigan Press.

Hurkens, S. 1994. Learning by forgetful players: From primitive formations to persistent retracts. Tilberg Universtiy.

Jordan, J. 1993. Three problems in Learning mixed-strategy equilibria. *Games and Economic Behavior* 5:368-386.

Kaniovski, Y., and P. Young. 1995. Learning dynamics in games with stochastic perturbations. *Games and Economic Behavior* 11:330-363.

Kushner, H. J., and D. Clark, 1978. *Stochastic Approximation Methods for Constrained and Unconstrained Systems*. New York: Springer.

Lee, W. 1971. *Decision Theory and Human Behavior*. New York: Wiley.

Ljung, L., and T. Söoderstrom. 1983. *Theory and Practice of Recursive Identification*. Cambridge: MIT Press.

Luce, R., and H. Raiffa. 1957. *Games and Decisions*. New York: Wiley.

Majure, W. 1994. Fitting learning and evolutionary models to experimental data. Mimeo Harvard University.

Massaro, D. , and D. Friedman. 1990. Models of integration given multiple sources of information. *Psychological Review* 97:222-252.

Megiddo, N. 1980. On repeated games with incomplete information played with nonbayesian Players *International Journal of Game Theory* 9:157-167.

Myerson, R. 1991. *Game Theory*. Cambridge: Harvard University Press.

Narendra, K. , and M. Thatcher. 1974. Learning automata: Asurvey. *IEEE Transactions on Systems , Man and Cybernetics* 4:889-899.

Pemantle, R. 1990. Non-convergence to unstable points in urn models and stochastic approximations. *Annals of Probability* 18: 698-712.

Price, T. C. 1997. Using co-evolutionary programming to simulate strategic behaviour in markets. Mimeo. Imperial College.

Sanchirico, C. 1996. A probabilistic model of learning in games. *Econometrica* 64:1375-1393.

Siegel, S. , and D. A. Goldstein. 1959. Decision-making behavior in two-choice uncertain outcome situations. *Journal of Experimental Psychology* 57:37-42.

Thurstone, L. 1927. Psychophysical analysis. *American Journal of Psychology* 28:368-389.

Van Huck, J. , R. Battalio, and F. Rankin. 1996. On the evolution of convention: Evidence from coordination games. Mimeo. Texas A & M University.

Young, P. 1993. The evolution of conventions. *Econometrica* 61:57-83.

【注释】

[1] 即使他们只证明了预期行动的收敛意味着行动边际分布收敛于预期行动，相同的观点很容易给出比这里所提到的更强的结果。

[2] 为了更精确地说明这一点，固定一个两人博弈的混合战略均衡 σ_*，只要 $\|\sigma_*^{-i} - d_t^{-i}\| < 1/n(t)$，且如果不等号不成立则 $\mu_t^i = d_t^{-i}$，我们就令参与人在阶段 t 的评估为 $\mu_t^i = \sigma_*^{-i}$。根据强大数定理，序列 $n(t)$ 可能被选择缓慢地收敛于无穷大，使得只要参与人 $-i$ 选择战略 σ_*^{-i} 则上述不等式以概率 1 成立。于是评估是渐近经验的（因为 $n(t) \to \infty$），而且如果两个参与人都使用这一评估原则，并在无差异时采取混合战略中相应的行动，则在每一个阶段参与人以概率 1 按照 σ_* 采取行动。

[3] 正式地说，如果对于某些正数序列 $\varepsilon_t \to 0$，有 $u^i(\rho_t^i, \gamma_t^i) + \varepsilon_t \geqslant \max_{s^i} u^i(s^i, \gamma_t^i)$，则行动规则 ρ_t^i 关于评估规则 γ_t^i 是渐近短视的。值得注意的是，这一定义是从参与人 i 的期望效用的角度定义的，在这里期望包含了任何参与人行动中的任何随意性。特别地，如果不管对手的行动如何都有较低的概率导致较大损失的战略，都被认为具有较小的损失。因此，这一关于渐近短视的定义与另一个要求参与人 i 仅给使他的期望支付最大化的纯战略赋予正的概率的定义相比显得不太严格。而且，假设参与人的信念赋予其对手的战略一个充分小的概率（收敛于零），而在该战略中被占优的战略产生损失，则一个被弱占优的战略可能仍是一个最优反应。

[4] 弗登伯格和克雷普斯（1993）提供了一个相似的但并不令人信服的结论，该结论表明就关于精确经验评估规则是渐近短视的行动而言，任何纳什均衡是局部随机稳定的。这里，参与人将明确地选择使用均衡混合战略，只要参与人从这种选择中遭受的损失较小。

[5] 例如，参见弗登伯格和梯若尔（Fudenberg and Tirole, 1991, ch.6）或者迈尔森（Myerson, 1991）关于哈塞尼净化理论的讨论，以及对理论中所使用的那种支付扰动的解释。

[6] 这是弗登伯格和克雷普斯（1993）中的引理 7.2。

[7] 注意，认知阈限和效用最大化之间的联系并非显而易见，因为即使效用之间的差别很小仍然可能觉察到战略是不同的：面临在 9.99 美元和 10.00 美元之间做出明确的选择时，我们不能期望试验对象会随机选择。另一方面，有

证据表明，某些试验对象在博弈中采取被严格占优的战略，至少在最初几轮试验中如此。我们不知道如何解释这一行动。无论如何，在产生几乎相同效用的战略之间的某些选择似乎是相对模糊的，而其他选择似乎并非如此。

[8]　他们的结论不仅适用于平滑虚拟行动的随机效用版本，而且可以扩展到模型的其他解释。

[9]　与杨（1993）一样，卡尼奥斯基和杨（1995）同样证明了这些结论可以扩展参与人通过来自行动的整个历史的一个随机抽取的有限规模样本预测对手的行动情况。

[10]　更精确地说，由于噪声具有零均值，所以它的影响主要通过它的方差来实现。当对应于 BR^i 的确定性的平移与 $1/t$ 同阶时，噪声的方差与 $1/t^2$ 同阶。

[11]　这里阶段 t 的步长为 $1/t$，和没有初始权重的虚拟行动中一样，可以将其直接扩展到正的而且不同参与人具有不相等的先验权重的情况，但概念复杂化了。重要的是步长 ω_t 为满足 $\sum_t \omega_t = +\infty$ 和 $\sum_t (\omega_t)^2 < \infty$ 的正的递减序列。

[12]　在下面将要考虑的简单随机化的情况下，如果 $v^i = C^3$，则 $\overline{BR} = C^2$。

[13]　弗登伯格和克雷普斯（1993）

[14]　正如我们在第 3 章附录中所指出的那样，封闭轨迹加上它的内点一定是固定的，这一点与体积收缩的流（flow）相反。

[15]　还存在很多更早期、更简单的结果，参见本单元开头提到的参考文献。

[16]　赫肯斯考虑参与人从近期历史中进行有放回抽样的情况，而杨则考虑无放回抽样的情况。在 k 较大的情况下，这并不是一个很重要的差别。桑奇里科的模型与他们的模型相似，但在很多方面更具普遍性。

[17]　桑奇里科允许即使对于来自于遥远的过去的观察值也有正的但微不足道的权重；要求这些权重迅速地减小到 0。

[18]　就非严格纳什均衡来说，为得到一个最小 CURB 集，包含一个非纳什最优反应也许是必要的：回忆一下 CURB 集要求所有的最优反应都包含于该集之中。

[19]　不假设参与人在每一个阶段具有完全相同的效用函数，而假设参与人 i 具有一系列随时间变化的一致有界的效用函数序列 $u_\tau^i(s^i, s_\tau^{-i})$。定义 $\vec{u}_t^i(s^i) =$

$(1/t) \sum_{\tau=1}^{t} u_\tau^i(s^i, s_\tau^i)$ ，用 $\sigma^i \cdot \bar{u}_t^i$ 取代普遍一致性定义中的 $u^i(\sigma^i, \gamma_t^i)$ ，并将平滑虚拟行动定义为最大化 $\sigma^i \cdot \bar{u}_t^i + \lambda v^i(\sigma^i)$ 的解。那么命题 4.5 仍然成立，而且其证明仅仅要求对时期 t 的效用的下标符号进行改变即可。命题的这一不稳定版本将在第 8 章研究专家选择时用到。

[20] 在证明中，这是惟一使用 V^i 是平滑的这一事实的一步。如果 $v^i \equiv 0$ ，对于一般虚拟行动，除了在参与人 i 从一个战略向另一个战略转化的点，V^i 是线性的。因此除了转换点外，这个推导一直有效，这也是为什么当满足不转化条件时一般虚拟行动是连续的原因。

[21] 与在心理学试验相比，在经济学家进行的试验中普遍地使用金钱方面的报酬。

[22] 在这一反常阶段，有标记的两个群体彼此行动。在一个平滑虚拟行动中，如果只存在少许的平滑（使得行动几乎近似一般虚拟行动），那么当系统收敛的时候它将收敛于（近似收敛于）一个纳什均衡。在这一特定的试验中，在行动中可观察到很少的随机性，然而收敛点离纳什均衡还是有一点距离。我们猜想，由观察到的行动中缺乏随机性这一事实产生的较差的拟合效果与收敛于与任意纳什均衡都存在一定距离的点不一致。

[23] 我们认识到这一信念在试验主义者中是有争议的。

第 5 章　具有持续随机性的 调整模型

5.1　引　言

在上一章讨论的随机逼近过程 137
（stochastic approximation processes）中，
在阶段 t 代理人评价的调整的阶数为 $1/t$，
所以随机项的影响最终消失，而且在连续
时间里，系统的长期行动对应于确定性系
统的长期行动。在这样的模型中，有意义
的调整过程都具有如下性质：严格均衡是
局部稳定的：如果状态收敛于一个严格纳
什均衡，那么它将停留在那里。[1]如在关
于均衡精炼的文献中那样，这些模型对预

测哪些严格均衡最可能被观察到提供很少的指导。[2]

本章考虑这样的系统：在这个系统中，步长和随机项的影响将始终保持不变，使得即使在极限中系统也是随机的。最近，福斯特和杨（Foster and Young，1990）认为，能够用这个过程在一个博弈的严格均衡中进行选择。福斯特和杨研究了一个建立在模仿者动态之上的连续时间随机系统。我们将在第七节中讨论他们的模型，并一道讨论卡布拉斯（Cabrales，1993）以及弗登伯格和哈里斯（Fudenberg and Harris，1992）的相关文章。然而，本章的绝大多数内容遵循坎多里、迈拉斯和罗布（Kandori，Mailath and Rob，1993）以及杨（1993）的文章，讨论关于离散时间、自治（autonomous）、有限群体的"随机调整"模型的更多的文献。从用术语"变异"（mutations）来激发对 ESS 的概念以及对模仿者动态渐近稳定性的研究的观点来看，值得强调的是，经典的进化博弈文献仅仅考虑了确定性系统，那里考虑的"变异"只是一次性事件。[3]如果认为"突变"是真实的、会再次发生的现象，尽管不可能，但把它们明确地包括在模型中更合适。这是随机调整文献的基本观点。

随机调整模型的文献多种多样，提供了多种关于不同类型的博弈和调整过程的结论。然而，存在一个值得强调的关于 2×2 博弈的重要结论，因为许多(但不是全部)[4]这样的模型都得到了这个结论：这个结论就是选择作为惟一的长期定态的风险占优均衡。特别重要的是风险占优与帕累托有效的联系(和缺乏联系)。在纯协调博弈中，这两个概念是相同的。然而，在一般的博弈中，风险占优均衡不是帕累托有效的。对随机调整模型的研究结论是，学习程序趋向于选择对于变异(风险占优均衡)相对稳健的均衡，这是一个不同于帕累托有效的标准。

5.2 回顾随机调整模型

在转向各篇论文的细节之前，对这些论文通常遵循的步骤有一个概括性的了解是有帮助的。下面描述的这个程序，严重依赖于马尔可夫过程的遍历性（ergodicity）这个思想，因此了解遍历性需要什么是至关重要的。由于这个原因，本章的附录对有限马尔可夫链进行了简要的回顾。

该程序有以下几个步骤。

步骤 0：规定一个"状态空间"。典型的"状态空间"是在每个参与人群体中采取每个行动的代理人的数量（就像在匿名随机匹配模型中一样）或者是每个代理人采取的行动的数量。就像在每个代理人只与他的邻居相互作用的局部相互作用模型中那样，如果相同的参与人群体的不同代理人能够有不同的行动，那么后一种情况将是相关联的。状态中也会包括一些关于以前各期行动的信息。我们暂时专门研究有限状态空间和离散时间的情况，这种情况在数学上最简单，同时在文献中也最受关注。[5]

步骤 1：规定一个"有意图的"（intentional）或"无扰动的"（unperturbed）调整动态，比如最优反应动态或模仿者动态。这个过程通常是确定性的，尽管无扰动的模型可以包含来自随机匹配过程的结果的随机性，或者因为每个代理人调整其行动的机会是随机到来的。然而，这个过程应该是充分确定的，以至对应于每个严格纳什均衡的状态都是定态。特别地，该调整过程具有一个"逆向的"特性：在一次性同时行动博弈中，只有纳什均衡是定态。[6]最后，因为下面提到的技巧，无扰动动态应该是时间独立的，这排除了虚拟行动。[7]

像在前几章那样，我们用 Θ 表示状态空间，用 P 表示有意图过程的马尔可夫转移矩阵。那么，如果 θ，$\xi \in \Theta$，则这个矩阵中的元素 $P_{\theta\xi}$ 是在时期 t 的状态是 ξ 的条件下时期 $t+1$ 的状态是 θ 的概率。按照这个约定，状态的概率分布用列向量 φ 和 $\varphi_{t+1} = P\varphi_t$ 表示。[8]

步骤 2：引入"微噪声"项。这可能对应于"错误"、"变异"，或者用新的参与人代替老的参与人。用参数 ε 表示噪声的数量使我们得到一个新的在同一个状态空间上的马尔可夫算子（Markov operator）P^ε。P^ε 应该是 ε 的连续函数，且当 $\varepsilon \to 0$ 时 P^ε 应该收敛于 P。这个条件通常是相当自然的。

然而，随机逼近的论点并不对于所有的连续算子 P^ε 都成立，因为，比如说，"零"噪声算子 $P^\varepsilon = P$ 在 ε 处连续。重要的是在系统中有"足够"的噪音。更准确地说，对应于 P^ε 的马尔可夫系统应当是遍历的。特别地，这意味着它具有惟一的不变分布（invariant distribution），即，一个惟一的使得 $\varphi_\varepsilon^* = P^\varepsilon \varphi_\varepsilon^*$ 的分布 φ_ε^*。在一个有限的空间中，存在这一命题的非常简单的充分条件。其中一些充分条件将在本章的附录中讨论。一个重要的条件就是，对于某个整数 n，$[P^\varepsilon]^n$ 是严格正定的（strictly positive）。变异过程经常以这样一种方式定义，使得 P^ε 的遍历性很明显。

步骤 3：证明 $\lim_{\varepsilon \to 0} \varphi_\varepsilon^* \equiv \varphi^*$ 存在，并决定该极限是什么。[9]因为通过定义 $\varphi_\varepsilon^* = P^\varepsilon \varphi_\varepsilon^*$ 和 $P^\varepsilon \to P$，一个标准的连续性论点表明：$\varphi^* = P\varphi^*$。也就是说，φ^* 是无扰动过程 P 的一个不变分布。通常计算 φ^* 是最难的一步。我们将会看到，有许多不需要明确计算 φ^* 的方法。

步骤 4：检查 φ^* 是否为点式群体（point mass）。如果是，那么相应的战略组合就是"随机稳定均衡"（stochastically stable equilibrium），这是福斯特和杨的术语。当是一个点式群体时这个术语是有意义的，因为是无扰动过程 P 的不变分布的惟一的点式群体是定态。我们认为，只有纳什均衡才是无扰动过程的定态。换句话说，如果 φ^* 是点式群体，则它必然对应于一个纳什均衡。[10]

例 5.1 （坎宁（1992）提出的变化形式）确定性无扰动过程对应于同时行动库诺特调整（Cournot adjustment）：有两个群体，分别是参与人 1 的和参与人 2 的，且每个群体中有一个代理人；每一阶段每个参与人选择一个对于其对手前一期的行动是最优反应的行动。阶段博弈是具有如图 5—1 所示的支付的对称协调博弈（symmetric coordination game），因此（A，A）和（B，B）都是均衡。马尔可夫矩阵可表示为：

$$
P = \begin{bmatrix} 1 & 0 & 0 & 0 \\ 0 & 0 & 1 & 0 \\ 0 & 1 & 0 & 0 \\ 0 & 0 & 0 & 1 \end{bmatrix} \begin{matrix} A,A \\ A,B \\ B,A \\ B,B \end{matrix}
$$

状态

且只有 (A, A) 和 (B, B) 是定态。然而，$(0, 1/2, 1/2, 0)$ 是 141
对应于 (A, B) 和 (B, A) 之间的双循环的一个不变分布。

	A	B
A	2, 2	0, 0
B	0, 0	1, 1

图 5—1 对称协调博弈

现在，我们以每个行动的最小概率 ε 的形式加入噪音。这就是说，当参与人 1 喜欢采取行动 A（因为参与人 2 在上一期采取了行动 A）时，他必须以至少 ε 的概率采取行动 B。同样，当参与人 1 上一期采取行动 B 时，参与人 2 采取行动 A 的概率为 ε，从而 $\Pr(BA \mid BA) = \varepsilon^2$，$\Pr(AA \mid BA) = (1 - \varepsilon)\varepsilon$ 等等。扰动系统具有马尔可夫矩阵：

$$
P^{\varepsilon} = \begin{bmatrix} (1-\varepsilon)^2 & (1-\varepsilon)\varepsilon & (1-\varepsilon)\varepsilon & \varepsilon^2 \\ (1-\varepsilon)\varepsilon & \varepsilon^2 & (1-\varepsilon)^2 & (1-\varepsilon)\varepsilon \\ (1-\varepsilon)\varepsilon & (1-\varepsilon)^2 & \varepsilon^2 & (1-\varepsilon)\varepsilon \\ \varepsilon^2 & (1-\varepsilon)\varepsilon & (1-\varepsilon)\varepsilon & (1-\varepsilon)^2 \end{bmatrix}
$$

这个系统是遍历的，且具有不变分布 (1/4, 1/4, 1/4, 1/4)。这不是一个均衡，也不是对任何阶段的行动的描述，尽管它对应于战略组合的经验联合分布的渐近极限。（这就是说，在长期中，这四个战略组合中的任意一个发生的概率是 1/4。）

这个例子提出了一个问题，即什么时候希望极限分布是一个点且是合理的。弗赖德林和温策尔（Freidlin and Wentzell，1984）的基本观点是，极限分布集中于确定性过程的 ω-极限集的一个子集中。[11] 如果确定性过程有稳定的循环，那么没有理由期望额外增加的噪声会消除它们。因此，随机调整方法已被应用于确定性动态没有稳定循环的那类博弈中。在那类博弈中，最主要也是最简单的博弈是具有两个严格均衡的同质群体 2×2 对称博弈。[12]

5.3 坎多里-迈拉斯-罗布
（Kandori-Mailath-Rob）模型

142　　在坎多里-迈拉斯-罗布模型中，具有 N 个参与人的单个群体进行 2×2 对称博弈。分别以 A 和 B 代表这两种行动。我们将集中讨论最有趣的情况，即在 (A, A) 和 (B, B) 处有严格的均衡以及采取战略 A 的概率 α^* 是混合战略均衡。我们将假设 α^* 小于 $1/2$，以使得对 $(1/2 A，1/2 B)$ 的最优反应是采取行动 A。这意味着 (A, A) 处的均衡是风险占优的。

步骤 0：过程的状态空间。系统在时期 t 的状态 θ_t 是采取战略 A 的参与人的人数。

用 $u_A(\theta_t)$ 和 $u_B(\theta_t)$ 分别表示采取战略 A 和战略 B 所得到的支付，以与对应于从有 θ_t 个参与人采取战略 A 的群体中随机抽取参与人的混合战略 $(\theta_t/N，(N-\theta_t)/N)$ 相对照。

步骤 1：确定性过程。坎多里-迈拉斯-罗布模型取 $\theta_{t+1} = P(\theta_t)$，其中关于调整动态的惟一条件是在并非全部代理人采取具有最高当期支付的战略的状态下有 $\mathrm{sgn}(P(\theta_t) - \theta_t) = \mathrm{sgn}(u_A(\theta_t) - u_B(\theta_t))$。他们把这样的动态叫做"达尔文"（Darwinian）动态。在两行动博弈中，他们认为，（但不是更一般的）从第 4 章讨论的萨缪尔森和张的文章的意义上讲，达尔文动态是"总体单调的"（aggregate monotonic)。而且，在具有单一（即同质）群体的对称的两行动博弈中，任意达尔文动态下的定态的吸引域完全由最优反应函数决定，因此独立于特定的达尔文动态。

坎多里–迈拉斯–罗布模型认为，达尔文调整过程被认为来自于如下的模型设定条件：每一阶段一些参与人观察到系统的状态并采取相对于上一阶段的状态是最优反应的战略。乍看起来，有两个关于这个解释的引起关注的小问题，但这两个问题都被证明是无关紧要的。

a. 参与人在计算随机抽取的对手的行动时包含了他们自己。（如果参与人仅看到他们的对手，则对于给定的 θ_t，对手行动的概率分布取决于参与人当前正在采取的战略。）然而，对于合理范围内的大整数 N，这应该是无关紧要的，以更多的符号为代价，很容易将如下的结论扩展到代理人在样本中不考虑自己的更符合现实的情形。

b. 导致这里所考虑的纯确定性过程的最明显的模型是所有参与人在每个阶段都进行调整的模型。这产生了如下的最优反应动态：

$$\theta_{t+1} = BR(\theta_t) = \begin{cases} N & u_A(\theta_t) > u_B(\theta_t) \\ \theta_t & \text{当} \quad u_A(\theta_t) = u_B(\theta_t) \\ 0 & u_A(\theta_t) < u_B(\theta_t) \end{cases}$$

这也是结果最简单的情况。然而，这并不是坎多里、迈拉斯和罗布想让我们集中研究的情形：如果所有参与人在每个阶段都进行调整，那么给定以前各个阶段的状态，为什么参与人应当选择使支付最大化的行动的理由并不明显。坎多里、迈拉斯和罗布指出，如果只有少数参与人在每个阶段进行调整以至于现在状态或多或少被锁定一段时间，则短视的反应更有意义。事实上，如果每个阶段只有一个参与人进行调整，并且参与人是充分没有耐心的，那么，就像在交替行动的库诺特模型中一样，短视反应是最优的，且与完全预见均衡（perfect-foresight equilibrium）相一致。另一方面，如果一个有机会调整其行动的参与人是随机地从群体中选出的，那么调整过程将会是随机的：

状态是否改变要取决于进行调整的参与人现在是否采取最优反应的行动。但是，模型分析将显示这是无关紧要的，因为只有这种改进过程的速度是随机的，而其趋势不是随机的。

更重要的需解释的问题与在交替行动的库诺特过程中的需解释的问题一样，这个问题就是短视反应的要求，该要求依赖于缺乏耐心和锁定的结合，而这种结合在模型的渴望的应用中可能是不合理的。我们也对作者的如下观点提出疑问：即模型描述了一个有趣的学习过程，因为进行调整的参与人有关于当期状态的完美信息，而且这是他们所关心的全部问题，所以他们对可能学习什么并不清楚。这个模型最多能够被看做是参与人具有不完全信息的模型的粗略近似。很清楚，我们偏好有更强的学习理论基础的模型。

在我们看来，短视的最优反应最好被视为如下这个系统的极限，被视为如下这个系统的"记忆"的萎缩：在这个系统中，参与人选择相对于过去几期行动的经验分布是最优的反应。就像我们在讨论杨（1993）中将要看到的那样，这样的有限记忆（bounded-memory）系统能够用我们在本章讨论的技巧进行分析。因为对于合理的长期记忆，这样的系统似乎像学习系统，所以类虚拟行动模型和短视模型之间的区别并不严格，因此我们转向研究究竟多长的记忆长度是合理的。而且，在一些博弈中，随机稳定集合依赖于记忆的长度。但是在坎多里、迈拉斯和罗布考虑的 2×2 博弈中并非如此。

步骤 2：增加噪音，验证遍历性。假设在每个阶段，在参与人计算出他们想要进行的调整之后，在博弈实际进行之前，每个参与人有 2ε 的概率发生"变异"或者被替换。变异者最初以相等的可能性采取任意一个战略，以后他们遵循确定性的调整过程直到他们再一次"变异"。注意，全部的参与人都有发生变异的机会，而不仅仅是"有意识地调整"他们行动的参与人。比如，即使在某一时刻只有一个参与人进行调整，整个群体马上发生变异的概率也大于零。

遍历性来自于这样的事实，即每个状态发生变异并转移到其他任何状态的概率大于零。注意，如果每个阶段只有一些参与人进行调整，并且只有这些人能够发生变异（因此突变看起来像颤抖），那么系统不再严格正定，但依然是遍历的。（遍历的充分条件见附录。）

步骤 3：计算极限分布。令 N^* 为大于 $N\alpha^*$ 的最小整数。如果 $\theta_t \geqslant N^*$，则最优反应是采取行动 A。回忆一下，$\alpha^* < 1/2$。

命题 5.1 如果 N 足够大以至于 $N^* < N/2$，那么不变分布的极限 φ^* 是一个对应于所有的代理人都采取行动 A 的状态上 $\theta_t = N$ 的点式群体。

对于最优反应动态，这个结论是最容易被证明的，因为系统的长期行为能够通过分析一个两状态过程决定（坎宁（Canning，1992）也指出了这一点）。关键的思想是，每一个定态有一个吸引域（basin of attraction），打算采取的行动只依赖于状态是处于这两个吸引域的哪一个，而不是在吸引域中的位置。从一个吸引域转移到另一个吸引域的惟一途径是通过大量的参与人同时发生变异。而且，与使参与人从均衡 B 的吸引域转移到风险占优均衡 A 的吸引域相比，从风险占优均衡 A 的吸引域转移到均衡 B 的吸引域需要更多的参与人发生变异。因为变异的概率 ε 很小，M 个或者更多的参与人同时发生变异的概率的阶为 ε^M。因为与从 B 转移到 A 相比，从 A 转移到 B 只需较少的变异。这意味着从 A 移动到 B 的概率无限大于从 B 移动到 A 的概率。进一步，这意味着这个过程在 A 的吸引域中停留的时间必定多于在 B 的吸引域中停留的时间，不变分布给 A 的权重要远远大于给 B 的权重。

命题 5.1 的证明 令 $D_A = \{\theta_0 \geqslant N^*\}$ 为在确定性过程 P 下状态 N（所有的代理人采取行动 A）的吸引域，令 D_B 为状态 0（所有的代理人采取行动 B）的吸引域。D_A 中所有的状态具有相同的 $BR(\theta_t)$ 值，从而导致定义在下一阶段各状态之上的相同的概率分布。这一结论对于 D_B 中的所有状态也成立。因此，为了计算不变分布，知道定义在两个吸引域上的概率分布就足够了。而这个概率分布由从一个吸引域转移到另一个吸引域的相对概率决定。我们定义：$q_{BA} =$

$prob(\theta_{t+1} \in D_B \mid \theta_t \in D_A)$ 和 $q_{AB} = prob(\theta_{t+1} \in D_A \mid \theta_t \in D_B)$。然后我们求解

$$\begin{bmatrix} \varphi_1 \\ \varphi_2 \end{bmatrix} = \begin{bmatrix} 1-q_{AB} & q_{AB} \\ q_{BA} & 1-q_{BA} \end{bmatrix} \begin{bmatrix} \varphi_1 \\ \varphi_2 \end{bmatrix}$$

得到 $\varphi_2/\varphi_1 = q_{BA}/q_{AB}$。

最后一步是计算当 $\varepsilon \rightarrow 0$ 时这个比率的极限。如果 $\theta_t \in D_A$，则预期的状态是 N。为了使 θ_{t+1} 在 D_B 中，至少需要 $N-N^*$ 个参与人发生变异转移到战略 B。因为在这 N 个参与人中每一个参与人都有机会发生变异，所以由二项式公式（binomial formula）可知，正好有 $N-N^*$ 的转变概率是

$$\begin{bmatrix} N \\ N^* \end{bmatrix} \varepsilon^{N-N^*}(1-\varepsilon)^{N^*}$$

也存在多于 $N-N^*$ 个参与人同时发生变异的转变，但是当变异的概率 ε 趋向于 0 时这个概率可能很小。比如，$N-N^*+1$ 个参与人同时发生变异的转变的概率的阶为 ε 的 $N-N^*+1$ 次方。

采用相似的方法，我们能够计算出从 D_B 到 D_A 的任何转变必须至少有 N^* 个参与人同时发生变异，N^* 个参与人同时发生变异的概率是

$$\begin{bmatrix} N \\ N^* \end{bmatrix} \varepsilon^{N^*}(1-\varepsilon)^{N-N^*}$$

将这个概率代入 φ_2/φ_1 的方程，我们计算出：

$$\frac{\varphi_2}{\varphi_1} = \frac{\varepsilon^{N-N^*}(1-\varepsilon)^{N^*} + O(\varepsilon^{N-N^*+1})}{\varepsilon^{N^*}(1-\varepsilon)^{N-N^*} + O(\varepsilon^{N^*+1})}$$

因此，当 ε 趋向于 0 时这个比率也趋向于 0。（证明结束）

注意到如下事实是重要的：如果我们假设变异更可能选择行动 B 而不是行动 A，则将产生相同的概率分布。即，我们将假设变异的

概率是 $\varepsilon_A + \varepsilon_B$，而且对于任意正数 k，$\varepsilon_B = k\varepsilon_A$。对于任意固定的值 ε_A，这将改变遍历分布，但是不会改变如下结论：当变异的概率趋向于 0 时遍历分布收敛于"都选择 A"上的点式群体。为了改变这个结论，比率 $\varepsilon_A/\varepsilon_B$ 在极限中必须为 0。如果我们不在极限中限制比率 $\varepsilon_A/\varepsilon_B$，并允许变异的比率更一般地依赖于状态，那么就像伯金和李普曼（Bergin and Lipman, 1996）指出的那样，极限分布可能赋予两个纳什均衡任意的权重。

5.4　讨论其他动态

因为很明显，为了计算不变分布只需考虑两个状态，所以最优反应动态容易分析。当确定性系统 P 进化更缓慢时，对于固定的 $\varepsilon > 0$，计算不变分布需要求 $(N+1) \times (N+1)$ 矩阵 P^ε 的逆矩阵。这在实践中比在理论中更困难。幸运的是，弗赖德林和温策尔（Freidlin and Wentzell, 1984）指出，对于任何只有 0 和 N 两个定态的确定性过程，为了计算不变分布的极限，两状态的计算就足够了。

像我们前面提到的那样，弗赖德林和温策尔的观点是：在非常不频繁的扰动的极限中，随机系统将把它的绝大多数时间花费在确定性系统的 ω - 极限集中。因此，考虑状态是确定性系统的 ω - 极限集的更小的马尔可夫系统就足够了。直观来看，当扰动很少发生时，扰动之间的时间区间将很长，因此在每个扰动发生之后，系统会在下一个扰动到来之前接近 ω - 极限集。在具有两个严格均衡的 2×2 博弈中，任何一维短视调整过程仅有的定态是 0 和 N。[13]因此一般的情况简化到最优反应动态的情况。[14]

让我们提出一个一般的结论，因为已经证明这个结论在来自于其他博弈的更复杂的系统中很有用。[15]考虑固定的状态空间中的遍历的马尔可夫链的一个单参数族（one-parameter family）$P^\varepsilon \to P$。为了

决定对应的遍历分布 φ^ε 的极限，我们需要知道收敛于 0 的转移概率 $P_{\theta\xi}^\varepsilon$ 的相对大小。在上面研究的例子中，P^ε 的收敛于 0 的元素具有形式 ε^c，这里 c 是从一个状态转移到另一个状态需要的变异的数量，使得变异的数量对应于对应的转移的（在 ε 中）阶数。我们将通过把转移的成本定义为它在 ε 中的阶数来概括这一点，所以与 ε 成比例的概率具有成本 1，与 ε^2 成比例的概率具有成本 2，依此类推。我们将给定状态 ξ，转移到状态 θ 的成本 $c(\theta|\xi)$ 正式定义为：

$$c(\theta|\xi) \equiv \lim_{\varepsilon \to 0} \left(\frac{\log P_{\theta\xi}^\varepsilon}{\log \varepsilon} \right)$$

我们的基本假设是对于任意的对 θ，ξ，这个极限都存在。注意：因为 $\log \varepsilon$ 是负数，所以转移的概率越大成本越小。还应该注意：如果在极限系统（$P_{\theta\xi}$）中转移的概率大于零，则它的成本 $c(\theta|\xi)$ 为零。

我们考虑从一个 ω-极限集 $\omega \subseteq \Theta$ 移动到另一个不一定是 ω-极限集的集合 $A \subseteq \Theta$。这个移动可能在几步中发生，所以我们考虑路径 $\vec{\theta} = (\theta_0, \theta_1, \theta_2, \cdots, \theta_t)$，其中 $\theta_0 \in \omega$，$\theta_t \in A$，而且不要求相邻的状态是不同的。我们寻找导致最高转移概率的路径。这等于寻找具有最小成本的路径。（路径从 ω 中的哪一个状态开始是无关紧要的，因为每一个 θ_0 都在极限集中而且在极限集中转移的成本为 0。）因为一个路径的概率是转移概率的乘积，所以这个路径的成本是转移成本的和 $\sum_{\tau=1}^{t} c(\theta_\tau | \theta_{\tau-1})$。这使我们定义：

$$\vec{c}(A \mid \omega) \equiv \min_{\vec{\theta} : \theta_0 \in \omega, \theta_t \in A} \sum_{\tau=1}^{t} c(\theta_\tau \mid \theta_{\tau-1})$$

我们的目标是分析过程 P 的 ω-极限集之间的转移成本。用 Ω 表示这些 ω-极限集。我们现在将要介绍的弗赖德林和温策尔的技巧的直接应用，首先要求确定 Ω 中的每一个 ω-极限集。我们稍后讨论埃利森的较特殊的随机稳定性的充分条件。没有这一步这个充分条件也成立。

给定一个有限集 Ω 和一个 $\omega \in \Omega$，一个 ω - 树（ω-tree）在博弈论中通常的意义[16]上是集合 Ω 上的一棵树，但是在这个树上移动的方向与通常的树相反。所以路径从许多初始节点开始，并收敛于一个"根"（root）。这个"根"是树的惟一终结点（terminal node），而这个终结点是 ω - 树的 ω 节点。用 H_ω 表示所有的 ω - 树的集合。对于任意的 ω - 树 h，用 $h(\omega)$ 表示 ω 的后续节点（successor），用 $D(\omega')$ 表示在极限动态 P 中 ω' 的域。注意：$\hat{c}(D(h(\omega'))|\omega') = \hat{c}(h(\omega')|\omega')$，因为在一个吸引域中的转移的成本是 0。

下面的杨（1993）的结论在很大程度上使用了我们将在附录 B 中讨论的弗赖德林和温策尔（1982）的工作。我们在书中陈述杨的结论是因为这个结论最容易在我们本章讨论的问题中应用。坎多里、迈拉斯和罗布（Kandori，Mailath and Rob，1993）没有正式陈述这个结论，但实质上他们在建立他们自己的主要定理时使用了这个结论。

命题 5.2　（Young，1993）不变分布 φ_ε 的极限 φ^* 存在，且集中在满足 $\min_{\omega \in \Omega} \min_{h \in H_\omega} \sum_{\omega' \in \Omega/\omega} \hat{c}(D(h(\omega'))|\omega')$ 的极限集 ω 中。[17]

还应注意：这个公式将一个给定的 ω - 树的所有路径求和，而不是仅计算最便宜的路径。比如，在图 5—2 所示的简单的三节点 ω - 树中，公式将 $\hat{c}(D(\omega)|\omega')$ 和 $\hat{c}(D(\omega)|\omega'')$ 相加。本章的附录 B 给出了这个求和以及命题 5.2 的一些直觉知识。

149

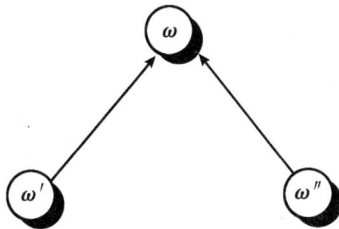

图 5—2　简单的三节点 ω - 树

在复杂的系统中，命题 5.2 中的成本可能难以计算，相当重要的原因是这个计算需要识别每一个 ω-极限集，但在简单的例子中这并不难。比如，在上面的坎多里-迈拉斯-罗布例子中，从一个状态移动到另外一个状态的成本就是达到那里需要的变异的数量，因此从一个定态移动到另外一个定态的吸引域的成本是这个移动需要的变异的最小数量。[18]特别地，极限集 $\Omega = \{0, N\}$ 由两个定态构成。惟一的 0ω-树是 $N \to 0$ 和 $\hat{c}(D(N)|0) = N - N^*$。惟一的 $N\omega$-树是 $0 \to N$ 和 $\hat{c}(D(0)|N) = N^*$。因此，问题简化为最优反应动态。

5.5 局部相互作用

在坎多里-迈拉斯-罗布模型中，当变异的比率接近于 0 时，尽管状态将它的绝大多数时间花在风险占优均衡中，但是如果它开始时接近于另外一个均衡，那么它可能在这个均衡中停留很长时间。埃利森（Ellison, 1993）认为：对于合理的支付值和 $N = 50$ 或者 100 个参与人，系统如此不频繁地改变吸引域以至于为了实用的目的，它的行为（在前面的 10^5 到 10^{20} 个阶段，取决于支付差异的大小）由初始条件决定。

150 　　为了解释在一个经济相关时间框架（economically relevant time frame）中随机调整过程为什么会选择风险占优均衡，埃利森（1993）建立了另外一个模型。在这个模型中，参与人只与他们的邻居相互作用。这里采取风险占优均衡的参与人能够相当迅速地在整个群体中扩散，因此遍历分布可能是实际行动的更有趣的描述。埃利森使用这个结论来论证"匹配过程的特征对于是历史因素还是风险占优决定行动这个问题是至关重要的。"

在埃利森的模型中，N 个参与人被沿着一个圆均匀地排开，而且在对称的 2×2 博弈中每个参与人与随机的从他的最近的两个邻居中选出的对手配对。[19] 每一个代理人必须选择单个行动以用它与两个对手博弈。像在坎多里-迈拉斯-罗布模型中那样，参与人完全知道上一期的状态，从而也完全知道对手行动在上一期中的分布。假定参与人选择他们的行动以使他们的期望支付相对于这个分布最大化，因此无扰动动态是最优反应动态的"局部"情形。与前面一样，"都选择 A"和"都选择 B"是定态；差别在于这些定态如何对变异做出反应。像在坎多里-迈拉斯-罗布模型中那样，变异模型化为用一个新参与人来代替一个参与人，并且这个新的参与人采取这两个行动的概率相同。

关键的观察结果是，在局部相互作用的情况下，定态"都选择 B"可能被少量的变异推翻。在这种情况下，容易看到，任何一组采取行动 A 的两个相邻的代理人会扩散并最终占据整个群体：这个组中的两个代理人中的每一个都给他的下一个对手选择行动这一事件分配至少 1/2 的概率，因此坚持采取行动 A，而且在 A 组边界上的两个代理人中的每一个都会给他的下一个对手选择行动 A 这一事件分配 1/2 的概率，因此从 B 转移到 A。这意味着将过程从状态"都选择 B"转移到状态"都选择 A"的域中的随机事件有独立于群体规模 N 的阶为 ε^{-2} 的发生率。相反，在坎多里、迈拉斯和罗布的"一致匹配"模型中，发生率为 $\varepsilon^{-\alpha^* N}$。这个观点不是一个证明，但是它说明了为什么在局部相互作用模型中收敛速度会更快。

在讨论收敛速度之前，我们应该首先像在坎多里-迈拉斯-罗布模型中那样，检验当变异率趋于 0 时遍历分布的极限是否是"都选择 A"上的点式群体。我们还用前面概括的过程。

步骤 0：状态空间。因为代理人的位置很重要，所以这里的状态空间是 N 维向量的集合 $\Theta = \{A, B\}^N$，这个集合的每一个元素都说明了个体代理人的行动。

步骤 1：确定性过程。为了计算有意图过程的 ω-极限集并描述它们的吸引域，我们从检验确定性系统开始。注意：在无扰动动态中，采取行动 A 的参与人的个数不可能减少，因为如果在第 t 期有 j 个参与人采取行动 A，那么在 $t+1$ 期他的所有邻居都将采取行动 A。而且，两个相邻的 A 的组会导致"都选择 A"。注意到，除了定态"都选择 A"和"都选择 B"以外，当 N 是偶数时，存在另一个 $\omega-$ 极限集，即在状态"$ABAB\cdots$"和状态"$BABA\cdots$"之间的 $2-$ 循环。我们能够看出，这个过程的定态和吸引域如下。

ω_1："都选择 B"，这个状态的吸引域就是这个状态本身。

ω_2：只有当 N 为偶数时存在。这就是刚才提及的 $2-$ 循环。它的吸引域至少包括循环中的两个状态。

ω_3："都选择 A"，这个状态的吸引域至少包括具有两个相邻的 A 的所有状态和具有串"$ABBA$"的任意状态。

步骤 2：加入变异。系统遍历是一个简单的观察结果。

步骤 3：计算极限分布。为了计算 φ^*，要计算 $\min_{\omega\in\Omega}\min_{h\in H_\omega}\sum_{\omega'\neq\omega}\hat{c}(D(h(\omega'))\mid\omega')$。埃利森指出，对于偶数 N，最小的成本是 2，由 ω_3- 树 $\omega_1\rightarrow\omega_2\rightarrow\omega_3$ 给出；对于奇数 N，最小的成本是 1。

我们将要在更复杂的 N 是偶数的情况下解释这个计算。首先我们核对树 $\omega_1\rightarrow\omega_2\rightarrow\omega_3$ 的成本确实是 2。给定 ω_1（都选择 B），单个变异导致"$ABB\cdots$"；于是确定性过程转到 $2-$ 循环 ω_2，因此转移 $\omega_1\rightarrow\omega_2$ 的成本为 1。从 $2-$ 循环 ω_2 中的任一点出发，单个变异导致具有两个相邻的 A 的状态，确定性过程转到 ω_3。这样，$\omega_2\rightarrow\omega_3$ 的成本也是 1，这棵树的总成本是 2。

我们现在必须验证，实际上 2 是最小的成本。首先指出存在两个根为 ω_3 的 $\omega-$ 树：$\omega_2\rightarrow\omega_1\rightarrow\omega_3$ 和图 5—3 所示的 $\omega-$ 树。在这两个例子中，给定 ω_1，ω_3 的成本大于 1：单个变异导致循环而不是"都选择 A"处的定态。因此为了进入 ω_3 的吸引域，需要两个变异来增加相邻的 A。在第一个例子中，给定 ω_2，我们必须在 ω_1 的成本中增

加 $N/2$（因为 A 的数量不能减小）。在第二个例子中，我们已经指出，给定 ω_2，我们必须在 ω_3 的成本中增加 1。在这两个例子中，成本大于 2。

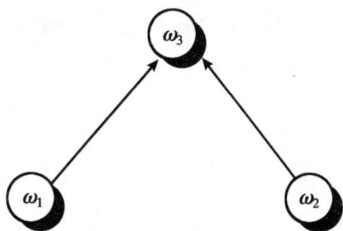

图 5—3　三 ω-树

最后我们必须考虑根为 ω_1 和 ω_2 的 ω-树。我们认为，（如果 $N>4$)这些树的成本大于 2。任何 ω-树必须有一个从 ω_3 到 ω_1 的路径；因为确定性过程不会减小 A 的数量，所以成本至少是 N。由于同样的原因，任何 ω_2-树的成本是 $N/2$。因此随机稳定集是"都选择 A"。

从坎多里–迈拉斯–罗布模型的观点看来，这个结论并不令人吃惊，但是应该指出这个动态和坎多里–迈拉斯–罗布动态在 3×3（或者更大）博弈中不一定具有相同的随机稳定集。原因很简单：在 2-邻居（two-neighbor）模型中，随机稳定集由邻居的六种可能构造的最优反应决定，而在一致匹配和大群体的条件下，随机稳定集依赖于参与人如何对能够由总群体的某些状态产生的任何混合战略做出反应。结果，在一致匹配条件下，随机稳定集可能依赖于在 2-邻居模型中无关紧要的支付的细节。[20]

回到 2×2 博弈，一个有趣的观察结果是，在局部相互作用下收敛的时间更快。这在模拟中最容易看到：假设系统开始时处于状态"都选择 B"，那么它需要多长时间到达状态"都选择 A"？这依赖于支付（支付决定了 α^*，从而决定了在坎多里–迈拉斯–罗布模型中需要多少变异），也依赖于 N 和变异的概率 ε。应该指出：在只有两个邻居的情况下，如果他们至少有一个邻居采取行动 A，则所有的代

153

理人都希望采取行动 A，因此对于所有的 α^* $(<1/2)$ 收敛的速度相同。在有多于两个邻居的情况下，事实不再如此，在 α^* 更小的博弈中收敛更快。

我们现在比较 $\alpha^* = 1/3$ 时全局相互作用和局部相互作用的收敛速度。在具有最优反应动态的坎多里-迈拉斯-罗布全局相互作用的情况下，在所有的参与人采取行动 A 之前的期望等待时间能够通过分析的方法计算。计算结果见表 5—1，其中每一项表示从状态"都选择 B"到状态"都选择 A"的期望等待时间。使用相反的方法，在 2－邻居局部相互作用的情况下，在每个参与人有两个邻居的群体中，有 75% 的参与人采取行动 A 之前的期望等待时间能通过数据模拟的方法得到，结果见表 5—2。在 75% 的有 12 个邻居的参与人采取行动 A 之前的期望等待时间见表 5—3。

表 5—1　　　　　　　**全局相互作用的情况下的等待时间**

	$\varepsilon = 0.025$	$\varepsilon - 0.05$	$\varepsilon = 0.1$
$N = 50$	10^{14}	10^9	10^5
$N = 100$	10^{27}	10^{17}	10^9

表 5—2　　　　　　　**有两个邻居的局部相互作用的情况下的等待时间**

	$\varepsilon = 0.025$	$\varepsilon = 0.05$	$\varepsilon = 0.1$
$N = 50$	11	8	6
$N = 100$	11	8	6

表 5—3　　　　　　　**有 12 个邻居的局部相互作用的情况下的等待时间**

	$\varepsilon = 0.025$	$\varepsilon = 0.05$	$\varepsilon = 0.1$
$N = 50$	460	46	11

埃利森用分析的结果证实了这些模型。有限状态马尔可夫过程总是以由转移概率矩阵的第二大特征值决定的指数率收敛（最大的特征值总是 1）。埃利森计算了这个特征值以决定系统从初始状态开始收敛于遍历分布的速度有多快。对于坎多里-迈拉斯-罗布模型，埃利森指出指数率是 $\varepsilon^{\alpha^* N}$，这个结论是显而易见的，因为这是需要的变

154

异数量的概率。相反，在 2 - 邻居匹配的情况下，对于很小的 ε，指数率近似地独立于 N 而且阶为 ε。

5.6　吸引域的半径和协半径

到目前为止，我们使用弗赖德林和温策尔的技巧描述随机稳定集。这个技巧就是：构造连接无扰动随机过程的极限集的"树"，给每一棵树分配成本，然后决定哪一棵树具有最小的成本。这个方法具有如下优点，即原则上它总是能应用，但是它有两个相关的缺陷。第一，这个方法需要确定无扰动过程的所有极限集。在坎多里-迈拉斯-罗布和杨考虑的系统中可以直接确定无扰动过程的所有极限集，但是在具有大量极限集的系统中却难以办到。第二，决定最小成本 ω - 树是一个复杂的图论（graph-theory）问题。最近，埃利森（1995）给出了一个集合是随机稳定集的另一个更简单的充分条件。这个充分条件不是必要的，因此这个技巧并不是在所有的情况下都有用，但是当它能够应用时，它具有额外的好处，即在识别极限集的同时得到收敛速度。

埃利森的条件建立在两个概念的基础上：一个极限集的半径（radius）和协半径（coradius）。这两个概念是从各种转移的成本的角度定义的。我们继续使用 $\omega \in \Omega$ 表示极限动态 P 的 ω - 极限集，用 $D(\omega)$ 表示 ω 的吸引域。ω 的半径就是离开 $D(\omega)$ 的成本。我们也记 $\sim D = \Omega \setminus D$。正式的，

$$R(\omega) \equiv \check{c}(\sim D(\omega) \mid \omega)$$

在坎多里-迈拉斯-罗布模型中，离开一个定态的最小成本路径就是直接一跳（a direct jump）。即，考虑的路径只有两个状态，初始状态在 ω 中而随后的状态不在 $D(\omega)$ 中。更一般地，如果（1）冲击

具有独立同分布的变异的形式；（2）在每一个 ω 极限集的吸引域中，$\min_{\theta \notin D(\omega)} c(\theta \mid \theta_t)$ 在极限动态下不减，这个结论依然成立。第一个条件说明我们能够用到达一个给定点所需要的变异的数量度量成本，使得，比如，在第一阶段有两个变异、在第二阶段有一个变异的三状态序列的成本与三次变异的转移的成本相同。条件 2 要求确定性动态不能减少离开吸引域的成本。

当最小成本路径是直接一跳时，表明半径等于某一特定 r 的方法是，首先证明离开吸引域的一个直接跳的成本是 r，然后证明任何具有更小成本的直接一跳必然停留在 $D(\omega)$ 内。

直观看来，半径度量了扰动推动系统离开 $D(\omega)$ 的容易程度，从而描述了每次进入一个吸引域 $D(\omega)$ 时系统在该吸引域中停留的期望时间。从这个角度来看，我们需要的另外一个数据是度量变异使系统从 $D(\omega)$ 之外的状态回到 $D(\omega)$ 中的速度快慢的数据。

这种度量中最简单的就是一个极限集的协半径。极限集 ω 的协半径用 $CR(\omega)$ 表示，定义为

$$CR(\omega) = \max_{\theta} \vec{c}(\omega \mid \theta)$$

这个表达式将用来给在系统回到 $D(\omega)$ 之前的等待时间一个界限。这个表达式在某些应用中是有用的，但是这个界限不是紧密的（tight）。第七节讨论由"修正的协半径"（modified coradius）给出的更紧密的界限。

命题 5.3 （Ellison，1995）如果存在一个极限集 ω 使得 $R(\omega) > CR(\omega)$，则每一个随机稳定集都包含在 ω 中。

证明 这是下面的更一般的命题 5.5 的结果。

作为这个结论的应用，考虑将坎多里-迈拉斯-罗布研究的"达尔文动态"扩展到如下的对称的、两个参与人、$M \times M$ 博弈：说一个确定性动态 P 是最优反应（best-response-respecting），如果无论何时只要第 i 个纯战略是对应于 θ 的混合战略的最优反应就有

$[P(\theta)]_i > \theta_i$。这是单调性的非常弱的形式，简化为在 2×2 博弈中 KMR 的"达尔文"条件。[21]一个对称均衡（A，A）是"p - 占优"的（p-dominant）（Morris，Rob and Shin，1995），如果 A 是对给 A 分配的概率至少是 p 的任何混合战略的严格最优反应。[22]在 2×2 博弈中，$1/2$ 占优等价于风险占优；在 $N \times N$ 博弈中，它比哈塞尼和塞尔顿提出的成对风险占优（pairwise risk-dominance）的概念[23]更严格。（证明结束）

命题 5.4　如果（A，A）是 $1/2$ - 占优均衡，那么对于所有充分大的群体，通过扰动最优反应动态得到的随机稳定集是所有代理人都采取行动 A 这个状态上的一个点式群体。

证明：因为 A 是 $1/2$ - 占优的，所以"都选择 A"的半径至少是 $N/2$。"都选择 A"的协半径的界限是直接跳到"都选择 A"的吸引域中的一点需要的变异的数量。因为 A 是 $1/2$ - 占优的，所以只要 A 的分数部分略小于 $1/2$ 就足够了。而这意味着对于某些 $q < 1/2$，协半径应该小于 qN。因为群体规模是有限的，所以大于 qN 的最小整数实际上大于（$N-1$）$/2$，但是通过取 N 足够大可以避免这一点。（证明结束）

这个证明实质上与在坎多里–迈拉斯–罗布模型中研究的 2×2 博弈的情况相同。尽管使用下面讨论的修正的协半径能够简化假设条件，但是包括几个来自文献的结论就足够了。第一，坎多里和罗布（Kandori and Rob，1995）证明了在纯协调博弈中参与人将选择帕累托最优均衡。在这样的博弈中帕累托最优均衡是 $1/2$ - 占优的。

第二，坎多里和罗布（1993）考虑了具有"全体赶时髦性质"（total bandwagon property）和"单调共享性质"（monotone share property）的对称协调博弈。"全体赶时髦性质"是指，任何分布的最优反应都在这个分布的支撑集中（使得对于所有的代理人都采取行动 B 或者行动 C 的分布，A 不是最优反应）。"单调共享性质"是指，如果 S' 是 S 的真子集，则支撑集为 S 的（惟一）混合战略均衡 $m^*(S)$ 给

・177・

S' 中的纯战略分配的概率严格小于支撑集为 S' 的（惟一）混合战略均衡给 S' 中的纯战略分配的概率。对于一般的支付，这些博弈中的惟一 ω - 极限集是所有代理人选择同一个行动的状态。坎多里和罗布认为他们对支付函数的假设意味着从一个 ω - 极限集到另外一个 ω - 极限集的最便宜的路径是直接跳到对应的吸引域中，而不是先跳到某一第三个均衡的路径，因此修正的协半径和半径是相同的。这允许坎多里和罗布通过明确的求解最小成本 ω - 树决定在三行动情况下的随机稳定集，但是一般来说最小化问题太复杂从而很难求解。作为替代，坎多里和罗布提出，如果在他们的假设条件之外存在一个成对占优所有其他均衡的单个均衡，则这个均衡是随机稳定的。对问题中的均衡必定是 1/2 - 占优的这一结论的检验是直截了当的。而且成对风险占优和全体赶时髦性足以隐含 1/2 - 占优，不需要单调共享性。

第三，假如将 1/2 - 占优扩展到如果 A 相对于每一个对手至少给 A 分配 1/2 的概率的任意均衡战略组合是最优反应则行动 A 是 1/2 - 占优，那么埃利森的分析可以直接扩展到由单个参与人群体进行的 I 人博弈。（我们应该指出我们在文献中并没有看到 I 人博弈的 1/2 - 占优的定义。）注意：因为相对于对手的混合战略，对行动 A 的支付是对手的随机化概率的线性函数，所以这简化为在 2 人博弈中的原始定义。1/2 - 占优的这个扩展揭露了金（Kim，1996）对对称 I 人协调博弈的分析的背后的结构。在这个博弈中每个参与人只要两个行动。与 2 人 2 行动博弈相反，I 人 2 行动博弈不需要有 1/2 - 占优的行动。然而，金假设参与人的支付只依赖于他自己的行动和采取同一行动的对手的总数，而且假设采取某一行动的支付相对于采取这一行动的对手的总数是递增的。这意味着只存在两个纯战略纳什均衡，在这两个均衡中所有的参与人都采取相同的行动。而且，当每一个对手都 1/2 - 1/2 随机化时是最优反应的行动，对于每一个对手给该行动至少分配 1/2 的概率的任意混合战略组合也是最优反应。换言之，该行动是 1/2 - 占优的。特别地，除了刀刃情况以外，在该类型博弈中的两个均衡中必定有一个是 $1/2$ - 占优的。这解释了为什么金发现长期均衡在前面定义的意义上是 $1/2$ - 占优的。[24]

5.7　修正的协半径

协半径给出了在回到 ω 之前的期望等待时间的一个上界，但是可以使用修正的协半径（modified coradius），它给出了期望等待时间的更紧密的界限。这个度量被证明在各种设定中都是有用的。修正的协半径这个思想背后的观点是，假设中间点本身就是定态，由于连续几期的扰动，从一个吸引域到另外一个吸引域的最可能路径并不一定涉及跳越。在这种情况下，在向下一个定态移动之前，系统可能简单地在中间的定态停留一段时间。这比在连续阶段中的两次跳越发生的可能性更大。

出于这个动机，我们现在定义一个极限集的修正的协半径。用 $\omega_1(\vec{\theta}), \omega_2(\vec{\theta}), \cdots, \omega_I(\vec{\theta})$ 表示路径 $\vec{\theta}$ 通过的极限集的序列，我们约定一个极限集可以在这一序列中不连续地出现几次。修正的协半径就是

$$CR^*(\omega) = \max_{\theta \notin D(\omega)} \min_{\hat{\theta} \mid \theta_0 = \theta, \theta_t \in \omega} \sum_{\tau=1}^{t} c(\theta_\tau \mid \theta_{\tau-1}) - \sum_{i=2}^{I-1} R(\omega_i(\vec{\theta}))$$

注意：通过其构造可以看出 $CR^*(\omega) \leqslant CR(\omega)$。

修正的协半径的定义涉及几个微妙之处，而这几个微妙都与如下事实有联系：修正的协半径只是在求最差情况下的期望等待时间时才有用。首先，当修正的协半径给最差情况下的期望等待时间一个准确的上界时，这个界限不必是紧密的。而且，在没有使上面的表达式最大化的极限集 ω' 中，修正的协半径没有给出相应的等待时间的界限；对于已经得到最大等待时间的每一个 ω，修正的协半径也没有给出正确的界限。这里我们将不解释这些困难的问题，但是图 5—4 所示的例子至少说明了在某些简单的情况下为什么修正的协半径可能给出比

未修正的协半径更好的界限。在图 5—4 中，$P_{BA} = \varepsilon^2$，$P_{AB} = \varepsilon$，$P_{BC} = \varepsilon^5$，$c(B|A) = 2$，$c(A|B) = 1$，$c(B|C) = 5$。结果，C 的协半径是从 A 到 C 的成本之和，等于 7。按照这个计算，从 A 到 C 的时间的阶为 ε^{-7}。修正的协半径从协半径中减去 B 的半径 1，导致成本为 6，等待时间的阶为 ε^{-6}。在这个例子中，从 A 到 C 实际上要花多少时间呢？系统从 A 到 B 的概率为 ε^2。一旦到达 B，可能在那里停留相当一段时间。然而，更可能回到 A 而不是移动到 C。实际上，在移动到 C 之前，系统回到 A 的平均次数是 ε^{-4}。从 A 到 B 再回到 A 的每一个路径需要大致 ε^{-2} 个时期，因此在到达 C 之前的时间长度大致是 $\varepsilon^{-4}\varepsilon^{-2} = \varepsilon^{-6}$。这是修正的协半径的计算。

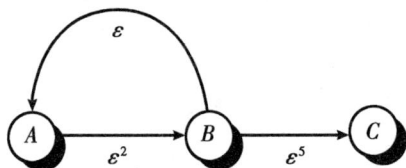

图5—4 协半径例子

命题 5.5　（Ellison, 1995）如果存在一个极限集 ω 使得 $R(\omega) > CR^*(\omega)$，那么

1. 每一个随机稳定集都包含在 ω 中；

2. 对于任意的 $\theta \notin \omega$，当 $\varepsilon \to 0$ 时，从 θ 出发，在到达 ω 之前的期望等待时间的阶至多为 $\varepsilon^{-CR^*(\omega)}$。

证明的梗概： 用 φ_ε 表示对应于一个 ε 扰动的惟一的不变分布。对于第一部分，只要证明对于所有的 $\theta \notin D(\omega)$，当 $\varepsilon \to 0$ 时 $\varphi_\varepsilon(\theta) / \varphi_\varepsilon(\omega) \to 0$ 就足够了。作为达到这个目标的第一步，我们宣称：

$$\frac{\varphi_\varepsilon(\theta)}{\varphi_\varepsilon(\omega)}$$

$$= \frac{E\{在到达 \omega 之前 \theta 发生的次数 \mid \theta\}}{E\{在到达 \theta 之前，\omega 发生的次数 \mid \omega\}} \qquad (*)$$

其中分子中的数学期望是相对于遍历分布的。分母中的分布更复杂，因为它要求使用在已知已经进入集合 ω 的状态的条件下，对集合 ω 中的状态使用数学期望。幸运的是，与这个分布相关的所有事情就是，定义在 ω 上的所有分布一致有下界。

为了证明为什么（*）是正确的，考虑一个辅助的两状态（非马尔可夫）过程。该过程是通过将原始过程实现，然后将状态 θ 映射到状态 1，将 ω 中的所有状态映射到状态 2，并删除出现其他状态的阶段得到的。比如，原始过程在第一和第二阶段处于状态 θ，在第三阶段处于 ω 外的某一状态，在第四和第五阶段处于 ω 中，在第六阶段处于状态 θ，于是辅助过程的前五个阶段实现的结果是（1，1，2，2，1，…）。在辅助过程中 1 和 2 的相对频率与在原始过程中 θ 和 ω 的相对频率相同，而且在辅助过程中，这些相对频率就是运转周期（run lengths）的相对规模。

验证方程（*），RHS 的分子是从 θ 出发到达 ω 的至多的等待时间，分母的下界是一个非零的（nonvanishing）常数乘上从 ω 中的状态出发到达 $D(\omega)$ 以外的一个状态的最小期望等待时间。因此，定理的两部分的证明归结为（boils down to）证明从 ω 出发到离开 $D(\omega)$ 的等待时间近似为 $\varepsilon^{-R(\omega)}$，而到达 ω 的等待时间的阶为 $\varepsilon^{-CR^*(\omega)}$。

在这里我们不证明这些事实，尽管第一部分的证明不难。相反，我们建议读者在简单的两状态或者三状态的情况下检验这些事实是否成立。（证明完毕）

作为最后一个应用，假设 $1/4 < \alpha^* < 1/2$ 的 2×2 博弈在一个二维点阵上局部相互作用的模型中进行。特别地，考虑一个环面的表面上的 $N_1 \times N_2$ 点阵，假设极限系统 P 由每个参与人选择相对于由他的四个直接邻居在上一期采用的战略的分布是最优反应的战略给定。[25]不像埃利森的一维模型，这个系统有大量的定态。定义垂直条纹（vertical stripe）为在第一个维度中的一个位置，该位置使得所有的参与人在这个位置上都采取相同的战略。如果仅有两个行动，A 和 B，其中 A 是 $1/2$ - 占优的，那么，假定在每一个 A 条纹之间至

少存在两个相邻的 B 条纹，则垂直条纹形成的任何状态都是一个定态。采用相似的方法我们能够形成与水平条纹（horizontal stripes）一致的均衡。然而，另外一种定态是，除了由被采取行动 B 的对手包围的采取行动 A 的参与人形成的 2×2 矩形以外，所有其他参与人采取行动 B。

现在考虑用一个我们现在很熟悉的随机替换（stochastic replacements）扰动这个动态：在每个阶段，每个参与人以独立同分布的概率被替换。随机稳定集是什么？不像埃利森（1993）的一维模型，这个模型没有"扩散"性。所谓扩散性，就是一些变异（在 2 - 邻居模型中只需要两次）的一次性出现足够使系统从"都选择 A"转变为"都选择 B"。作为替代，从"都选择 B"开始，四个同时发生的相邻的变异使系统到达由采取行动 A 的参与人形成的 2×2 矩形的定态。很明显，首先决定这个动态的所有极限集然后找到连接它们的最小成本 $\omega -$ 树需要大量的计算。然而，埃利森证明了，极限分布是所有参与人都采取 $1/2 -$ 占优行动这个状态上的一个点式群体，而且期望等待时间的阶为 ε^{-3}，这里 3 是"都选择 A"的修正的协半径。

这表明一维模型的快速收敛时间不需要模型的扩散性。作为替代，因为系统通过从一个定态到另外一个定态的一系列跳动从"都选择 B"移动到"都选择 A"，而且每个跳动的等待时间至多是 ε^{-3}，所以得到"快速收敛"。这表明，在其他情况均相同的情况下（ceteris paribus），在具有中间定态的模型中的收敛时间快于在纯战略均衡间的直接跳跃是最快路径的模型中的收敛时间。

5.8 具有异质群体的一致随机匹配

坎多里-迈拉斯-罗布(1993)考虑了进行 2×2 对称博弈的代理人的单一同质群体。像我们过去看到的那样,在那个模型中,对于任何

"达尔文"调整动态,随机稳定的结果是风险占优均衡。然而,KMR 承认,这种相对于调整动态的详细说明的稳健性不能扩展到哈恩(Hahn,1995)分析的、存在参与人 1 的和参与人 2 的独特群体的情况。

除了假设存在两个群体和允许非对称博弈以外,哈恩模型在所有的细节上都遵循坎多里-迈拉斯-罗布模型。回忆一下,在坎多里-迈拉斯-罗布模型中,两个行动分别用 A 和 B 表示。哈恩定义了状态空间,使得时期 t 的状态 $\theta_t = (\theta_t^1, \theta_t^2)$ 现在是在这两个群体中的采取行动 A 的代理人的数量。遵循坎多里-迈拉斯-罗布模型,哈恩假设无扰动动态具有如下的形式:

$$\theta_{t+1}^i = \theta_t^i + f^i(\theta_t)$$

其中, f^i 满足 $\mathrm{sgn}(f^i) = \mathrm{sgn}(u^i(A, \theta_t^{-i}) - u^i(B, \theta_t^{-i}))$,还满足有界性和单调性。

继续遵循坎多里-迈拉斯-罗布模型,假设这个博弈具有两个严格均衡和用 $(\alpha^{*1}, \alpha^{*2})$ 表示的混合战略均衡。因为存在两个群体,所以,系统是二维的而不是一维的,具有对应于纯战略均衡的两个定态和对应于混合战略均衡的非稳定的鞍点。我们期望,既然这个均衡是非稳定的,那么在遍历分布中它的概率为 0。为了简化,哈恩假设均衡混合比率不可能在任何一个状态中得到。[26]

贯穿本章,具有很小的变异率的受扰动系统的长期行为通过计算跳进和跳出两个吸引域所需要的变异的数量决定。而且,在哈恩假定的条件下,最小成本的转移是直接的转移。

换句话说,为了确定随机稳定的结果,我们只需要确定两个均衡的吸引域并计算对应于一个纯战略均衡的每个状态和另外一个纯战略均衡的吸引域之间的最小距离。在这一点上,这个模型与单群体模型的区别出现了:在一维系统中,在"达尔文"动态下,两个均衡的吸引域是集合 $\{\theta | \theta < \alpha^* N\}$ 和 $\{\theta | \theta > \alpha^* N\}$。与之相反,即使将"达尔文"假定加强到单调假定也不能准确说明在对应于两个参与人群体的二维情况

162

下吸引域的位置。[27]通过参考图 5—5 可以很容易地看到这一点。"达尔文"假定意味着较低的左手边的区域在$(0,0)$的吸引域中,在这个区域中所有的参与人都采取行动 B;而较高的右手边的区域在(N,N)的吸引域中,在这个区域中所有的参与人都采取行动 A。但是它不能准确地说明从其他两个区域开始的路径的最终的目的地。比如,在较高的左手边的框中,所有的轨迹对于 θ^1 是递增的,对于 θ^2 是递减的,直到第一次出现 $\theta_t^1 < \alpha^* N$ 或者 $\theta_t^2 > \alpha^* N$。但是这两个条件中哪一个发生首先取决于在这个区域中状态变量的两个分量的相对调整速度。而且,对于长期结果,详细说明的细节是重要的,因为从$(0,0)$到(N,N)的最短路径不一定沿着连接两个均衡的对角线。作为上述产生的一个可能的例子,假设当 A 是最优的时候两个群体向战略 A 调整的速度快于当 B 是最优的时候向战略 B 的调整速度:

$$\begin{cases} \theta_{t+1}^i - \theta_t^i = \beta^A & \text{如果 } \theta_t^i > \alpha^{*j} N \\ \theta_{t+1}^i - \theta_t^i = \beta^B & \text{如果 } \theta_t^i > \alpha^{*j} N \end{cases}$$

其中 $\beta^A > \beta^B$。于是,如果博弈是对称的(或者接近对称),随机稳定的结果是所有代理人都采取行动 A 的状态(N, N)。图 5—6 展示了当调整速度变化时吸引域中的这个变化。

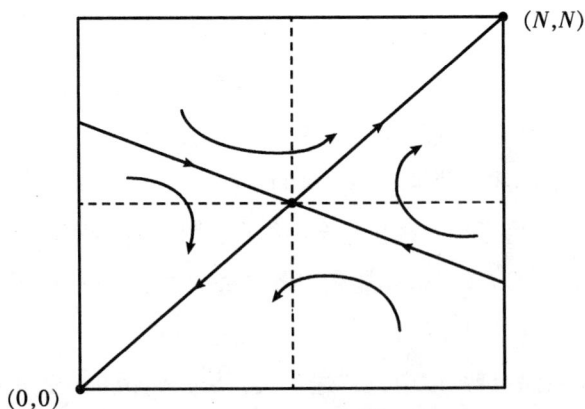

图 5—5　两群体相位图

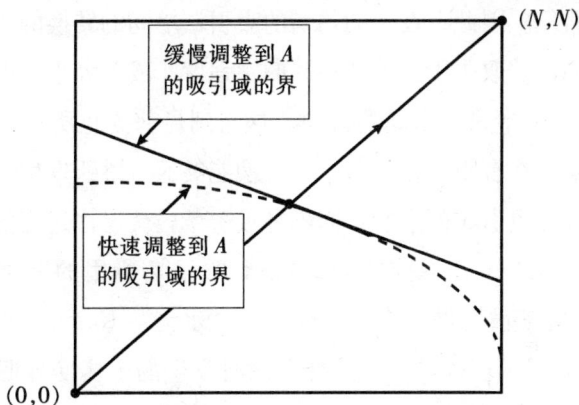

图 5—6　具有不同的调整比率的两群体相位图

哈恩研究的焦点是像性别博弈那样的非对称博弈，在这种博弈中是参与人 1 偏好均衡（A，A）而参与人 2 偏好均衡（B，B）。他给出了调整的相对速度的上界，这个上界是所选择的均衡不会因为这个动态的其他细节而改变的充分条件。

5.9　随机模仿者动态

像我们在本章的引言中提到的那样，传统的进化博弈的文献只考虑确定性系统，而且为了将注意力局限在稳定的定态上而将"变异"作为非模型化的解释。如果我们相信变异是真实的而且是会重复发生的现象，那么把它们明确包含在模型中似乎更合适。从这一角度看，研究随机冲击的效果的一个明显方法就是在标准的模仿者方程中引入随机项。事实上，第一篇研究随机调整模型的论文，即福斯特和杨（1990），正是这样做的。

像弗登伯格和哈里斯（Fudenberg and Harris，1992）指出的那样，在随机模仿者动态和本章前面讨论的有限群体模型之间存在一个的重要区别：如果噪声具有连续的样本路径，那么进化系统也具有连续的样本路径。因此，在不同均衡的吸引域之间的转换的成本，以及长期分布的性质取决于这一"流"的"强度"或者大小（即动态的确定性部分），而不只是移动的方向。这与到目前为止所讨论的有限群体模型相反。在有限群体模型中，转换能够通过跳跃发生，转换的成本取决于各种吸引域的形状，而不是吸引域内确定性过程的精确的规格（exact specification）。在弗登伯格和哈里斯所用的类推中，各种 ω - 极限集能够被看做具有对应于各种"水流"（streams）的确定性过程的"水塘"（ponds）。在由许多同时发生的个体变异驱动的模型中，状态通过"逆流跳跃"从一个水塘移动到另一水塘，因此水流的强度和速度无关紧要。在具有连续样本路径的模型中，状态必须"逆流游动"，随机稳定集的特性是通过比较涉及包含噪音和确定性力量的积分的表达式的相对规模决定。

福斯特和杨（1990）从单一群体模仿者模型出发，增加了一个没有交叉协方差并具有一般的状态依赖方差的维纳过程（Wiener process），以得到一般形式的随机微分方程系统：

$$\mathrm{d}\theta_t(s) = \theta_t(s)[u_t(s) - \bar{u}_t] + \sigma(s \mid \theta)\mathrm{d}W_t(s)$$

其中，每个 $W(k)$ 都是一个标准维纳过程，并且像在第 3 章中那样，变量的辐角（arguments）代表行动。

如果在接近边界时方差函数 $\sigma(s|\theta)$ 不迅速变小，那么这一系统的解在有限时间内击中状态空间边界的概率大于零，因此系统的边界行为是重要的。福斯特和杨详细说明了，系统在边界具有即时的反映。[28]然后，他们给出了一个当维纳过程的方差缩小为 0 时如何计算长期分布的极限的一般描述，并且用它来讨论在 $\sigma(s|\theta)$ 不变的情况下，2×2 协调博弈中的分布收敛于帕累托有效和风险占优均衡上的一个点式群体的情况。[29]

不是直接在群体份额（population shares）的模仿者方程中加入随机项，弗登伯格和哈里斯（1992）采取了一个不同的方法：把随机项

加在控制绝对群体规模的方程中，然后得到群体份额进化的对应的方程。即，他们从群体规模进化[30]的标准确定性方程开始

$$\dot{\phi}_t(s) = \phi_t(s)u(s,\theta_t)$$

然后假设在时期 t 对战略 s 的支付由 $u(s,\theta_t) + \sigma dW_t(s)$ 给定，其中 W 是独立的标准维纳过程。为了符号上的简化，我们令每个战略的方差系数是相同的。于是，得到的随机微分方程是：

$$d\phi_t(s) = \phi_t(s)u_t(s,\theta)dt + \phi_t(s)\sigma dW_t(s)$$

使用支付冲击的公式具有一个优点：与具有连续代理人的模型中不可忽视的噪音数量一致。当群体变大时，对个体代理人的独立同分布的冲击在总体上可能被期望是几乎确定的，就像在坎多里-迈拉斯-罗布（1993）中转移和收敛时间随着群体规模的增长指数级增长。[31]如我们下面将看到的那样，这个公式，其中行动的变化由支付的变化引起，能够具有与 KMR 的"变异"非常不同的含义。对我们来说，应该期望哪一个噪音的来源总是压倒另一个来源是不明确的。

群体份额进化的随机系统能够通过对下面的函数应用 Ito 引理（Ito'lemma）得到：

$$\theta_i(s) = \frac{\phi(s)}{\sum_{s'}\phi(s')}$$

在 2×2 情况下，这产生了如下方程：

$$\begin{aligned}d\theta_t(s) = \theta_t(s)\theta_t(s')[&(u_t(s) - u_t(s'))dt \\ &+ (\sigma^2(\theta_t(s') - \theta_t(s)))dt + \sqrt{2}\sigma d\widetilde{W}_t]\end{aligned}$$

其中 $\widetilde{W} = (W(s) - W(s'))/\sqrt{2}\sigma$ 是另外一个标准维纳过程。

我们可以观察到，系统的确定性部分（dt 的系数）和确定性模仿者动态的确定性部分不同，包括了一个对应于方差的加权差的额外

项。此外，当对隐含的支付过程的冲击有一个常数方差时，对群体份额的冲击有一个当接近边界时逐渐缩小的方差。容易看出，在有限时间内不会到达边界，因此边界行为是无关的。这应当是直观的：不管对支付的冲击的实现结果如何，不管最后得到的使用每一战略的群体的绝对规模如何，根据定义，每一战略的份额是非负的。

弗登伯格和哈里斯在 2×2 博弈中求解了该系统的长期行为。[32]如果博弈有两个严格的均衡，那么这个系统不是遍历的。但是，这个系统以概率 1 收敛于两个纯战略均衡中的一个，但相对概率依赖于初始条件。直观地看来，因为模仿者动态认为小群体的绝对增长率必然是小的，所以在几乎所有的参与人采取同一行动的一点的邻域中，假设的对支付的冲击对扰动群体份额不会有太多的作为。

像在博伊兰（Boylan, 1994）中那样，弗登伯格和哈里斯继续考虑对模仿者动态的进一步修改，以抓住变异的确定性流（或者更一般地说，新参与人的进入流）的影响。这个流是为了避免系统接近边界，从而使系统是遍历的。而且，遍历分布能够通过计算依赖于流的强度和系统方差的积分而得到（见 Skorokhod, 1989）。在具有两个严格均衡的 2×2 博弈中，当支付的方差和变异的流都趋于 0 时，遍历分布的极限是风险占优战略上的一个点式群体。虽然这好像阐述了坎多里-迈拉斯-罗布的结论的稳健性，但隐含的确认程度比它看起来要小，因为选择的均衡依赖于在每一个状态上无扰动调整过程的流的强度，而不只是依赖于调整的方向。更确切地说，存在许多与选择风险占优均衡的模仿者动态具有相同的吸引域的达尔文过程。一个简单但是虚构的例子是一个在被占优均衡的吸引域中具有快速调整，但是在占优均衡的吸引域中具有很缓慢的调整的过程。

卡布拉斯（Cabrales, 1993）将弗登伯格和哈里斯的分析扩展到一般的 n 个参与人的博弈中，并且证明了在具有两个以上参与人的博弈的对称单群体模型中，即使是随机模仿者动态也不一定选择具有最大的吸引域的均衡。这个证明由计算前面提到的积分得到。这里的答案不同的技术上的原因是：在两人博弈中，一个给定战略的支付是采用该战略的参与人在群体中所占比例（population fractions）的线性函数，但是在有两个以上参与人的博弈中，一个给定战略的支付是一个高阶多项式。为了得到更令人满意的解释，我们必须将这个观察与模型的基础联系起来。在我们前面几节讨论的模型中，驱动力量是有足够多的参与人同时变异，从而使得其他参与人也希望变异的可能性。因为需要的比例只取决于吸引域的大小，所以吸引域的大小决定了随机稳定结果。相反，在具有对支付的冲击的模型中，驱动力量是支付发生充分大的变化，从而使得参与人选择改变他们的行动的可能性。在对称的两人博弈中，这两个标准是相同的，因为支付是采取每个行动的参与人在群体中所占比例的线性函数，但是在 n 人博弈中支付是采取不同行动的参与人在群体中所占比例的多项式。

为了得到"为什么效用对群体份额的多项式依赖产生差异"这一问题的直观解释，考察猎鹿博弈（stag-hunt game），其中两个战略分别是："野兔"，不管对手采取什么行动这个战略的支付都是 1；"雄鹿"，如果所有对手采用战略"雄鹿"，该战略的支付为 $a>1$，否则为 0。[33] 如果只有两个参与人，当且仅当 $a>2$ 时，帕累托占优均衡"全部选择雄鹿"是风险占优的；但对任意的 $a>2$，如果参与人的数量 n 足够大以至于 $a<2^{n-1}$，那么"全部选择野兔"是风险占优的。现在考虑一个简单的情况，即只有对"全部选择雄鹿"的支付是随机的，而且由于有新的参与人加入，采取战略"雄鹿"和采取战略"野兔"的参与人的比例具有下界 ε_s，$\varepsilon_H>0$。在状态"全部选择雄鹿"中，对战略"雄鹿"的支付是 $a(1-\varepsilon_H)$，对战略"野兔"的支付是 1，因此，为了使"野兔"是最优的选择，支付必须改变 $a(1-\varepsilon_H)-1$。在状态"全部选择野兔"中，对战略"野兔"的支付是 1，对战略"雄鹿"的支付是 $a\varepsilon_s$，因此为了使"雄鹿"是最优的选择，支付必须改变 $1-a\varepsilon_s$。因此，不管参与人的数量有多少，当且仅当 $a(1-\varepsilon_H)-1-(1-a\varepsilon_s)>0$ 时，比如 $a-2>a(\varepsilon_H-\varepsilon_s)\approx0$，从

"雄鹿"到"野兔"的转变需要的支付的变化大于相反的转变需要的支付的变化。这强调了在两个公式中噪声来源的不同影响。

附录 A：有限马尔可夫链的回顾

我们考虑马尔可夫转移概率矩阵为 P 的离散时间有限状态的马尔可夫过程。于是，如果 θ, $\xi \in \Theta$，则这个矩阵的元素 $P_{\theta\xi}$ 是在时期 t 状态为 ξ 而在时期 $t+1$ 状态为 θ 的概率。根据这个约定，状态的概率分布用列向量 φ 和 $\varphi_{t+1} = P\varphi_t$ 表示。注意：这个系统是"自治的"（autonomous）或"平稳的"（stationary），意思是 P 不依赖于时间 t。这排除了一些过程，比如说虚拟行动。在虚拟行动中，步长随时间而减小。

这个系统的长期行为是什么？在下面考虑的情况下，这个行为由它的"不变分布"（invariant distribution）描述。如果 $P\varphi = \varphi$，则我们称 φ 是一个不变分布。

每一个有限马尔可夫链至少具有一个不变分布（P 是紧凸集 $\Delta(\Theta)$ 上的连续算子），但是一般来说，这个分布不是惟一的。比如，考虑对应于马尔可夫算子 $P = I$ 的确定性过程。这里每一个概率分布都是不变分布。然而，注意，作为这个系统的长期行为的描述，只有单个状态上的点式群体是有意义的；其他的不变分布更像是相对于初始信念是外生的而且不能观察到系统本身的外部观察者而言，哪一个信念是"稳定的"（不随时间变化）描述。

这个例子表明，为了能够将不变分布作为长期行为的有意义的解释，需要考虑一些条件。一个系统是遍历的（ergodic），如果它满足下面三个条件：

1. 不变分布 $\hat\varphi$ 是惟一的。

2. 收敛时间平均

$$\lim_{T \to \infty} \left(\frac{1}{T} \right) \sum_t 1(\theta_t = \theta) = \hat{\varphi}(\theta)$$

几乎处处成立，其中指标函数（indicator function） $1(\cdot)$ 当条件成立时为 1，在其他情况下为 0。

3. 时期 t 的分布收敛：

$$\forall \varphi, \lim_{t \to \infty} P^t \varphi = \hat{\varphi}$$

一些例子能够帮助解释这三个条件的含义。首先看不变分布的惟一性。假设

$$P = \begin{bmatrix} 0 & 1 \\ 1 & 0 \end{bmatrix}$$

这个系统在两个状态之间来回循环。它也具有惟一的不变分布 $\hat{\varphi}$ [1/2,1/2]。在多大程度上这是对长期行为的好的描述由性质 2 和 3 给定。性质 2，长期平均的收敛，意味着系统在每个状态花费一半的时间。我们所举的例子满足这个性质。性质 3 意味着即使初始状态完全已知，对在充分远的时间处的状态的信念是 50－50。我们所举的例子不满足这个性质：如果初始状态已知，那么在每一个未来时间准确的预测系统在什么地方是可能的，因为系统是确定性的。

下面两个例子说明了一个非遍历的系统是如何被轻微地扰动从而使它不是遍历的。第一个例子是对恒等映射的扰动

$$\begin{bmatrix} 1 - \varepsilon & \varepsilon \\ \varepsilon & 1 - \varepsilon \end{bmatrix}$$

这能够作为一个持续的状态来描述：系统趋向于停留在当前的状态，但是有一个很小的机会向另外一个状态移动。第二个例子是确定性 2－循环的扰动

$$\begin{bmatrix} \varepsilon & 1 - \varepsilon \\ 1 - \varepsilon & \varepsilon \end{bmatrix}$$

这能够作为一个近似的循环来描述。这个系统以很高的概率循环（转移到其他状态），但是以很小的概率停留在当前的状态上。这两个系统都是遍历的，尽管这并非显而易见。

假设这些系统的遍历性是给定的，注意：这些例子表明，即使系统是遍历的，当系统进化时观察到这个系统的参与人的信念不一定对应于不变分布。特别地，虽然性质 3 说知道昨天的状态对预测系统的长期行为没有帮助，但是，像在我们这里举的两个例子中那样，知道昨天的状态对预测今天的状态是有帮助的。不同的是，收敛于不变分布并不意味着在到达那一点之前，定义在结果之上的以历史为条件的时期 t 的分布收敛，而只意味着无条件分布的收敛。

遍历性的最容易的充分条件是"严格正定"（strict positivity）条件，即 $P>0$。上面的两个例子满足这个条件，本章中的大多数模型也满足这个条件。一个更弱的充分条件是对于某一个 n，$P^n>0$。另外一个比严格正定弱的条件是存在一个可以从任意其他状态出发而到达的状态，以至于当达到这个状态时，下一阶段停留在那里的概率大于零。即，存在一个状态 θ 使得对于任意的状态 θ'，存在时间 n，使得

1. $(P^n)_{\theta\theta'}>0$
2. $P_{\theta\theta}>0$

这个条件可以从一个被称为常返集（recurrent class）的概念的角度来理解，常返集是确定性理论的不变集的随机近似。状态的一个子集是常返的，如果它具有如下性质：一旦到达这个子集，状态将以概率 1 停留在那里。一个常返集具有更强的性质，即它是最小的常返集。上面提到的性质 1 隐含着只存在惟一的常返集，因为常返集必须是不相交的，而且所有的常返集都包含特定的状态 θ。性质 2 说从一个阶段到下一个阶段停留在这个状态的概率大于 0。这就排除了确定性的循环并导致常返集是"非周期的"（aperiodic）这一结论。

更一般地，如果存在惟一的常返集，则存在惟一的不变分布，这

对于时间平均收敛是充分的。因此满足遍历性的前两个条件。(在一些处理中遍历只通过前两个条件定义。)额外的条件,即常返集是非周期的,确保遥远的未来对当前的条件不是特别敏感。这个条件被称为混合(mixing),导致遍历性的最后条件,即长期分布的收敛性。

一个例子表明,即使当转移概率矩阵不是严格正定的时候,弱条件如何得到满足。考虑两个进行两人博弈的短期参与人序列。每个个体仅采取一次行动,但是知道在过去的 $K>1$ 个阶段发生了什么。每个参与人 i "打算"选择相对于过去 K 阶段的行动分布使他的期望支付最大化的战略。实现的战略是打算采取的战略的概率为 $1-\varepsilon$,是某个混合战略的概率为 ε。这里状态是指在过去 K 个阶段实施的战略组合,因此在单个阶段不是所有的转移都是可能的。(比如,如果 $K>1$,在单个阶段,从两个参与人总是采取行动"1"的历史转移到两个参与人总是采取行动"2"的历史是不可能的。)而且,如果 (s^{1*}, s^{2*}) 是严格劣的战略的组合,则在第一次阶段之后的任意阶段状态处于 "(s^{1*}, s^{2*}) 的 K 个观察"的概率为 0。然而,状态 "$(\hat{s}^1, \hat{s}^2)$ 的 K 个观察"满足上面给出的遍历性的两个条件。

附录 B:随机稳定分析

命题 5.2 的基础是下面给出的弗赖德林和温策尔的结论,这个结论从本书中定义的树的角度说明了任意有限状态不可约马尔可夫链(irreducible Markov chain)的不变分布。这里树包括所有的状态 θ, *172* 而不是仅包括某些(仍未说明)确定性系统的 ω-极限集。令 $(\theta', \theta'') \in h_\theta$ 意味着树 h_θ 具有从 θ' 到 θ'' 的转移。

引理 5.1 (Freidlin and Wentzell,1982)如果 Q 是一个不可约的有限维矩阵,则 Q 的惟一的不变分布 μ 由如下公式给定:

$$\mu_\theta = \frac{Z_\theta}{\sum_{\theta'} Z_{\theta'}}$$

其中 $Z_\theta = \sum_{h_\theta \in H_\theta} \prod_{(\theta', \theta'') \in h_\theta} Q_{\theta'\theta'}$ 且 H_θ 是所有 θ – 树的集合。

这个引理的证明并不是很具有启迪作用，因为它由简单的验证构造的分布确实是不变分布组成。直观看来，公式涉及所有 h_θ – 树的和的原因是，每一个 ω – 树代表一个状态可能到达 θ 的路径；于是，一个路径的权重就是它的概率。当然，从 θ' 到 θ'' 的转移的概率取决于 θ' 的概率，也取决于转移的条件概率，而这个条件概率正好是说明不变分布是不动点的另一种方法。一个分布的强力计算涉及求矩阵 Q 的逆，从而引入一个对应于 $1/\det(Q)$ 的项。这对应于在 μ_θ 的表达式的分母中的求和。

利用引理 5.1，现在我们转向我们感兴趣的情况：扰动矩阵 P^ε 扮演不可约矩阵 Q 的角色，使得转移概率 $Q_{\theta'\theta'}$ 近似为 $k_{\theta'\theta'}\varepsilon^{c(\theta''|\theta')}$，其中 $k_{\theta'\theta'}$ 独立于 ε。检查公式 $\mu_\theta = Z_\theta / \sum_{\theta'} Z_{\theta'}$ 发现，极限分布的支撑集集中在 θ，使得 Z_θ 在 ε 中具有最小阶数。进一步，

$$Z_\theta = \sum_{h_\theta \in H_\theta} \prod_{(\theta', \theta'') \in h_\theta} Q_{\theta'\theta'}$$

$$= \sum_{h_\theta \in H_\theta} \Big[\prod_{(\theta'\theta') \in h_\theta} k_{\theta'\theta'} \Big] \varepsilon^{\big(\sum_{(\theta'\theta') \in h_\theta} c(\theta''|\theta') \big)}$$

的阶数将由求和中的最低阶数的元素决定，因此

$$o(Z_\theta) = \arg \min_{h_\theta \in H_\theta} \varepsilon^{\big(\sum_{(\theta', \theta'') \in h_\theta} c(\theta''|\theta') \big)}$$

于是我们得出结论：极限分布集中在具有最小成本的树的状态上。

弗赖德林和温策尔使用这个事实，通过用离散时间中的有限状态系统近似该系统来确定具有"小"随机部分的 R^n 上的某些连续时间系统的不变测度。然而，将他们的结论直接应用于具有大量状态的离散时间系统要求考虑过程的所有状态。命题 5.2 的吸引力在于，它证

明了它对于构建组成部分是无扰动过程 P 的 ω - 极限集的树是充分的。容易看出，如果状态 θ' 在 P 下的状态 θ 的吸引域 $(D)\theta$ 中，则从 θ 到 θ' 的成本为 0,在计算最小值时可以忽略。因此，如果我们构造成本是 $\min_{\omega \in \Omega} \min_{h \in H_\omega} \sum_{\omega' \in \Omega/\omega} \hat{c}(D(h(\omega')) \mid \omega')$ 的 ω - 极限集上的树，那么通过加上一个将每一个状态 θ 映射到它的 ω - 极限上的初始步骤，我们能够构造在所有状态上具有相同成本的树。最后一步是,验证在整个状态空间中没有其他树具有比 $\min_{\omega \in \Omega} \min_{h \in H_\omega} \sum_{\omega' \in \Omega/\omega} \hat{c}(D(h(\omega')) \mid \omega')$ 更小的成本。这可以通过我们将忽略的直接向前但冗长的"树割补术"（tree surgery）做到。

参考文献

Bergin, J., and B. Lippman, 1995. Evolution with state dependent mutations. Mimeo. Queens Uiversity.

Binmore, K., L. Samuelson, and K. Vaughn, 1995. Musical chairs: Modelling noisy evolution. *Games and Economic Behavior* 11:1 - 35.

Blume, L. 1993 The statistical mechanics of strategic interaction. *Games and Economic Behavior* 5:387 - 424.

Boylan, R. 1994. Evolutionary equilibria resistant to mutations. *Games and Economic Behavior* 7:10 - 34.

Cabrales, A. 1993. Stochastic replicator dynamics. Mimeo. University of California at San Diego.

Canning, D. 1992, Average Behavior in learning, models. *Journal of Economic Theory* 57:442 - 472.

Ellison, G. 1993. Learning, local interaction, and coordination. *Econometrica* 61:1047 - 1071.

Ellison, G. 1995. Basins of attraction and long-run equilibria. Mimeo.

Massachusetts Institute of Techology.

Ely, J. 1995. Local conventions. Mimeo. Northwestern University.

Foster, D., and P. Young. 1990. Stochastic evolutionary game dynamics0. *Theoretical Population Biolgy* 38:219−232.

Freidlin, M., and A, . Wentzell. 1984 *Random Perturbations of dynamical Systems*. New York: Springer.

Fudenberg, D., and C. Harris. 1992. Evolutionary dynamics with aggregate shocks. *Journal of Economic Theory* 57:420−441

Fudenberg, D., and J. Tirole. 1991. *Game Theory*. Cambridge: MIT Press.

Futia, C. 1982. Invariant distributions and the limiting behavior of Markovian economic models. *Econometrica* 50:377−408.

Hahn, S. 1995. The long run equilibrium in an asymmetric coordination game. Mimeo. Harvard University.

Kandori, M., and R. Rob. 1993. Bandwagon effects and long run technology choice. Mimeo, DP 93-F-2. University of Tokyo.

Kandori, M., and R. Rob. 1995. Evolution of equilibria in the long run: A general theory and applications. *Journal of Econmic Theory* 65:383−414.

Kandori, M., G. Mailath, and R. Rob. 1993. Learning, mutation and long run equilibria in games. *Econometrica* 61:27−56.

Kim, Y. 1993. Equilibrium selection in n-person coordination games. *Games and Economic Behavior* 15:203−277.

Kreps, D. 1990. *A Course in Microeconomic theory*. Princeton: Princeton University Press.

Morris, S., R. Rob, and H. Shin. 1993. p-dominance and belidf potential. *Econometrica* 63:145−158.

Romaldo, D. 1995. Simularities and evolution. Mimeo. Harvard

University.

Skorohod, A.V. 1989. *Asymptotic Methods in the Theory of Stochastic Differential Equations*, trans. by H.H. McFadden. Providence, RI: American Mathematical Society.

Young, P. 1993. The evolution of conventions. *Econometrica* 61: 57-83.

【注释】

[1] 前面的描述相当模糊地将一个博弈的均衡等同于调整过程的状态。更确切的阐述应该是"行动的总体（定义在参与人之上的）分布对应于一个严格均衡的状态是局部稳定的定态"。

[2] 这有点夸张。可以相信，观察不同的均衡的可能性与它们的吸引域的相对大小有关，但这隐含地假定对可能的初始位置的或多或少的一致先验信念。

[3] 福斯特和杨（1990）以及弗登伯格和哈里斯（1992）是例外，他们考虑了进化的随机微分方程模型。

[4] 比如，伊利（Ely, 1995）的工作表明：当位置是内生的时候，存在一个趋向于帕累托有效的趋势。宾默尔、萨缪尔森和沃恩（Binmore, Samuelson and Vaughan, 1994）也向这个结论提出挑战，但他们使用了阶段博弈的特殊形式，这使得他们的结论很难与该领域的其他结论相比较。

[5] 这里描述的方法也已经应用于连续时间、连续状态过程。

[6] 在第 7 章我们考虑当扩展式并非无关紧要时的随机进化。

[7] 这个基本的想法可以应用于虚拟行动，但需要不同的分析工具。此外，存在时间独立的虚拟行动的变化形式。

[8] 这里我们采取了概率论中的标准约定。该文献频繁地采取相反的约定：状态的概率分布是行向量，转移概率矩阵是这里所考虑的矩阵的转置。

[9] 因为 Θ 上的概率分布空间是紧的（compact），所以我们知道这个序列至少有一个聚点（accumulation point）。对于任意的扰动过程，这个序列可能有几个聚点，因此极限可能不存在。但一般情况下，文献中考虑的扰动过程保证极限的存在。

[10] 然而，如果 φ^* 不是点式群体，则它不一定是纳什均衡。因此，坎宁（Canning, 1992）用术语"均衡分布"表示"不变分布"是不幸的。

[11] 回想在第一章中，一个动态过程的 ω - 极限集为从至少一个初始条件出发无限可达的点。在这里我们考虑的确定性有限状态系统中，惟一的 ω - 极限是定态和循环。

[12] 进行这种博弈的非对称群体能像在图 2—3 所示的例子中那样持续非协调循环。

[13] 为了简化，假设不存在与混合均衡恰好对应的整数。

[14] 如果存在整数 $z = \alpha^* N$，则也存在与混合均衡对应的第三个定态。能够证明：这个均衡在极限分布下的权重为 0，但是为了简化，绝大多数文献假设不存在这样的整数 z。

[15] 弗赖德林和温策尔在下面提出了一个基本的思想。杨（1993）和坎多里、迈拉斯和罗布（1993）以及坎多里和罗布（1995）在离散时间离散状态系统中扩展了这些思想的进一步含义。

[16] 即长出枝条的有向图。正式的定义见，比如，克雷普斯（1990）或者弗登伯格和梯若尔（1991）。

[17] 这个结论的基础是附录 B 中弗赖德林和温策尔的引理 5.1，这个引理给出了一个明确的受扰动动态的遍历分布的公式。这个公式表明：任何两个状态的相对概率是转移概率中的多项式的一个比率。杨观察到，当这些概率自身被假定是 ε 的多项式时，相对概率也是 ε 的多项式以至于极限分布存在。命题中给出的公式来自于如下观察：在极限分布中有大于零的概率的状态是那些在 φ_ε^* 中的概率在 ε 中具有最小阶数的状态。坎多里、迈拉斯和罗布（1993）给出了一个与杨的论点相似的论点。

[18] 我们应该提及：我们像写转移概率那样写成本，用第一个状态表示目标状态，用第二个状态表示条件状态。这是概率论中的标准约定。不幸的是，在这个领域中已有的文献使用相反的约定。

[19] 埃利森也考虑了与 $2K$ 个最近的邻居相互作用的情况。在这种情况下最强的结论在他 1995 年的论文中。

[20] 在杨（1993）的例子的基础上，埃利森给出了这种情况的一个例子来表明在一致匹配下选择的均衡如何依赖于支付矩阵的细节。

[21] 为了在每个参与人对对应于群体中的其他 $N-1$ 个代理人行动的分布做出反应的情况下保证结论成立，需要对定义和命题 5.4 进行很小的但是明显的修改。

[22] 注意：对于给定的 p，p'-占优意味着对于所有的 $p' \leqslant p$，p-占优。

[23] 一个战略成对风险占优于另一个战略，如果该战略在通过删除其他战略形成的 2×2 博弈中风险占优于后者。

[24] 金还证明了，对于这类模型，其他的动态调整程序，比如具有锁定的理性预期，导致关于在长期中选择哪一个均衡的不同的结论。

[25] 像在前面几篇关于局部相互作用的文章中那样，比如，较早讨论的埃利森（1993）的文章和布卢姆（Blume, 1993）的研究在无限二维点阵中的 2×2 博弈的文章，这里假定当参与人与他们的每一个邻居配对时参与人被限制使用相同的行动。

[26] 因为在每一个群体中只存在有限多个代理人，所以对于一般的支付满足该假设。

[27] 在相似的文章中，罗马多（Romaldo, 1995）指出，在每个参与人具有三个或者更多的行动的单个群体模型中，达尔文假定不能决定吸引域。

[28] 粗略地说，在连续时间随机系统中的即时反应意味着当系统击中边界时，系统继续以相同的速度移动，但不连续地反转着当它击中边界时的方向。这对于力学中的某些系统是一个合理的模型，但是弗登伯格和哈里斯认为不应该将它作为战略调整模型。

[29] 在对称的 2×2 协调博弈中，风险占优均衡一定是帕累托占优的。不幸的是，福斯特和杨对一般结果的证明引用了弗赖德林和温策尔的一个章节，但这个章节并不能应用于他们的问题。福斯特和杨最近已经写了一个勘误表承认这个问题。

[30] 像我们在第 3 章讨论的那样，这个公式允许支付从而群体增长率为负的概率小于零，但是，在模仿者动态中增长率能够被看做出生率和死亡率之间的净差额。

[31] 虽然我们强调，为了解释在具有连续参与人的模型中的不可忽略的噪声，某些相关形式似乎是必需的，但是，宾默尔、萨缪尔森和沃恩（1995）指出，能够用一个随机微分方程逼近离散时间有限状态模型的长期分布的极限。

在这个模型中，每一时间只有一个代理人行动，以至于极限样本路径是连续的。当以如下的顺序取极限时，随机微分方程出现：首先时间趋于无穷，然后每一时期的长度趋于 0，然后群体规模趋于无穷，最后变异率趋于 0。最后得到的随机微分方程不是被用来为具有不可忽略噪声的情况建立模型，而只是用来当噪声变得能够忽略时计算系统的长期极限。

[32] 与本章讨论的大多数文章相反，弗登伯格和哈里斯的结果不是建立在弗赖德林和温策尔的扰动方法的基础上，而是建立在分析由斯科罗库德 (Skorokhod, 1989) 提出的随机微分方程的基础上。不幸的是，这个分析在高维系统中变得非常复杂，因此在未来的工作中它可能被证明是无用的。

[33] 在鲁索 (Rousseau) 的例子中，为了捕获雄鹿，所有的参与人必须一起行动。这个博弈与卡布拉斯在他的论文中使用的团队问题很相似。

第6章 扩展式博弈和
　　　 自确认均衡

6.1　引　言

　　到目前为止，我们的注意力局限于同
时行动博弈，在该博弈中参与人的战略是
简单地选择单个确定的行动。正如我们上
面所做的那样，在这样的博弈中，自然的
假定是，在博弈的每个行动结束时，每个
参与人观察到他的每一个对手使用的战
略。我们现在希望考虑重要的扩展式博弈
上的学习。在许多这样的情况下，最自然
的假定是代理人能够观察到他们自己的行

动能够达到的终节点（即结果），但是他不能观察到在他们自己的行动不能达到的信息集中，描述其对手将怎样行动的那部分对手战略。[1]我们能够想像到，参与人观察到比实现的终结点更多的信息的惟一条件是，参与人被强迫写下视情况而定的计划并且承诺执行它。但是，即使在那种情况下，最自然的解释就是博弈已改变为"行动"是对最初博弈的战略的承诺的博弈。另一方面，在许多设定中，当可能有几个不同的终节点与他们的观测一致时，参与人甚至不能观察到实现的终节点。例如，在第一价格秘密投标拍卖（first-price sealed-bid auction）中，参与人可以观察赢的投标而不是输的投标。下面我们将更多地讨论这个可能性。在大群体设定中，我们也假定代理人根本观察不到关于他们未参加的匹配的结果的信号。在大多数博弈论试验中确实如此，但它并不是对现实中博弈的最有说服力的描述，因为在许多情况下，代理人可以收到其他匹配中的结果的信息。

假定参与人不能观察到没有到达的信息集中的行动，当参与人保持关于偏离均衡路径行动的错误信念时，观察结果是可能收敛的。结果，学习过程可能收敛到不能由博弈的任何纳什均衡产生的结果。在本章第二节中我们首先用一个例子解释这一点。在第三节建立扩展式博弈的基本概念之后，在第四节我们在扩展式设定中重述第二章的简单学习模型。第五节介绍一个弱化的纳什均衡：自确认均衡（self-confirming equilibrium），它允许偏离均衡路径的信念存在差异。第六节解释在基本的学习模型中这个均衡概念的稳定性。第七节我们将对自确认博弈进行弱化，允许如下可能性的存在：当存在大量的担任同一角色的参与人时，这些担任相同角色的不同参与人可以有偏离均衡路径的不同信念。

我们还考虑对自确认均衡进行强化的几种可能的方法。在第八节我们考虑对手随机化（或"手颤抖"）的可能性。这会给参与人带来更多关于偏离均衡路径的确定形式的信息，由此而引致的均衡，我们称为一致自确认均衡（consistent self-confirming equilibrium），该均衡允许对纳什均衡行动的更小的偏离。我们在第九节考虑一致自确认均衡与纳什均衡的确切联系。最后，参与人可能知道（或者相当自信）另一个参与人的支付，并使用这个知识归纳他们对手可能行动上的限制。例如，参与人可能认定他们的对手采取被占优战略是非常不可能的。这导致了我们在第十节介绍的理性化的自确认均衡（rationalizable self-confirming equilibrium）的概念。

6.2　一个例子

我们用如下的来自弗登伯格和克雷普斯（1988）的例子说明非纳什均衡结果可能在长时间内持续的可能性。

例 6.1　（Fudenberg and Kreps, 1988）在图 6—1 所示的三人博弈中，参与人 3 最后行动，并且不能说他是否有这个行动，因为参与人 1 采取行动 D_1，或因为参与人 1 采取行动 A_1 且参与人 2 采取行动 D_2。假设参与人 1 预期参与人 3 以大于 2/3 的概率采取行动 R 并且预期参与人 2 以较高的概率采取行动 A_2 时，而参与人 2 预期参与人 3 以至少 2/3 的概率采取行动 L，并且预期参与人 1 采取行动 A_1。[2] 给定这些信念，参与人 1 和 2 采取行动 A_1 和 A_2 是短视最优的，并且第一阶段的结果将是 (A_1, A_2)。而且，给定参与人 1 关于参与人 2 和 3 的行动的初始信念是不相关的（即是一个积分布），观察到的结果使参与人 1 没有理由改变他关于参与人 3 行动的信念——参与人 1 更加坚信参与人 2 将采取行动 A_2。同样地，如果参与人 2 的初始信念是一个积分布，参与人 2 关于参与人 3 的信念也将保持不变。结果，在第二阶段和以后各阶段的结果也将是 (A_1, A_2)，因此该结果是一个定态。然而，它不是纳什均衡的结果：纳什均衡需要参与人 1 和 2 对参与人 3 的行动做出相同（正确）的预测，并且如果两人做出了相同的预测，两人中至少有一个必须选择行动 D。

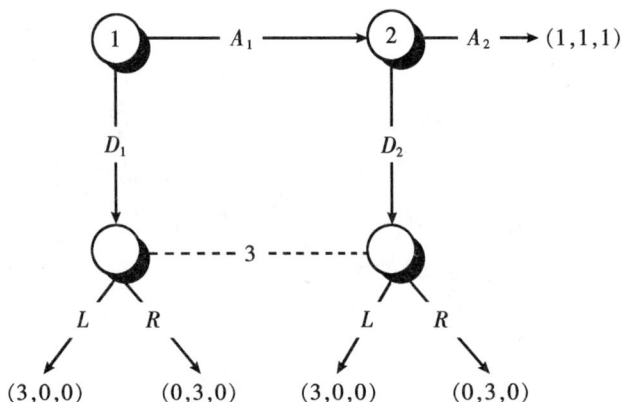

图6—1　弗登伯格-克雷普斯的例子

178　　　　该例子说明学习可能导致非纳什的定态，除非具有某种机制使参与人有关于偏离均衡路径行动的正确信念。在这一章我们将集中讨论由于没有这种机制使得纳什均衡的结果不能被预期到的情况。下一章我们检验偏离均衡路径的学习会发生的一个重要原因：参与人可能不是短视的，从而为了获得可以在将来的行动中使用的信息，他们可能选择对偏离均衡路径进行"试验"的有较低当前支付的行动。也可能是如果参与人相信均衡路径中的行动和偏离均衡路径的行动是充分相关的，则他们能够从对均衡路径的观察学习偏离均衡路径的行动。当我们不希望排除这种相关时就不希望对它进行假定，因为我们不确信它比完全相反的独立信念更合理。我们将在重新讨论例6.1时深入讨论这一点。

6.3　扩展式博弈

我们将考察有 I 个参与人的扩展式博弈（extensive-form games）；博弈树（game tree）X 是有限的，节点（nodes）$x \in X$，终结点（terminal nodes）$z \in Z$。为了概念上的方便，我们用参与人0代表自然（nature），并假设自然只在博弈树的初始节点行动。信息集（information sets），用 $h^i \in H$ 表示，是 X/Z 的一个划分（partition）。参与人 i 在其中行动的信息集用 $H^i \subset H$ 表示。在信息集 $h^i \in H$ 中可行的行动用 $A(h^i)$ 表示。我们继续使用 $-i$ 表示除 i 以外的参与人。例如，H^{-i} 表示除 i 以外的所有参与人的信息集。参与人 i 的一个纯战略 s^i 是从 H^i 中的信息集到满足 $s^i(h^i) \in A(h^i)$ 的行动的一个映射。S^i 是所有这样的战略的集合；混合战略 $\sigma^i \in \sum^i$。每一个参与人期望自然收到一个依赖于终结点的支付，这个支付用 $r_i(z)$ 表示。

除了混合战略之外，我们定义行动战略（behavior strategies）$\pi^i \in \Pi^i$。对于参与人 i 来说，存在定义在每一个信息集中的行动之上的概率分布。对于参与人 i 的任意给定的混合战略 σ^i 和他的任意信息集，我们能利用库恩（Kuhn）定理定义一个行动战略，用 $\hat{\pi}(\cdot|\sigma^i)$ 表示。对于任意给定的行动战略 π，定义一个在终结点之上的引致的概率分布 $\hat{\rho}(\pi)$ 也是有用的。我们也将使用简写 $\hat{\rho}(\sigma) \equiv \hat{\rho}(\hat{\pi}(\sigma))$。

我们假设所有的参与人都知道扩展式的结构以及他们自己的支付函数，因此每个参与人面对的惟一的不确定性涉及对手将要使用的战略。[3] 为了避免过于复杂，我们假设自然的行动分布是已知的；任何未知但外生的分布被认为来源于一个"虚拟"参与人的选择。为了将参与人战略的不确定性模型化，我们用 μ^i 表示其他参与人战略的集合 Π^{-i} 上的一个概率测度（probability measure）。像第 2 章讨论的那样，假设支持集是 Π^{-i} 而不是 $\Delta(\Pi^{-i})$ 意味着参与人确信对手不会使他们的行动相互关联，而且不管有多少相反的证据，参与人将保持这个信念。也就是说，对参与人的任何子集来说可利用的任何相关策略明确地包含在扩展式的描述中。我们有些为这个限制所牵制，但我们用它来限制需要处理的困难的数量。

与第 2 章一样，信念，即定义在战略之上的分布，必须形成一个整体以获得参与人对期望行动的预测。例如，当参与人 i 采取行动 π^i 时他分配给将要到达的终结点 z 的概率是 $\gamma^i(z|\pi^i, \mu^i) = \int_{\Pi^{-i}} \hat{\rho}(z|\pi^i,$

$\pi^{-i})\ \mu^{i}\left[\,d\pi^{-i}\right]$。这 允 许 我 们 计 算 期 望 效 用 $\mu^{i}(\pi^{i},\mu^{i})=$
$\sum\limits_{z}r^{i}(z)\gamma^{i}(z\mid\pi^{i},\mu^{i})$。

对于任意的混合战略组合 σ，我们用 $\overline{H}(\sigma)\subset H$ 表示当 σ 被执
行时可达到的概率大于零的信息集。注意，这个信息集完全由定义在
终结点上的分布 ρ 决定，因此我们可以认为 $\overline{H}(\rho)=\overline{H}(\sigma)$，其中
$\rho=\hat{\rho}(\sigma)$；或者 $\overline{H}(\pi)=\overline{H}(\sigma)$，其中 $\pi=\hat{\pi}(\sigma)$。我们用 $H(s_i)$
（或者 $(H(\pi_i))$）表示当参与人 i 采取行动 s_i 时能够到达的信息集，
即，集合 $\{h^i\mid\exists\,s^{-i}s.t.h^i\in H(s^i,\ s^{-i})\}$；该集合也被称为在 s_i（或者
π_i）下的可达信息集（reachable information sets）。对于任意的子集 $J\subset H$
和任意的战略组合 σ，我们可以用 $\Pi^{-i}(\sigma^{-i}\mid J)\equiv\{\pi^{-i}\mid\pi^i(h^j)=$
$\hat{\pi}(h^j\mid\sigma^i),\forall\,h^j\in H^{-i}\bigcap J\}$ 定义在属于 J 的信息集中采取战略 σ_{-i}的
除 i 以外的其他参与人一致行动战略的子集。

6.4　一个简单的学习模型

我们现在考虑在第 2 章讨论的一般虚拟行动的扩展式近似。为了
保持简化，在此我们假设每个参与人角色仅有 1 个代理人，而且所有
代理人是完全短视的。这些限制将在第 7 章中放松。

博弈中的每个行动的结果为一个将要达到的特定终结点 z。我们
假定所有参与人都观察到该终结点。于是，在 t 轮博弈开始时，所有
的参与人知道序列 $(z_1,\ z_2,\ \cdots,\ z_{t-1})$。这个序列被称为时期 t 的
历史（history），用 h_t 表示。类似地，h_∞ 表示行动的无穷的历史；
当一个特定的无穷序列 h_∞ 已经固定时，h_t 表示在这个序列中前面 t
个观察。（注意：h^i 是信息集，而 h_i 是历史。）对参与人 i 来说，一
个信念规则（belief rule）是一个从历史到信念的函数 μ^i。我们轻微
地滥用概念，用 μ^i 表示这个函数，使得 $\mu^i_t(h_t)$ 表示给定历史 h_t 参

与人 i 在时期 t 的信念。[4]

我们下一步说明在动态学习过程中参与人是如何修正自己的信念和选择他们的行动。

6.4.1　信念

为了将信念模型化，我们将渐近经验主义（asymptotic empiricism）（见第 2 章）的战略式定义扩展到当前的扩展式博弈设定中。[5]正如弗登伯格和克雷普斯（1995a）那样，我们假设，当在给定信息集中的行动观察数趋于无穷时，参与人 i 对参与人 j 在该信息集中的行动的估计收敛于该信息集中的行动的经验分布。

为了使这一点更加精确，用 $\hat{H}(h_\infty)$ 代表沿着历史 h_∞ 在时间大于零的部分可达的信息集，用 $d(h^j | h_t)$ 表示在信息集 h^j 中的行动的经验分布。

定义 6.1　如果对于每一个 $\varepsilon > 0$，无穷历史 h_∞，$j \neq i$，以及信息集 $h^j \in \hat{H}(h_\infty) \bigcap H^j$，有 $\lim_{t \to \infty} \mu_t^i(h_t)$（$\{\pi^{-i} | \| \pi^i(h^j) - d(h^j | h_t) \| < \varepsilon\}$）$= 1$，则参与人 i 的信念规则在扩展式博弈中是渐近经验的（asymptotically empirical）。

在一次性同时行动博弈中，如果评估（assessments）被假定为独立边际的积，该定义简化为在战略式中的渐近经验主义。为了认识到这一点，假设参与人 1 和参与人 2 每个人都有单个信息集，并且这些信息集是在时间的大于零的部分可达的。则即使经验联合分布是相关的，任何第三个参与人分配给事件（参与人 1 和参与人 2 两者都采取行动 L）的概率必须收敛于对应的经验边际分布之积。

6.4.2　给定信念的行动

为了简化，我们在此假定参与人是完全短视的，并且在每一阶段选择相对于他的当前信念是最优反应的战略。更精确地说，我们假设

参与人 i 在时期 t 选择最大化 $\mu^i(\pi^i, \mu^i_t) = \sum_z r^i(z) \gamma^i_t(z \mid \pi^i, \mu^i_t)$ 的战略。我们应该强调的是，这是一个最大化的事前概念，就像在第 4 章中给出的战略式博弈中的渐近短视的定义一样：利用这个最大化的概念，最大化战略可以描述一个在给定 π^i，μ^i_t 的情况下具有 0 概率的信息集中的次优行动。

还应该注意，这个假设比在战略式博弈中的假设更严格，因为在扩展式博弈中短视不是随机匹配的大群体模型的隐含结论。这样的模型意味着，参与人不应牺牲当前匹配中的效用以影响在未来匹配中的行动，但是在当前的设定中，有一个额外的理由使参与人可能选择牺牲当前的效用，即为了获得对将来行动可能有用的信息。也就是为了更多地了解对手的战略，参与人可能选择"试验"。

为了认识到这一点，考虑如图 6—2 所示的博弈。假设参与人 1 的信念 μ^1 为，在每一阶段参与人 2 以 1/2 的概率采取行动 μ，以 1/2 的概率采取行动 d。则参与人 1 对参与人 2 的行动的当前评估对应于混合战略 $(1/2, \mu, 1/2, d)$，行动 R 的预期支付是 1.5，小于行动 L 的支付。因而，短视的参与人 1 将能够在第一阶段采取行动 L。因为这导致没有关于参与人 2 行动的新信息，所以参与人 1 将在随后的所有阶段都采取行动 L。然而，如果参与人 1 只有一次采取行动 R，他将准确地了解参与人 2 将怎样行动。因而"在第一阶段采取行动 R，并且当且仅当参与人 2 采取行动 μ 时在以后阶段采取行动 R"这一决策规则在每一个阶段以 1/2 的概率获得支付 3，以 1/2 的概率在第一阶段获得支付 0，并在随后的所有时期获得支付 2。如果参与人 1 的折现因子不是非常小，这个决策规则将获得更高的现值。

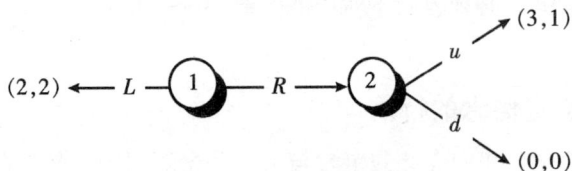

图 6—2　塞尔顿博弈

这说明我们不能期望参与人在博弈的初始阶段采取短视的行动，因为他们可能选择在那些没有最大化其短期期望支付的战略上进行试验。然而，我们将要展示的结论能够扩展到参与人满足更弱的"渐近短视"的情况，更弱的"渐近短视"意味着他们最终停止试验并采取最大化当期支付的行动。弗登伯格和克雷普斯（1995a，b）系统地表达了这个条件的几个变化形式，并使用它代替我们在此假设的精确短视。[6]从关于"吃角子老虎机问题"（bandit problem）的文献中可以看出，我们期望具有任何小于 1 的折现因子的参与人最终停止试验，并在这个意义上渐近短视。第 7 章讨论弗登伯格和莱文（1993b）的结论，他们证明了在扩展式博弈中的一个紧密相关的学习模型中，对于贝叶斯现值最大化者来说确实如此。

那么，作为对部分的总结，我们将会对扩展式博弈的类虚拟行动过程感兴趣，在该过程中，每一阶段选择的战略是该阶段期望行动的最优反应，而且关于对手行动的信念是渐近经验的。

6.4.3 均衡概念

大量的诸如"推测的"（conjectural）、"主观的"（subjective）或 *183* "自确认"（self-confirming）的均衡已经被引入以描述扩展式博弈中学习过程的定态和静态博弈的均衡之间的关系。这个概念最早出现在哈恩（Hahn，1977）关于产业经济的文章中，巴蒂盖利（Battigalli，1987）在关于博弈的文章中对此进行了讨论。[7]只有博弈的终结点被观察到的自确认均衡由弗登伯格和莱文（Fudenberg and Levine，1993a）以及弗登伯格和克雷普斯（1995a）提出。主观均衡（subjective equilibrium）由卡莱和莱勒（Kalai and Lehrer，1993）在重复博弈的文章中提出。还有一些包括理性化（rationalizability）成分的相关概念，我们将在本章的后面部分讨论。所有这些概念都试图描述并总结由例 6.1 提出的某些观点，即每次博弈时，参与人仅获得关于其对手战略的不完全信息，因此关于偏离均衡路径的行动（offpath play）的错误信念将持续下去。我们的表达遵循弗登伯格和克雷普斯（1995a）的表达方式，为的是提供第 2 章关于这个学习过程的定态和博弈的均衡之间关系的结论的近似物。

纳什均衡通常被定义为使参与人的战略是相对于他或她的对手的最优反应的战略组合。然而，为了我们的目的，给出一个等价的定义是有益的。这个定义与我们将要定义自确认均衡的方法相同。

定义 6.2 纳什均衡是一个混合战略略组合 σ，使得存在信念 μ^i，对于每一个 $s^i \in \text{supp}(\sigma^i)$ 满足：

1. 对于所有的 $\hat{s}^i \in S^i, \mu^i(s^i|\mu^i) \geqslant \mu^i(\hat{s}^i|\mu^i)$

2. $\mu^i(\Pi^{-i}(\sigma^{-i}|H)) = 1$

在这个定义中，条件 1 要求给定其关于对手战略的信念，每个参与人的战略是最优的。第二个条件要求在每个信息集中每个参与人的信念都是正确的。

正如我们所假设的，如果参与人仅观察到达到的终结点，不能观察到在未达到的信息集中对手将怎样行动，则即使参与人 i 连续采取行动 σ^i，他将仅观察到其对手在 $\overline{H}(\sigma)$ 中的信息集中的行动，并不了解其对手在其他信息集的行动。这导致下面的均衡概念。

定义 6.3 （Fudenberg and Levine, 1993a）一个单一的自确认均衡是一个混合战略组合 σ，使得存在信念 μ^i，对于每一个 $s^i \in \text{supp}(\sigma^i)$ 满足：

1. 对于所有的 $\hat{s}^i \in S^i, \mu^i(s^i|\mu^i) \geqslant \mu^i(\hat{s}^i|\mu^i)$

2. $\mu^i(\Pi^{-i}(\sigma^{-i}|\overline{H}(\sigma))) = 1$

6.5 自确认均衡的稳定性

我们现在转向讨论上面介绍的简单学习模型的稳定性分析。正如第 4 章中那样，我们称一个战略组合是不稳定的（unstable），如果对

于任意正数 ε，参与人的行动对该战略组合的偏离通常几乎肯定大于 ε，而且这个偏离无限频繁发生。

命题 6.1　（Fudenberg and Kreps，1995a）如果 σ 不是自确认均衡，则相对于任何关于渐近经验主义的评估是短视的行动规则，它是不稳定的。

该命题的直观含义很简单：如果行动收敛于 σ，则由强大数定律，我们期望在 σ 的支撑集中的每个信息集在时间的非零的部分可达，并且这些信息集中行动的分布将收敛于由 σ 产生的分布。于是，渐近经验主义意味着参与人的评估沿行动路径收敛于 σ，标准连续论证（a standard continuity argument）说明有些参与人最终会觉察到偏离 σ 的益处。

这个结果仅说明战略组合不能收敛到不是自确认均衡的极限，它并不排除以下情况：当结果收敛于一个不能由任何自确认均衡产生的极限时，该战略组合不收敛。因为只有结果被观察到，我们才有兴趣知道该命题能够被扩展:称一个结果 ρ 是不稳定的,如果存在 ε>0,使得由参与人的战略产生的结果的分布总是在 ρ 的 ε-领域内的概率为 0。

命题 6.2　（Fudenberg and Kreps，1995a）如果结果 ρ 并非由任何自确认均衡产生，则相对于任何关于渐近经验主义的评估是短视的行动规则，它是不稳定的。

注意，这个结果将概率法则产生的结果与具体的结果分布 ρ 相比较，而不是将观察到的经验分布与 ρ 相比。但是，强大数定律的结论与命题 6.2 结合在一起可以证明结果的经验分布在 ρ 的 ε-领域内的概率为 0。

例 6.1 的讨论已经给出了一个稳定组合不是纳什均衡的例子。这个结论的更正式的说明需要一个考虑随机因素的局部稳定性的概念。

定义 6.4　在一个给定的行动规则（和初始条件）下，如果参与人选择的战略组合收敛于 π 的概率大于零，则战略组合 π 是局部随机稳定的（locally stochastically stable）。

命题 6.3 对于某些相对于渐近经验评估是短视的行动规则，每个自确认战略组合都是局部稳定的。

这个命题的证明与第 4 章的结构相同。在第 4 章参与人开始具有很强的关于特定均衡的先验信念，而且一直坚持这种信念，直到获得了压倒性的相反证据。

6.6 异质的自确认均衡

第 7 章我们将在如下模型中讨论扩展式博弈中的学习：就像在大多数博弈试验中一样，在这个模型中，参与人被随机地与另一个参与人匹配并且仅能观察到自己这一配对中的结果。在这种情况下，没有理由认为被分配同一参与人角色的两个试验对象应该具有相同的先验信念。此外，假设参与人仅视察到自己这一配对中的结果，如果两个试验对象总是采取不同的纯战略，则他们的信念会保持不同。[8]弗登伯格和莱文（1993a）提出了如下的自确认均衡的弱化概念来描述这一想法。

定义 6.5 一个异质的自确认均衡（heterogeneous self-confirming equilibrium）是一个混合战略组合 σ，使得对于所有的 $s^i \in \text{supp}(\sigma^i)$，存在信念 μ^i，满足：

1. 对于所有的 $\hat{s}^i \in S^i, \mu^i(s^i | \mu^i) \geq \mu^i(\hat{s}^i | \mu^i)$

2. $\mu^i(\Pi^{-i}(\sigma^{-i} | \overline{H}(s^i, \sigma^{-i}))) = 1$

186 该定义允许使用不同的信念来理性化 σ^i 的支撑集中的每一个纯战略，并且允许理性化一个给定战略的信念在如下信息集中是错误的：这个信息集在该战略被执行时不可达但是在 σ^i 的支撑集中的另一个战略被执行时可达。一个来自弗登伯格和莱文（1993a）的简单例子表明了该定义如何允许在单一信念下不可能产生的结果。

例 6.2 （Fudenberg and Levine, 1993a）重新考虑图 6—2 中的

博弈。该博弈有两种类型的纳什均衡：子博弈完美均衡 Ru 以及参与人1采取行动 L 且参与人2至少有 $1/3$ 的时间采取行动 d 的均衡。但是，不存在参与人1在 L 和 R 之间随机化的纳什均衡，也不存在那种形式单一的自确认均衡。这是下面第八节中的命题6.6的结论，该命题给出了单一自确认均衡的结果与纳什均衡结果的集合相一致的条件，但这个论点可以在这个例子中直接得到：如果单个参与人1在 L 与 R 之间随机化，单一的自确认均衡要求他知道参与人2如何对 R 做出反应，而且因为参与人2在时间大于零的部分达到，所以他总是采取行动 μ。

然而，存在一个异质的自确认均衡。在这个均衡中，参与人2总是采取行动 μ，而参与人1的战略给行动 L 和行动 R 分配的概率都大于零。为了了解这个均衡满足定义6.5，令与 L 相联系的信念是参与人2采取行动 d，与 R 相联系的信念是参与人2采取行动 μ。于是与 R 相联系的信念是正确的，而与 L 相联系的信念并没有被在 L 被采取时披露的信息驳倒。这对应于如下的情况：一些参与人1具有正确的信念并采取行动 R，而其他参与人1因为害怕参与人2采取 d 所以采取行动以使参与人2没有移动的机会，这妨碍了他们了解自己的信念，是错误的。

注意，在一次性同时行动博弈中，所有信息集都在每个战略组合的路径上，因此信息集 $\bar{H}(s^i, \sigma^i)$ 是 H 的全部，即使是异质的自确认均衡也要求信念必须完全正确。因此，在这些博弈中，所有的自确认均衡都是纳什均衡。

6.7　一致自确认均衡

到目前为止，我们已经考虑了几种弱化均衡概念的方法，以描述所有对手的战略都不可观察的学习过程的定态。我们现在考虑一种强

187 化自确认均衡概念的方法以反映参与人可利用的额外信息。首先我们考虑：当一个参与人面对一个"颤抖手"的对手，或等价的（在随机匹配的情况下）面对一系列不同的对手（这些参与人中的一小部分具有不同的偏好）。在这种情况下，参与人不仅会学习在均衡路径上将会发生什么，并且会学习在给定自己战略的情况下在所有实际可达的信息集中将发生什么。

定义 6.6 一个一致的单一自确认均衡（consistent unitary self-confirming equilibrium）是一个混合战略组合 σ，使得对于所有的 i，存在信念 μ^i，对于所有的 $s^i \in \mathrm{supp}\ (\sigma^i)$，满足：

1. 对于所有的 $\hat{s}^i \in S^i, \mu^i(s^i|\mu^i) \geqslant \mu^i(s^i|\mu^i)$（应改为 $\mu^i(s^i|\mu^i) \geqslant \mu^i(\hat{s}^i|\mu^i)$——译者注）

2. $\mu^i(\Pi^{-i}(\sigma^{-i}|\overline{H}(\sigma^i))) = 1$

一致自确认均衡有更强的性质，并且比非一致自确认均衡更像纳什均衡。（注意：例 6.1 中的非纳什均衡的结果依赖于非一致的信念。）尽管在许多情况下一致性可能是一个合理的条件，例如上面提到的那些情况，但是，至今为止，该条件的主要用处是如下事实的结果：在某些类型的博弈中，所有的自确认均衡必须是一致的。

显然，纳什均衡要求一致性：因为纳什均衡要求所有的参与人具有正确的信念，特别地，它要求任意两个参与人对第三个参与人的行动有一致看法。然而，并非所有的非一致信念都导致偏离纳什均衡。特别地，为了使参与人 1 和参与人 2 关于参与人 3 的行动的非一致信念支持一个不能在纳什均衡中出现的结果，参与人 1 和参与人 2 都必须能够单方地偏离行动路径并使问题中的信息集是可达的。但是，这只有当参与人 3 不能区分两个参与人之间的偏差时才是可能的。弗登伯格和莱文定义了这种情况不能产生的一类博弈。

定义 6.7 如果对于所有的参与人 i 所有的战略组合 s 和所有的偏离 $\hat{s}^i \neq s^i$，$h^i \in \overline{H}(\hat{s}^i, s^{-i})/\overline{H}(s)$ 意味着不存在 $\hat{s}^{-i}$ 使得 $h^i \in \overline{H}(s^i, \hat{s}^{-i})$，则该博弈具有可观察到的偏离者(observed deviators)。

该定义要求，如果参与人 i 的偏离产生了一个偏离均衡路径的新信息集，则不存在产生同样信息集的对手的偏离。完美信息博弈（games of perfect information）满足这个条件，具有可观察行动的重复博弈也满足该条件。更一般地说，正如弗登伯格和梯若尔（1991）所定义的，所有具有可观察行动的多阶段博弈都满足这个条件。而且，弗登伯格和莱文建立了满足该条件的具有完美回忆的两人博弈：由于只有两个参与人，所以两个参与人必定知道是他们自己的偏离还是对手的偏离将他们带到了新的信息集。

命题 6.4　在具有可观察到的偏离者的博弈中，自确认均衡是一致自确认的。

该命题的意思是，由于具有可观察到的偏离者，当一个参与人的对手偏离时（就像在一致性的定义中所描述的那样）可达的信息集在参与人自己偏离时是不可达的，所以关于在此信息集中的行动的信念是不相关的。

6.8　一致自确认均衡与纳什均衡

然而，即使是一致的自确认均衡也未必是纳什均衡。有两个原因解释这个差异：首先，一致自确认均衡允许一个参与人关于其对手战略的不确定性是相关的，而纳什均衡要求该信念在行动战略组合上是一个点式群体（point mass）。

例 6.3　（未检验的相关）在图 6—3 的博弈中，参与人能够采取行动 A 来结束博弈，或采取其他三个行动中的任意一个，这都导致参与人 1 的对手，参与人 2 和参与人 3，进行同时行动博弈，他们都观察不到参与人 1 的行动。在此博弈中，对参与人 1 而言，相对于其对手的任何行动战略，行动 A 不是最优反应，但是它相对于给 (L_2, L_3)，(R_2, R_3) 赋予相同权重的相关分布是最优反应。[9] 利用这个观察结果，我们可知实际上这个博弈惟一的纳什均衡是参与人 1 采取 R_2，参与人 2 和参与人 3 采取各个行动的概率相同。然而，假如参与人 1 的信念是上述的相关分布，那么在一致自确认均衡中他会采取行动 A。

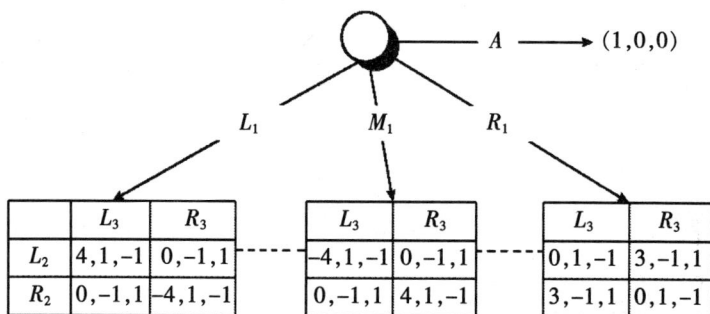

图 6—3　未检验的相关起作用的例子

此例中非纳什均衡结果出现的原因是参与人 1 关于参与人 2 和参与人 3 的行动的相对不确定性。注意，参与人 1 的信念支撑集是参与人 2 和参与人 3（不相关）的混合战略，因此参与人 1 不相信其对手的实际行动是相关的。而且，该相关性存在于参与人 1 对其对手行动的主观不确定性中。在相反的情况下，当对行动战略的信念引致一个定义在与对手的独立行动相一致的结果上的概率分布时，我们称这个信念是独立的。

当然，这种主观相关性只可能在有三个或更多参与人的博弈中出现。存在使得即使在两人博弈中一致自确认均衡也不是纳什均衡的另一种方法。这是因为异质自确认概念允许每个被参与人 i 赋予大于零的概率的 s_i 是对不同信念的最优反应。如下例所示，这些不同信念的最直接结果是一个凸化的形式。

例 6.4　（公开随机化）在图 6—4 所示的博弈中，参与人 1 能通过选择 L 结束博弈，或者通过选择 R 使参与人 2 采取行动。如果参与人 1 相信参与人 2 会采取行动 D，那么他将采取行动 L；如果他相信参与人 2 将采取行动 U，那么他会采取行动 R。如果参与人 1

采取行动 R 的概率为正，则参与人2惟一的最优反应是采取行动 U。因此，该博弈有两个纳什均衡结果：（L）和（R，U）。混合战略组合（（$1/2L$，$1/2R$），U）是一个自确认均衡，其结果是纳什均衡结果的一个凸组合：当参与人1预期参与人2会采取行动 D 时他会采取行动 L；当他预期参与人2会采取行动 U 时他会采取行动 R。当他采取行动 L 时，他对 D 的预测未被证明不成立。（注意，这个均衡是独立的。）

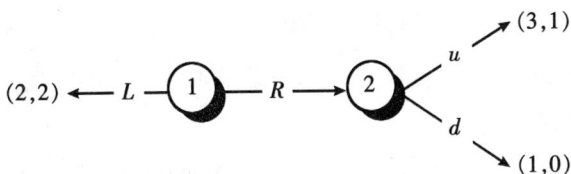

190

$$(2,2) \longleftarrow L \quad \textcircled{1} \quad R \longrightarrow \textcircled{2} \quad \begin{array}{l} \nearrow u \ (3,1) \\ \searrow d \ (1,0) \end{array}$$

图6—4　塞尔顿博弈中的公开随机化

尽管我们不知道正式的证明，但我们相信在所有的完美信息两人博弈中，惟一可能的异质自确认均衡是纳什均衡上的公开随机化。没有完美信息的限制，两人博弈中的自确认均衡将不仅仅涉及纳什均衡上的凸化。这个想法是，通过像例6.4那样在两阶段博弈的第二阶段插入一个均衡上的随机化，我们能推断出一个参与人在第一阶段随机化，即使这种随机化不会在纳什均衡中出现。而且，这种随机化随后会使其对手采取没有随机化时不是最优反应的行动。

不管是第一个例子中的偏离均衡路径的相关，还是在第二例中的"额外随机化"，都可在福格斯（Forges，1986）定义的扩展式相关均衡（extensive-form correlated equilibria）中发生。这些只能定义在信息集被程序决定的博弈中的均衡，是一个给所有信息集都加上"自动信号策略"的被扩展的博弈的纳什均衡。这些信号的联合分布被假定独立于博弈的真实行动和参与人的共同知识。在每一个信息集 h 中行动的参与人在选择行动之前被告知相应策略的结果。奥曼（Aumann，1974）的相关均衡是扩展式相关均衡的一个特殊的例子。在奥曼的相关均衡中，第一阶段之后，信息集中的信号具有单点分布，因而不包含任何新信息。正如在迈尔森（Myerson，1986）中那样，在随后时间里信号的概率允许构造不是相关均衡的扩展式相关均衡。

命题 6.5 （Fudenberg and Levine，1993a）对于信息集被程序决定的博弈的每一个一致自确认均衡，存在一个等价的扩展式相关均衡。

这里等价的意思是它们具有相同的定义在终结点之上的分布，也就是具有相同的结果。注意，其逆命题一般不成立：即使"普通的"相关均衡也不一定是自确认均衡，这一点可以通过考虑自确认均衡简化为纳什均衡的一次性同时行动博弈认识到。

191

推论 6.1 在两人博弈中，每一个自确认均衡的结果都是一个扩展式相关均衡的结果。

上面的讨论和例子说明，至少存在 3 种允许非纳什均衡的结果在自确认均衡中出现的可能性：两个参与人可能具有关于第 3 个参与人行动的不同（即不一致）信念，一个参与人关于两个或更多对手行动的信念中的主观相关，对单个参与人角色的多种（异质）信念。下面的结论表明非纳什均衡的结果是自确认的原因只有 1 个。

命题 6.6 （Fudenberg and Levine，1993a）每一个具有独立的单一信念的一致自确认均衡等价于纳什均衡。

像命题 6.3 的证明那样，这个想法简单地说明了每个参与人偏离均衡路径的行动都正好是其对手相信将会被采取的行动。单一信念假定确保只存在一个与每个参与人 i 相关的均衡。一致性条件意味着参与人 i 的所有对手具有相同的关于参与人 i 的偏离均衡路径的信念，而独立性条件则确保这些不会反映隐含的使用相关战略的"威胁"。

6.9 可理性化的自确认均衡和关于对手支付的先验信息

因为自确认均衡允许关于偏离均衡路径行动的信念是完全任意

的，它（像纳什均衡）对应于参与人没有关于其对手支付函数的先验
信息的情况。这可能是某些现实情况的很好的近似，对于分析试验对
象没有被告知有关对手支付的任何信息的博弈理论试验，它也是显而
易见的假设。在其他情况下，不论是在现实世界中还是在实验室里，
假设参与人具有某些关于对手支付的先验信息看来是合理的。为了描
述这个想法，德科尔、弗登伯格和莱文（Dekel, Fudenberg and
Levine, 1996）提出了"可理性化的自确认均衡"概念。

　　特别地，考虑图 6—4 所示的例 6.4 中的博弈。自确认均衡允许
参与人 2 采取行动 d，只要参与人 2 的信息集在行动过程中没有被达
到。正如塞尔顿（Selten, 1965）指出的那样：这样一来，参与人 2
会"威胁"将采取行动 d，从而使参与人 1 采取行动 L。然而，如果
参与人 1 知道参与人 2 的支付函数，这种威胁是"不可置信"的，因
为参与人 1 应该认识到，即使参与人 2 信息集被达到，参与人 2 仍会
采取行动 u。因此，在许多设定中，纳什均衡和自确认均衡使用的弱
理性条件包含了太少的关于对手支付的信息。

　　尽管塞尔顿用这个例子促成了子博弈完美，指出如下应该注意的地
方也是很重要的：上一段给出的论点只能验证这样一个更弱的结论：参
与人不会使用在当前问题的信息集中不是最优反应的战略。特别地，该
论点并没有为子博弈完美的如下要求提供原因：对偏离均衡路径的适当
的子博弈中的行动的预期应该是该子博弈的纳什均衡。德科尔，弗登伯
格和莱文(1996)提出，对关于对手支付信息的适当使用是通过扩展式可
理性化的形式。他们的意思是，在参与人观察到该博弈实际怎样进行的
任何信息之前，他们应该将某些战略组合排除在考虑范围之外。

　　将这个思想模型化的关键问题是确定应该考虑何种关于支付的先
验信息，因为这将决定哪些战略组合将被参与人排除。一种可能是考
虑与关于支付的共同确定性一致的预测。然而，众所周知，这种类型
的预测对于即使很小的不确定性也是不稳健的。因为我们相信精确的
共同确定性是先验的信息但不是合理的，所以我们宁愿集中研究对参

与人信念的最强的限制，即相对于少量的支付不确定性是稳健的。过去的研究工作认为这个假设应该是在曼德尔和萨米特（Monderer and Samet，1989）的意义上支付是几乎共同确定性的。[10]被称为在可达节点上可理性化的一个基本概念描述了这一假设。这个概念结合了支付的几乎共同确定性，从而对少量的不确定性是稳健的。特别地，只要对手没有被观察到偏离预期的行动，参与人就相信对手的行动将使他们假设的支付函数最大化。但是一旦有对手已经偏离，该限制就不再有影响。[11]

在讨论细节之前，先考虑如下的例子。该例子说明了当可理性化与自确认均衡相结合时一些可能发生的事情。图 6—5 所示的来自德科尔，弗登伯格和莱文（1996）的例子阐明了涉及的问题。

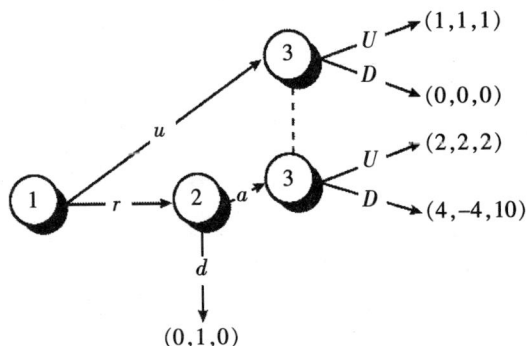

图6—5　德克尔-弗登伯格-莱文的例子

在这个例子中，（u，U）是一个纳什均衡（当然也为自确认均衡），因为参与人 2 的信息集偏离了均衡路径，所以他可能采取行动 d。然而，直观地来看，如果这是学习过程的长期结果，那么参与人 1 应该意识到参与人 2 知道参与人 3 正在采取的行动 U，参与人 1 能够利用这一知识和他关于参与人 2 支付的知识推知参与人 2 将采取行动 a。

6.9.1　符号

为了正式地处理可理性化和自确认均衡，有必要引入涉及扩展式博弈中的信念的额外符号。对参与人 i 的一个评估（assessment）α^i 是定义在他的每个信息集中的节点上的概率分布。参与人 i 的一个信念对（belief pair）$b^i = (\alpha^i, \pi^{i:-i})$ 由参与人 i 在节点上的评估 α^i 和他对对手行动的预期 $\pi^{i:-i} = (\pi^{i:j})_{j \neq i}$ 组成。注意：我们现在使用了"参与人必须相信其对手的行动与另外一个参与人的行动相独立"的独立性限制。信念 $b^i = (\alpha^i, \pi^{i:-i})$ 是一致的（Kreps and Wilson, 1982），如果评估 α^i 能够从对 $\pi^{i:-i}$ 的完全支撑近似中得到。

给定参与人 i 的一致信念，参与人 i 的信息集以一种完全自然的方式产生一个决策树。而且，每一个信息集都与一个在此信息集后的有完整定义的子树相联系。每一行动战略都以一种自然的方式在该子树中产生一个战略。对参与人 i 来说，一个行动战略是与信念 b^i 一致的在 h^i 之上的条件最优反应（conditional best response at h^i），如果这个被限定的战略在 h^i 后的子树上是最优的。（这暗示着参与人会在随后的节点上采取最优行动，因此假定最优的未来行动将产生支付 1，在其他情况下产生支付 0 的选择与保证支付 1 的选择是一样好的。）

6.9.2　信念封闭集和扩展式可理性化

源于伯恩海姆（Bernheim, 1984）和皮尔斯（Pearce, 1984）的可理性化的基本思想是，基于他关于支付的知识，每个参与人都应该有一个关于他的对手如何考虑该参与人应该如何行动的依此类推的一致的猜想序列。系统阐述该思想的一个方法是，给每一个参与人分配一个战略信念对。每个战略应该是相应信念的最优反应，而且在该信息集中的每个信念应该被存在于其他参与人的一致战略信念对的集合中的战略所"理性化"。可以方便地在一个分离的定义中分离出"信念—封闭"的思想。结合该战略是相对于信念的最优反应的要求，我们得到可理性化的定义。

定义 6.8 战略—信念对（strategy-belief pairs）$SB^1, \cdots, SB^n$

的集合群（collection of sets）是信念封闭的（belief-closed），如果 $(\pi^i, (\alpha^i, \pi^{i:-i})) \in SB^i$ 意味着 $\pi^{i:j}$ 来自定义在集合 $\{\tilde{\pi}^j | (\tilde{\pi}^j, b^j) \in SB^j$ 对于某个 $b^j\}$ 上的混合战略（mixture）。

也就是说，如果参与人 i 相信参与人 j 能选择某些行动战略，则该行动战略必然在参与人 j 的可能选择集中。正如我们在上面指出的那样，把集合 SB^j 的元素看做"参与人 i 可能认为参与人 j 将采取的行动"比看做"参与人 j 事前可能采取的行动"要好。例如，给定参与人 j 的明确说明的支付，如果参与人 j 的战略说明了在某个偏离均衡路径的信息集中的行动不是最优的，则对此的解释是这是在该信息集可达的情况下参与人 i 认为参与人 j 可能采取的行动。

作为预备的步骤，提供一个包含信念封闭概念的自确认均衡的等价定义是有用的。其作用是：如果没有我们下面引入的额外的要求，信念封闭本身将毫无用处。

命题 6.7 战略组合 $\hat{\pi}$ 是一个单一自确认均衡（unitary self-confirming equilibrium），当且仅当存在战略—信念对 $SB^1, \cdots, SB^n$ 的集合群，使得对于所有的参与人 i，

1. 如果 $(\pi^i, b^i) \in SB^i$，则在 $(\pi^i, \pi^{i:-i})$ 下以大于零的概率可达的信息集中，π^i 是对 b^i 的最优反应。

2. 每一个 $(\pi^i, b^i) \in SB^i$ 具有定义在由 $\hat{\pi}$ 引至的结果上的分布。

3. $SB^1, \cdots, SB^n$ 是信念封闭的。

下面我们用信念封闭性给出一个可理性化在扩展式博弈中的情形。[12]

定义 6.9 一个群 $SB^1, \cdots, SB^n$ 在可达的节点上是可理性化的（rationalizable at reachable nodes），如果对于所有的参与人 I，

$1'$. 如果 $(\pi^i, b^i) \in SB^i$，则在 π^i 下可达的信息集中 π^i 是对 b^i 的最优反应。

3. $SB^1, \cdots, SB^n$ 是信念封闭的。

应该指出：条件 1′由于在一个更大的信息集中要求最优，强化了条件 1。还应该指出：由于该定义采用了可理性化的思想，它没有假设存在一条共同知道的行动路径，因此它没有使用类似于命题 6.7 中条件 2 的条件。出于我们下面要讨论的稳健性的原因，这个概念并不要求在所有的节点上可理性化。

为了将这些概念结合在一起，可理性化的自确认均衡通过增加一个额外的要求加强了在自确认均衡中定义的最优性条件。这个额外的要求是：所选择的战略在所有可达的信息集中是最优反应，而不仅仅在以大于零的概率可达的信息集中是最优的。

定义 6.10　战略组合 $\hat{\pi}$ 是可理性化的自确认均衡（rationalizable self-confirming equilibrium），如果存在集合群 SB^1，…，SB^n，使得对于所有的参与人 i：

1′. 如果 $(\pi^i, b^i) \in SB^i$，则在 π^i 下可达的信息集中 π^i 是对 b^i 的最优反应。

2. 每个 $(\pi^i, b^i) \in SB^i$ 具有定义在由 $\hat{\pi}$ 引致的结果上的分布。

3. SB^1，…，SB^n 是信念封闭的。

回到例 6.4 所示的博弈中。在图 6—4 中，我们看到可理性化的自确认均衡抓住了我们想要的东西：L 不是在可达节点上可理性化的任何信念的一部分。为了认识到这一点，观察到参与人 2 的信息集总是可达的，因此条件 1′意味着 SB^2 中惟一的战略是 μ。由条件 3，参与人 1 必定相信这一点，因此他采取行动 R。

6.9.3　稳健性

可理性化的自确认均衡的一个重要特征是一个战略在该战略本身排除的信息集中不一定是最优的。我们不希望在这些信息集上强加最优性的原因是这个更强的要求对于存在少量的支付不确定性是不稳健的。为了认识到这一点，考虑图 6—6 中的博弈。

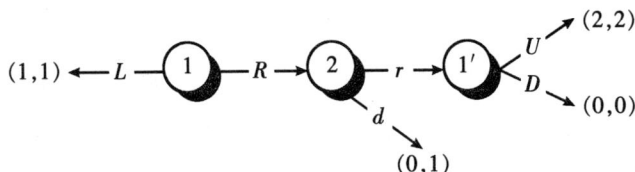

图6—6　一个稳健性的例子

在这个博弈中，结果 L 在纳什均衡（LD，d）中出现，但不在任何子博弈精炼均衡中出现。然而在图6—7所示的不完全信息博弈中，该博弈的支付很可能是图6—6所示的博弈的支付，其结果 L 在一个序贯均衡中出现。因此，在所有信息集中要求最优在图6—6中剔除了结果 L，但没有在图6—7中剔除结果 L；因此，这种要求对于少量的支付不确定性是不稳健的。[13]容易看出，通过构造可理性化自确认均衡可以达到我们在图6—6中的目标：因为当参与人1采取行动 L 时，他的第2个信息集是不可达的，所以结果 L 能够在可理性化自确认均衡中出现。

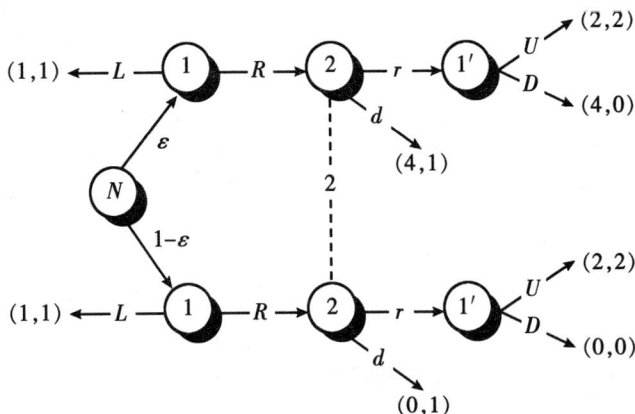

图6—7　所示博弈的不完全信息情形

6.9.4　重新分析例6.1

普通的自确认均衡允许两个参与人对第三个参与人的行动有不一致的看法。该例子说明了这样一种直观的想法：当参与人必须相信其对手行动在可达的节点上是最优反应时，这种不一致的概率会减小。考虑图 6—8 所示的扩展式博弈，弗登伯格和克雷普斯（1988）用它来说明关于偏离均衡路径行动的错误可能导致非纳什均衡的结果。这里，结果（A，a）对于 x 和 y 的任何取值都是自确认的。它由参与人 1 相信参与人 3 将采取行动 R 和参与人 2 相信参与人 3 将采取行动 L 所支持。然而，因为参与人 3 的信息集是可达的，所以，如果 x 和 y 具有相同的符号，则该结果不是可理性化的自确认均衡：如果 x，$y>0$，则参与人 1 和参与人 2 预测参与人 3 将采取行动 R，因而参与人 2 将采取行动 d；如果 x，$y<0$，则参与人 3 采取行动 L，因而参与人 1 采取行动 D。然而，如果 x 和 y 具有相反的符号，则（A，a）是可理性化的自确认均衡的结果，因为并不要求参与人 1 和 2 具有关于参与人 3 对两个节点的相对概率的偏离均衡路径评估的相同信念，参与人 1 能够认为参与人 3 的评估使行动 R 是最优的，而参与人 2 能够认为参与人 3 的评估会使他采取行动 L。这个例子说明即使是序贯可理性化的自确认均衡也不一定是纳什均衡。

198

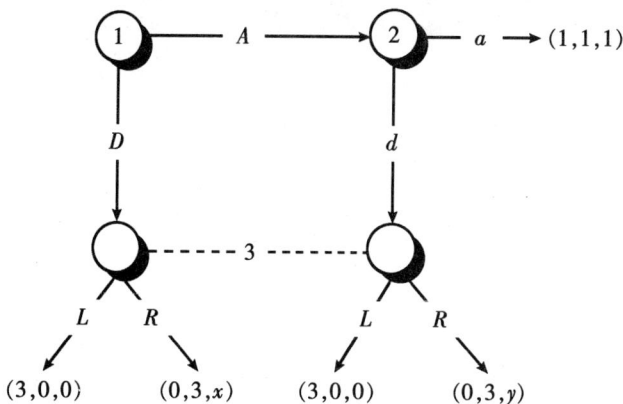

图 6—8 弗登伯格-克雷普斯例子的变化形式

6.9.5 试验证据

也许可理性化的自确认均衡的最好的动机是由普拉斯尼卡和罗思

(Prasnikar and Roth，1992）进行的"最优点"博弈（"best-shot" game）的两个试验。在"最优点"博弈中，两个参与人依次决定贡献多少公共品。该博弈的惟一可理性化的自确认均衡是它的后向归纳解：第一个行动的参与人的贡献为 0。还存在一个非完美纳什均衡：第一个行动的参与人贡献出公共品，但第二个行动的参与人的贡献为 0。普拉斯尼卡和罗思采取两种方法处理这个博弈。在第一种处理方法中，参与人被告知决定对手货币支付的函数。这里，在最后几轮试验中，第一个参与人停止贡献公共品，这正是理性化的自确认均衡预测的结果。在第二种处理方法中，试验对象没有被告知任何关于他们对手支付的信息。在这种处理方法中，即使是在试验的最后几轮，许多首先行动的参与人继续贡献公共品。这与理性化的自确认均衡不一致，但与（近似的、异质的）自确认均衡一致（Fudenberg and Levine, 1997）。这样，这些试验提供了关于其他参与人支付的信息对造成差异，而这个差异对应于自确认均衡和可理性化的自确认均衡的差异的证据。

参考文献

199   Auman, R.1974. Subjectivity and correlation in randomized strategies. *Journal of Mathematical Economics* 1:67-96.

Basu, K.1988. Strategic irrationality in extensive games. *Mathematical Social Sciences* 15:247-260.

Battigalli,P.1987 Comportamento razionale ed equilibrio nei giochi e nelle situazioni sociali. Undergraduate thesis. Bocconi University.

Bernheim, D.B.1984 Rationalizable strategic behavior. *Econometrica*, 52:1007-1028.

Dekel, E., and D.Fudenberg. 1990. Rational behavior with payoff uncertainty. *Journal of Economic Theory* 52:243 – 267.

Dekel, E., D. Fudenberg, and D. K. Levine. 1996. Payoff information and self-confirming equilibrium. Mimeo, HIER D.P.1774. Harvard University.

Forges, F. 1986. An approach to communication equilibrium. *Econometrica* 54:1375 – 1385.

Fudenberg, D., and D. K. Levine. 1993a. Self-confirming equilibrium. *Econometrica* 61:523 – 545.

Fudenberg, D., and D. K. Levine. 1993b. Steady state learning and Nash equilibrium. *Econometrica* 61:547 – 573.

Fudenberg, D., and D. K. Levine. 1997. Measuring subject's losses in experimental games. *Quarterly Journal of Economics* 112:507 – 536.

Fudenberg, D., and D. M. Kreps. 1988. Learning, experimentation and equilibrium in games. Mimeo. Stanford University.

Fudenberg, D., and D. M. Kreps. 1995a. Learning in extensive games, I : Self-confirming equilibrium. *Games and Economic Behavior* 8:20 – 55.

Fudenberg, D., and D. M. Kreps. 1995b. Learning in extensive games, II : Experimentation and Nash equilibrium. Mimeo. Harvard University.

Fudenberg, D., and J. Tirole. 1991. *Game theory*. Cambridge: MIT Press.

Fudenberg, D., D. M. Kreps, and D. K. Levine. 1988. On the robustness of Equilibrium refinements. *Journal of economic Theory* 44: 354 – 380.

Greenberg, J. 1994. Social situations without commonality of beliefs: Worlds apart but acting together. Mimeo, W. P. 8/94. McGill University.

Hahn, F. 1977. Exercises in conjectural equilibrium. *Scandinavian*

Journal of Economics 79:210-226.

Kalai, E., and E. Lehrer. 1993. Rational learning leads to Nash equilibrium. *Econometrica* 61:1019-1046.

Kreps, D., and R. Wilson. 1982. Reputation and imperfect in formation. *Journal of Economic Theory* 50:253-279.

Myerson, R. 1986. Bayesian equilibrium and incentive compatibility: An introduction. In *Social Goods and Social Organization*: *Essays in Honor of Elisha Pazner*, ed. by L. Hurwicz, D. Schmeidler, and H. Sonnenschein. Cambridge: Cambridge University Press.

200   Pearce, D. 1984. Rationalizable strategic behavior and the problem of perfection. *Econometrica* 52:1092-1150.

Prasnikar, V. and A. E. Roth. 1992. Considerations of fairness and strategy: Experimental data from sequential games. *Quarterly Journal of Economics* 107:865-888.

Reny, P. 1991. Rationality in extensive-form games. *Journal of Economic Perspectives* 6:103-118.

Rubinstein, A., and A. Wolinsky. 1994. Rationalizable conjectural equilibrium: Between Nash and rationalizability. *Games and Economic Behavior* 6:299-311.

Selten, R. 1965. Spieltheoretische Behandlung eines Oligopmodells mitnachfragetragheit. *Zeitschrift für die gesampte Staatswissenschaft* 121:301-324.

【注释】

[1] 回忆一下：每一个终节点与通过博弈树的一个惟一路径联系在一起，因此也与一个惟一的行动序列联系在一起。

[2] 更准确的说明是，假设参与人1和参与人2按照如下的方法形成并修正他们的信念：参与人1关于参与人2和参与人3的混合战略的先验信念由

$$\text{Prob}[\pi_2(A_2) \leqslant p, \pi_3(R) \leqslant q] = p^{100}q^{100}$$

给出；参与人 2 的信念由

$$\text{Prob}[\pi_1(A_1) \leqslant p, \pi_3(L) \leqslant q] = p^{100}q^{100}$$

给出。给定这些信念，参与人 1 认为参与人 3 采取 R 的概率是 $\int_0^1 100q^{100}\mathrm{d}q =$ 100/101，并且认为参与人 2 采取 A_2 的概率也与此相同，为 100/101；参与人 2 认为参与人 1 采取 A_1 这个事件发生的概率是 100/101，参与人 3 采取 L 的概率 也与此相同，为 100/101。结果，对参与人 1 和参与人 2 来说，短视的最优反应 是 A_1 和 A_2，这是第一阶段的结果。而且，给定信念的积结构，参与人 1 和参 与人 2 都不会改变他们关于参与人 3 的信念，因此，该结果是一个定态。第三节 对将虚拟行动扩展到扩展式博弈给了一个更一般的讨论。

[3] 在参与人不知道扩展式的结构的情况下，建立模型的一个方法是引入 自然的行动来选择扩展式的结构。这允许一个当他认为自己在进行同时行动博 弈"便士匹配博弈"时，自己总智胜一筹的猜透并最终推断出他的对手是如何观 察以及如何对他的选择做出反应的。

[4] 为了将参与人不一定在每一轮结束时观察终节点这一情况模型化，我 们假设每一个参与人 i 观察到 z 的一个划分中的一些元素 $\lambda^i(z)$，其中每个参与 人自己的支付函数相对于他的划分是可测的。这种更一般的学习模型隐含在巴 蒂盖利 (Battigalli, 1987) 的均衡概念中。

[5] 回忆一下，战略式定义认为参与人关于每个对手的战略的信念收敛于 定义在战略之上的经验边际分布。

[6] 事实上，那篇文章的主题是系统阐述和考察渐近短视的定义，这似乎 足够一般化从而合理化，并且足够强以至于试验在长期结果中不会出现。该文 章的另外一个我们将忽略的主题是，在何种程度上渐近短视的弱化形式，在本 质上与在其他方面看起来很自然的渐近经验主义的一些强化形式冲突。例如， 一个可能需要对应于定义在无限频繁可达的所有信息集之上的经验分布的信念， 甚至是定义在可达的频率逐步消失的信息集之上的经验分布。

[7] 巴蒂盖利的概念允许更一般的对应于在上面注意 3 中讨论的划分的 "信号"。

[8] 另一方面，如果参与人观察到总群体的结果的总体分布，我们期望所

有的参与人最终具有相同的信念。

[9] 这在弗登伯格和莱文（1993a）中被证实。

[10] 比如，我们可以通过联系德科尔和弗登伯格（Dekel and Fudenberg, 1990）与博格斯（Börgers, 1994）的结论认识到这一点。更明确地说，德科尔和弗登伯格用稳健性的 FKL 概念来说明，粗略地讲，不使用共同先验信念假设的最严格的稳健解可以通过如下方式得到：剔除一轮被弱占优的战略，然后重复剔除被强占优的战略。后来，博格斯证明了这个解的概念可以被战略式中的谨慎和支付/理性的几乎共同的确定性所刻画。

[11] 除了关于支付的几乎相同的确定性外，这还假设支付是被独立确定的，因此信号只参考偏离者的支付。

[12] 相关的概念可以在巴苏（Basu, 1988）、雷尼（Reny, 1992）、鲁宾斯坦（Rubinstein）和沃林斯基（Wolinsky, 1994）以及格林伯格（Greenberg, 1994）中找到。

[13] 就像在前面与稳健性的概念有关的工作中那样，如果某人确信某种形式的支付不确定性比其他形式的支付不确定性更不可能发生，那么他能够分辨稳健预测的更小的集合。在下一节我们将更多地讨论这种情况。如果想更多地了解稳健性的思想，请看弗登伯格、克雷普斯和莱文（1988）以及德科尔和弗登伯格（1990）。

第7章 纳什均衡，大群体模型和扩展式博弈中的变异

7.1 引 言

正如我们已经看到的那样，不存在扩展式博弈中的简单学习会导致纳什均衡结果的假定，即使当学习过程收敛时也是如此。然而，如果一个收敛的学习过程产生"足够的"对偏离均衡路径的学习，则该学习过程将收敛于纳什均衡的结果。本章研究有多少信息是"足够的"以及哪种力量可能导致有"足够的"可以利用的信息等相关问题。当我们讨论一些解释时，我

们研究的中心问题是如下的思想：为了得到他们的对手如何对这些很少被采取的行动做出反应的信息，参与人有时会故意采取不能最大化当期期望支付的行动来"试验"。

作为本章的第一步，我们处理如下问题，即为了排除除了纳什均衡之外的结果，到底多少关于对手行动的信息是"足够的"。纳什均衡的通常的定义意味着参与人知道他们对手使用的整个战略组合，或者等价的，知道会在任何一个信息集中出现的行动的概率分布。然而，这些知识比必需的知识要多，因为一个给定参与人关于在某些信息集中的行动的信念可能对他如何选择行动毫无影响。实际上，参与人在与他"相关的"信息集上有正确的信念就足够了。我们将在本章第二节中系统地阐述这一思想。

第三节研究了能够导致纳什均衡的外生规定的行为（按照虚拟行动的思想）上的充分条件。第四节检验这些假定，它们可以如何被放松以及博弈中的学习和多臂吃角子老虎机问题（mutli-armed bandit problelms）中的学习之间的联系。（这是最常见的赌博游戏。吃角子老虎机又称作"独臂强盗"，其赌法非常简单，只需将筹码投进投币口，然后拉动手柄或单击"旋转"按钮，角子机器便开始转动，如果转动停止的时候，图案符合赢钱的规定，便算是中了彩。——译者注）第五节考虑试验率是外生的完全理性的贝叶斯学习模型。为了避免在第四节讨论的一些问题，我们在异质大群体中的定态学习的模型中研究这一模型。这个模型也为异质自确认均衡提供了基础。

在这个领域，到目前为止很少被研究的一个显而易见的问题是，在多大程度上可能收敛于纳什均衡的精炼。第六节讨论诺尔德克（Noldeke）和萨缪尔森的工作。他们的工作将一个特定学习过程的随机稳定结果与一类特殊博弈的子博弈精炼均衡（subgame-perfect equilibria）联系起来。

我们以对廉价磋商博弈的讨论为终点，然后转向参与人能够进行"秘密握手"（secret handshake），即一个传递他们将采取某一特定行动的信号的想法（这一想法在第 3 章讨论过）。我们对研究这个博弈中的进化动态的文献进行一个评论性的回顾，并建议未来对这一问题的研究应该考虑博弈的扩展式特征。

7.2　相关信息集和纳什均衡

自确认均衡不一定是纳什均衡，因为某些参与人可能对偏离均衡路径的行动具有不正确的信念。但是，为了得到一个特定的自确认均衡是纳什均衡的结论，不必要假定每一个参与人的信念在每一个信息集上都是准确的。特别地，因为纳什均衡只检验单方面的偏离，一个参与人的关于如果某些其他参与人偏离均衡会发生什么的信念是不相关的。为了描述这一思想，弗登伯格和克雷普斯（1995b）引入了如下的定义。

定义 7.1　在战略组合 π_* 中，一个信息集 h 与参与人 i 相关（relevant to player i at profile π_*），如果存在某个 π^i 使得（π^i，π_*^{-i}）给 h 分配大于零的概率；所有这样的信息集的集合用 $\hat{H}^i(\pi_*)$ 表示。

像在第 6 章中那样，用

$$\prod^{-i}(\pi_* \mid J) \equiv \{\pi^{-i} \mid \pi^j(h^j) = \pi_*^j(h^j \mid a^j), \forall h^j \in H^{-i} \bigcap J\}$$

表示与在属于 J 的信息集中按照 π_* 行动的除了 i 以外的参与人一致的行动战略的子集。

命题 7.1　（Fudenberg and Kreps，1995b）战略组合 π_* 是纳什均衡，如果存在信念 μ^i，使得对于所有的 i，有

1. 对于所有的 π^i，$u^i(\pi_*^i \mid \mu^i) \geqslant u^i(\pi^i \mid \mu^i)$。

2. $\mu^i(\prod^{-i}(\pi_* \mid \hat{H}^i(\pi_*))) = 1$。

这表明纳什均衡的充分条件是信念在相关的信息集上是正确的。显而

203

易见，即使是这个条件也不是必要的。

然而，结论表明，使一个非纳什均衡的战略组合在一个学习模型中是不稳定的充分条件是，给定这个战略组合，信念在相关的信息集上是近似正确的。

这又提出了如下问题，即什么时候才如此。直观地看，如果一个信息集是充分频繁的（sufficiently often）可达的，则关于这个信息集中的行动的信念是准确的，所以参与人有足够的对该信息集中行动的观察来修正他们的可能不正确的先验信念。而且，除非我们准备对参与人的先验信念的强度（即在虚拟行动中的虚拟初始样本的规模）进行假定，"足够的"观察的意思是无限多的观察。当然，任何隐含着无限频繁的采取一个短视次优行动的概率大于零的假设都与折现多臂吃角子老虎机问题（discounted multi-armed bandit problem）的最优行为不一致。如果具有完全支持（full-support）的先验信念，最优解有百分之百的概率使试验在有限的时间停止，且锁定在客观的错误的臂上的概率大于零。（附录回顾了经典的多臂吃老虎机问题。）

结果，任何隐含着不管先验信念如何（从而收敛于非纳什自确认结果的概率为0）所有相关信息集无限频繁可达的概率为1的假设都与折现吃角子老虎机问题的最优行为不一致。对这样的假设感兴趣的原因是，这些假设对应于当折现因子趋向于1时吃角子老虎机问题的极限行为。直观地看，当参与人变得更有耐心时，信息的价值增大，因此他们会做更多的试验，锁定在错误的臂上的概率收敛于0。结果，下一节的"充分试验"条件应该被解释为当折现因子趋于1时极限行为的理想化。

7.3 外生试验

弗登伯格和克雷普斯（1995b）给出了在一个按照虚拟行动的思

想是有限理性行为的模型中非纳什均衡的不稳定性和纳什均衡的局部
稳定性的充分条件。他们的假设意味着，如果采取的战略收敛，则所
有的相关信息集（给定极限战略组合）是无限频繁可达的；意味着在
这些信息集上的信念收敛于这些信息集中的行动的经验分布；意味着
这些经验分布与行动收敛到的极限战略组合类似。后两个条件是通过
强化在第 6 章给出的渐近短视和渐近经验主义得到的。第一个条件，
即所有的相关信息集是无限频繁可达的，可以通过给参与人以各种方
法进行试验的概率限定一个下界得到。

それ自身的试验条件不是充分的原因是，在第 6 章中对渐近经验主
义和渐近短视的定义根本没有对在无限频繁可达但在时间中所占比例
逐渐削减的信息集中的信念或者行为加以限定。强化试验条件是容易
的。固定一个无限的历史 h_∞，以 $H^i_\infty(h_\infty)$ 表示参与人 i 的沿着
h_∞ 无限频繁可达的信息集的集合。

定义 7.2　参与人 i 的信念规则 μ^i_t 在扩展式博弈中是强渐近经验
主义的（strongly asymptotically empirical in the extensive form），如果
对于任意的 $\varepsilon > 0$、无限的历史 h_∞、$j \neq i$ 以及信息集 $h^j \in$
$H^i_\infty(h_\infty)$，有

$$\lim_{t \to \infty} \mu^i_t(h_t)(\{\pi^{-i} \mid \parallel \pi^j(h^j) - d(h^j \mid h_t) \parallel < \varepsilon\}) = 1$$

贝叶斯学习者满足这个条件，他们相信对手的行动对应于一个固定但
是未知的概率分布（即，可交换的抽取），并具有关于对手的所有战
略组合的集合的非教条主义的先验信念。

为了使纳什均衡在极限中是可达的，参与人必须进行足够的试验
去学习偏离均衡路径的行动；特别地，试验比率不能下降得太快。然
而，同时，这些试验必须消失得足够快使得它们是渐近行动的可以忽
略的组成部分。我们首先修改渐近短视的定义，以包括有限的、渐近
可以忽略的试验数量。令 $\kappa(a, h_t)$ 表示在历史 h_t 中行动 a 被采取
的次数，令 $\kappa(h^i, h_t)$ 表示信息集 h^i 出现的次数。

定义7.3 对于一个特定的预测规则 γ^i，行为规则 ρ^i 是在试验上具有试验时间极限的强渐近短视的（strongly asymptotically myopic with experience-time limitations on experimentation），如果它能够被分解为两个规则，一个短视规则 $\hat{\rho}^i$ 和一个试验规则 $\tilde{\rho}^i$，使得：

1. 对于某个 $a^i(h_t)(h^i) \in [0,1]$，

$$\rho^i(h_t)(h^i) = a^i(h_t)(h^i)\hat{\rho}^i(h_t)(h^i)$$
$$+ (1 - a^i(h_t)(h^i))\tilde{\rho}^i(h_t)(h^i)$$

2. $\hat{\rho}^i$ 是渐近短视的；

3. 存在一个非负的序列 $\eta_t \to 0$，使得仅当

$$\frac{\kappa(a, h_t)}{\kappa(h^i, h_t)} \leqslant \eta_{\kappa(h^i, h_t)} \text{ 时}, (1 - a^i(h_t)(h^i))\tilde{\rho}^i(h_t)(h^i)(a) > 0$$

换句话说，分配给一个"试验"行动的概率必须为 0，除非这个行动还没有被频繁地尝试。

在试验上的试验次数限制意味着：渐近地，行动有很大概率是渐近短视的。特别地，当一个信息集被达到的次数变得很大时，在该信息集中参与人 i 试验的次数所占的比例必须趋于 0。另一方面，为了得到纳什均衡，还必须具有足够的试验。

定义7.4 对于一个给定的参与人 i 和信息集 h^i，行动规则 ρ^i 在 h^i 中满足最小试验次数的试验条件（minimal experience-time experimentation condition），如果存在一个常数 $\beta > 0$ 和一个非负且满足 tv_t 不减的序列 $v_t \to 0$，使得

$$\rho^i(h_t)(a \in A(h^i) | \frac{\kappa(a, h_t)}{\kappa(h^i(a), h_t)} \leqslant v_{\kappa(h^i(a), h_t)}) \geqslant \beta$$

换句话说，还没有被频繁采取的行动应该以至少为 β 的概率被试验。

这个条件的作用可以从如下的结论看出。

命题7.2 如果参与人 i 的行为在信息集 h^i 中满足最小试验次数的试验条件，则对于任意的 $a \in A(h^i)$，

$$P(\{h_\infty \mid \lim_{t\to\infty}\kappa(h^i,h_t)=\infty \text{ and } \lim_{t\to\infty}\kappa(a,h_t)<\infty\})=0$$

粗略地说，这个命题认为：如果 h^i 是无限频繁可达的，则任意一个在这个信息集中可行的行动都必须无限频繁地被采用。这是一个很强的结论，实际上它认为所谓的"最小试验次数的试验条件"可能需要比看似合理的试验次数更多的试验。我们将在下一节讨论这些问题。现在我们提出如下的推论：在一个完美信息博弈中，如果在任意的信息集中最小试验次数的试验条件都满足，则所有的信息集无限频繁可达的概率为1。

奇怪的是，在不完美信息博弈中这些假设并不足以排除收敛于非 *206* 纳什均衡。来自弗登伯格和克雷普斯（1995b）的如图 7—1 所示的例子说明了可能存在的问题。在图 7—1 中，结果（Across, across）不是纳什均衡，因为对于参与人 3 的任意的战略，参与人 1 和参与人 2 中至少有一个人愿意偏离他们的行动。（在原文中，作者用第一个字母大写的 Across 和第一个字母小写的 across 分别表示参与人 1 和参与人 2 的行动，所以译文中未将其翻译成中文。——译者注）假设参与人 1 最初相信参与人 3 会选择行动 y，因此 Across 是参与人 1 的短期最优行动，而参与人 2 相信参与人 3 会选择行动 x，因此参与人 2 的

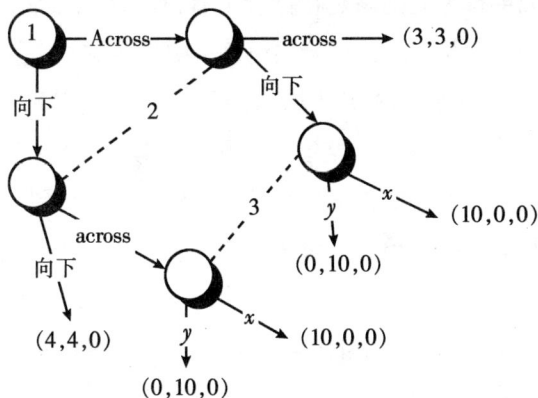

图 7—1 弗登伯格-克雷普斯的例子：尽管有"频繁"的
试验但是仍收敛于非纳什均衡的结果

短视最优反应是选择行动 across。进一步假设这两个参与人都选择在 1，10，100，1 000 等时间用他们的另一个、看起来是次优的行动进行"试验"。行为规则满足最小试验次数的试验条件，但是参与人 3 的信息集是不可达的。弗登伯格和克雷普斯认为可以用两个额外的假设条件中的任意一个来避免这个问题。下面的这个假设条件是这两个假设条件中比较简单但是比较不合乎人意的一个。

定义 7.5 行为规则 ρ^i 是一致非试验的（uniformly nonexperimental），当且仅当给定历史 h_t，在信息集 h^i 中采取非试验规则 $\hat{\rho}^i$ 的概率 $a^i(h_t)(h^i)$ 一致有下界 $\alpha > 0$。

这要求一个参与人始终有至少 $\alpha > 0$ 的机会不进行试验以使得对手的试验有机会披露他的非试验行动的信息。然而，这个假设与吃角子老虎机问题中的最优行动不一致。（我们将在下面更详细地讨论这个问题。）作为替代，弗登伯格和克雷普斯建议重新定义稳定性以排除参与人在其中能以某种方法与他们的试验完美协调的信息集。我们
207将在下一节更多地说明这个问题。下一节还将解释为什么一致非试验的一个类似物会在大群体匿名随机匹配的模型中保持下来。

命题 7.3 （Fudenberg and Kreps，1995b）如果信念是强渐近经验主义的，如果行为规则满足在试验上有试验次数限制的渐近短视，如果在所有的行为是一致非试验的信息集中最小试验次数的试验条件成立，则如果 π 不是一个纳什均衡的战略组合，则它是不稳定的；如果 π 是一个纳什均衡的战略组合，则它是弱稳定的。

在"准确"的试验数量下只有纳什均衡能够被达到，这个结论可能并不令人吃惊。直观地看，像在第 6 章中那样，渐近短视和渐近经验主义的结合意味着极限点必须是自确认均衡。而且，至少在完美信息博弈中，在所有信息集中的最小试验次数的试验假定意味着每一个信息集都是无限频繁可达的。因此在这样的博弈中，如果行动收敛，则参与人对每一个信息集中的行动都具有准确的信念，所以极限点必须是纳什均衡。在更一般的博弈中，最小试验次数的试验不一定意味

着所有的信息集都是可达的，就像在上面的例子中那样；这就是为什么需要一个额外的假设条件的原因。

7.4　在被比做吃角子老虎机问题
　　　 的博弈中的学习

给出纳什均衡的局部稳定性以及非纳什均衡的不稳定性的假设条件相当强。特别地，一致非试验条件与多臂吃角子老虎机问题中的贝叶斯最优不一致。在这一节中，我们考虑另外一个给出同样结论的假设条件，并更一般地讨论扩展式博弈中的学习如何与吃角子老虎机问题中的学习不同这一问题。

经典的吃角子老虎机问题是一个简单的单移动、单人、对每一个行动进行随机支付的扩展式博弈。在这个博弈中，某些行动的支付的概率分布是未知的，而且各个行动的支付的分布独立，因此观察一个行动的支付没有披露有关其他行动的支付的概率分布的任何信息。[1]众所周知，即使在吃角子老虎机问题中，一个没有耐心的参与人可能不能最优化：如果相信某一特定的臂是劣等的这一先验信念，则这个臂将不会被尝试，即使它是优等的。实际上，对于任意固定不变的折现因子，在吃角子老虎机问题中试验在有限时间内结束的概率是 1。[2]然而，在折现因子趋向于 1 的极限中，在此期间发生试验的时间的数量趋于无穷，次优选择的概率趋向于 0。在前面的几节中，基本的假设是试验永远继续下去。这应该被看做是当折现因子趋向于 1 时，为了得到折现吃角子老虎机问题的最优行动的极限所做的努力。在本节剩余的部分，我们将用这个极限作为我们喜欢遵循的规则类型的动机。

像我们指出的那样，一致非试验条件与不管是折现还是不折现的吃角子老虎机问题的最优行动都不一致，因为最优行动将典型地涉及在某些历史中以概率 1 采取一个试验行动。[3]对这个问题有几种答

208

案。将在下面更详细研究的一种可能的答案是，非试验的概率代表在一个匹配设定中与一个不进行试验的对手相遇的概率。另一个可能的答案是完全不要一致非试验的假设条件。弗登伯格和克雷普斯建议，作为替代，修改稳定性的定义以包括如下条件：观察到的行动能够通过某些简单的可交换性和独立性的"统计检验"。这个想法是，如果观察的历史不能通过这些检验，则参与人应该意识到归根结底环境不是渐近可交换的和独立的。然后，弗登伯格和克雷普斯证明了，行动能够收敛于纳什均衡而且满足统计检验，而即使当不要求一致非试验时，行动也既不能够满足统计检验也不能够收敛于非纳什均衡的结果。这个阐述没有解决如果某一参与人不能通过统计检验参与人将如何行动这一问题。[4]

我们接下来检验要求对所有没有被频繁尝试的行动进行试验的最小试验次数条件。当然，在对各种臂的支付是独立分布的经典的吃角子老虎机问题中，这是正确的战略。然而，存在几个说明为什么在一个博弈中这可能不是最优的原因。首先，一个参与人可能有几个行动，每个行动导致所有对手的相同的信息集，于是产生相同的信息。因为这些行动的支付不一定相同，所以假设（而且最优化要求）参与人只对具有最小期望损失的行动进行试验是有意义的。[5] 图 7—2 所示的来自弗登伯格和莱文（1993）的例子表明这会如何发生。假设参

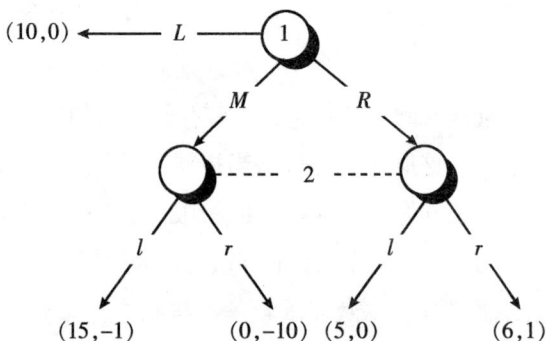

图7—2　弗登伯格和莱文的有成本试验的例子

与人 1 给参与人 2 选择行动 l 这一事件赋予一个较低的概率。在这种
情况下，通过采取行动 L 可以最大化他的即时期望支付。然而，假
设为了获得参与人 2 的行动的信息，参与人 1 愿意进行一个有成本的
试验。给定参与人 1 的信念，得到这个信息的最低成本的方法是采取
行动 R，实际上参与人可能不会采取行动 M。[6]

不存在对最小试验次数要求的非常容易的修改，该要求允许试验是
最低成本的。然而，下面我们对在定态条件下的贝叶斯学习的讨论考虑
了完全最优过程，包括通过同时考虑成本和收益来选择试验这个要求。

关于最小试验次数的试验条件的第二个问题是，我们要求它在所 *210*
有的信息集中都成立。图 7—3 所示的来自弗登伯格和克雷普斯
（1995b）的例子表明了为什么这是有问题的。假设沿着某个历史，参
与人 1 无限频繁地，但是在时间中所占的比例逐渐减小地选择 A^1，
并假设参与人 2 开始时具有相对于 A^3 参与人 3 更可能选择 D^3 的评
估。于是，在到达参与人 2 的信息集的那些时期，参与人 2 将把 A^2
视为一个有成本但是可能值得的试验。然而，只有当，首先参与人 2
知道参与人 3 通常采取行动 A^3 时，另外参与人 1 给参与人 2 一个机
会去使用通过在不久的将来再次采取行动 A^2 得到的信息时，采取行
动 A^2 这一试验才有支付。因为参与人 2 很少观察到参与人 3 的行
动，所以她应该给参与人 3 通常采取行动 A^3 这一事件分配不可忽略
的概率，因此她应该期望她确实有一些东西要学习。然而，给定参与
人 1 选择行动 A^1 的频率趋向于 0，即使是非常有耐心、追求最优的
参与人 2 也可能不会发现对 A^2 做任何试验是值得的。由于这个原
因，在每一个信息集中要求最小试验次数条件是没有意义的。

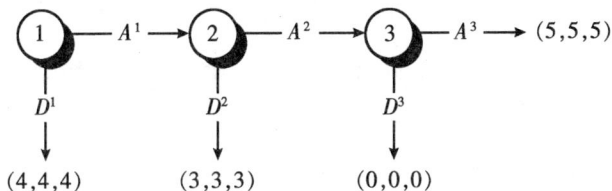

图 7—3　弗登伯格-克雷普斯的最小试验次数的例子

这里指出如下一点是重要的：纳什均衡不要求在每一个信息集中满足最小试验次数的试验条件。实际上，只要在参与人 i 感到是"经验相关"的信息集中满足最小试验次数条件就足够了——不严谨地说，给定一个无限的历史，如果在时间的充分大的部分中它是可达的以至于"它可能已经到达"，则信息集 h^i 是经验相关的。弗登伯格和克雷普斯（1995b）给出了正式的定义。

定义 7.6 行为规则 ρ^i 满足修正的最小试验次数的试验条件（modified minimal experience-time experimentation conditon，简称为 MME），如果存在一个常数 $\beta > 0$、一个非负且满足 tv_t 不减的序列 $v_t \to 0$ 以及严格正的不增序列 $\delta_k \to 0$，使得对于所有的 t 和 h_t，如果 a_1^i，a_2^i，…是参与人 i 的导致 h^i 的惟一行动序列，且

$$\frac{\kappa(h^i(a_k^i), h_t)}{\kappa(a_k^i, h_t)} \geq \delta_{\kappa(a_k^i, h_t)}$$

则

$$\rho^i(h_t)(a \in A(h^i) \mid \frac{\kappa(a, h_t)}{\kappa(h^i(a), h_t)} \leq v_{\kappa(h^i(a), h_t)}) \geq \beta$$

这个条件的作用可以从如下的结论中看出。

命题 7.4 假设参与人 i 的行为满足修正的最小试验次数的试验条件，而且存在战略组合 π_* 和 $\varepsilon > 0$，使得对于某个集合 Z 中的所有无限历史 h 以及所有的时间 t，在每一个部分历史 h_t 中，行为规则 ρ^i 给每一个 $\pi_*(a)$ 大于 0 的行动 a 分配至少 ε 的概率。则在集合 Z 中，对参与人 i 来说是 π_* - 相关的每一个信息集都几乎一定频繁可达。

粗略地说，这个命题的结论是，每一个对参与人来说至关重要的信息集是无限频繁可达的。应该指出，它允许在图 7—3 所示的例子中参与人 3 的信息集只是有限频繁可达的概率为 1，因为极限战略组合给参与人 2 的信息集分配的概率为 0。（而且，容易构造对于所有

的参与人都满足 MME 的行为规则，但是这意味着参与人 3 的信息集只是有限频繁可达的概率为 1。）与之相反，如果每个参与人的行为满足最小试验次数的试验条件，则正如我们在命题 7.2 中指出的那样，参与人 3 的信息集以概率 1 无限频繁可达。然而，从命题 7.1 我们知道，因为参与人 2 的信息集在极限战略组合中是不可达的，所以参与人 2 关于随后行动的信念是不重要的。

弗登伯格和克雷普斯证明了，MME 条件能够代替最小试验次数的试验条件用来证明命题 7.3 的结论。特别地，如果信念是强渐近经验主义的，行为满足 MME 且是在试验上是具有试验次数限制的渐近短视的，每一个参与人使用独立性和可交换性的统计检验或者行为行动满足一致非试验，则行动不能收敛于非纳什均衡的结果。

212

最后，尽管我们指出对于任何给定的折现因子，在经典的吃角子老虎机问题中的试验应该在有限时间内停止，但是，在扩展式博弈的条件下存在一些历史，沿着这些历史参与人发现即使在长期中以时间的大于零的部分进行试验也是最优的。图 7—4 所示的例子说明了如果出现某一个没有代表性的样本则可能发生的复杂情况。假设参与人 1 已经采取行动 L 和 R 许多次，而且采取这两个行动的频率相等。假设当参与人 1 采取行动 L、参与人 2 有一半的时间采取行动 w 时，它刚好发生，但是当参与人 1 采取行动 R 时，参与人 2 一直采取行动 w。因为参与人 1 知道参与人 2 有一个信息集，所以他知道参与人 2 选择行动 e 的实际概率是 1/4。尽管如此，他从来没有实际观察到参与人 3 的行动，不知道参与人 3 是否将采取行动 u，在这种情况下行动 R 是最优的；或者参与人 3 是否将采取行动 d，在这种情况下行动 L 是最优的。参与人 1 可能相信的一个先验信念是参与人 3 可能采取行动 d，在这种情况下从短视的观点来看采取行动 L 是最优的。然而，尽管参与人 1 进行了大量的观察，仍然有好的理由对 R 进行试验，因为如果参与人 3 将采取行动 u，对参与人 1 来说采取行动 R 是相当有利可图的。这表明渐近短视的假设可能与某些非代表性样本不一致。直观看来，在长期中这样的样本的概率为 0。弗登伯格和莱文（1993）在一个密切相关的条件下证明了这一点。

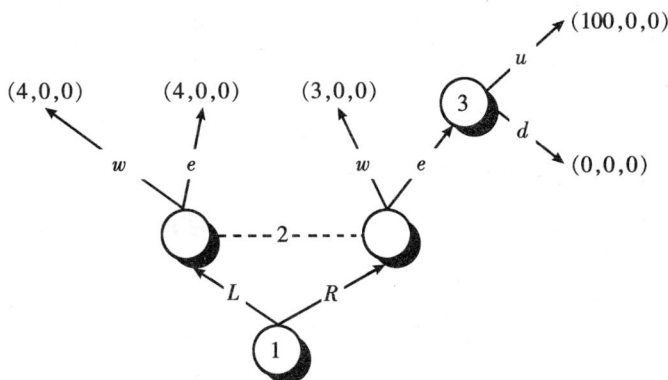

图 7—4　对没有代表性的样本的例证

7.5　定态学习

213 　　我们现在考虑贝叶斯学习模型。在这个模型中，参与人相信他们面对他们对手的战略的一个固定分布。像我们在上面指出的那样，与此相关的一个问题是，在一个固定集合的参与人进行博弈的条件下，这个假设并不真实，而且，特别地，如果系统不收敛，则参与人可能发现这一点。由弗登伯格和莱文提出的一个替代方法是研究一个参与人可以进入和离开群体、对参与人进行随机匹配的群体的模型。当参与人进入和离开时（带着他们的知识），这个模型有一个定态，即采取某些特定战略的参与人在群体中所占的比例不随着时间变化。我们的目标是看当参与人是贝叶斯最优化者且长期存活时在这个定态中将发生什么。

　　在定态中发生的试验的最优数量是复杂的。特别地，一些试验能够比其他试验揭露更多的信息，与较不具有耐心的参与人相比更有耐心的参与人更倾向于进行试验。而且，试验的动机依赖于在过去的试验中参与人如何的幸运。弗登伯格和莱文（1993）证明了，当参与人具有充分长的生命时，他们的行动与自确认均衡的行动类似。另外，如果参与人足够有耐心，则他们的行动与纳什均衡的行动类似。

特别地，在阶段博弈中与每一个参与人（除了自然以外）对应的是在动态博弈中由参与人的一个连续集合组成的群体。在每一个群体中，参与人的总数是 1。存在一个由时期构成的双重无限序列，…，$-1, 0, 1, …$，且每一个个体参与人存活 T 个阶段。我们用 τ 表示一个参与人的年龄。在每一个阶段，有 $1/T$ 个新参与人进入第 i 个群体，我们进行如下的定态假定：每一代有 $1/T$ 个参与人，每一阶段存在 $1/T$ 个年龄为 T 的参与人。

在每一个阶段，每个参与人 i 与一个来自每个群体的参与人 $i' \neq i$ 随机独立地匹配，且与年龄为 τ 的参与人 i' 相遇的概率等于他的群体比例 $1/T$。[7] 比如，如果 $T = 2$，则每一个参与人与一个"新"的参与人匹配的概率等于与一个"老"的参与人匹配的概率。每个参与人 i 的对手是独立抽取。

在他的生命期间，每个参与人能够观察到在他所参与的博弈中到达的终结点，但不能观察到其他人参与的博弈中的结果。于是，每个参与人将观察到一系列私人历史 h_t^i。

系统在某一时刻 t 的状态由具有每一种可能的历史类型的群体的比例 $\theta_t^i(h_\tau^i)$ 确定。用 ρ^i 表示具有非教条主义的先验信念且折现因子为 δ 的贝叶斯学习者的最优战略。对于任意的状态 θ，定义使用战略 s^i 的参与人的实际数量是有用的：

$$\bar{\theta}^i(s^i) \equiv \sum_{h_\tau^i \mid \rho^i(h_\tau^i) = s^i} \theta^i(h_\tau^i)$$

使用这个背景知识，我们可以描述在这个状态空间中的确定性动态。我们用 $f^i(\theta)[h_\tau^i]$ 表示当 t 时的状态是 θ 时，在 $t+1$ 时具有私人历史 h_τ^i 的群体 i 的比例。换句话说，动态由 $\theta_{t+1} = f(\theta_t)$ 给定。群体的新进入者没有经验，因此：

$$f^i(\theta)[h_o^i] = \frac{1}{T}$$

在已经存在的具有特定历史的群体 $\theta^i(h_\tau^i)$ 中，具有经验 $(h_\tau^i, \rho^i(h_\tau^i), z)$ 的那部分参与人是与使用导致终结点 z 的战略的对手匹配的那部分参与人。用 $\hat{s}^{-i}(s^i, z)$ 表示参与人 i 的对手采用的导致结果 z 的纯战略：

$$f_i(\theta)[h_\tau^i, \rho^i(h_\tau^i), z] = \theta^i(h_\tau^i) \sum_{s^{-i} \in \hat{s}^{-i}(s^i, z)} \prod_{j \neq i} \bar{\theta}^j(s^j)$$

很明显，

$$f_i(\theta)[h_\tau^i, \rho^i(h_\tau^i), z] = 0 \text{ 如果 } s^i \neq \rho^i(h_\tau^i)$$

像我们一直做的那样，用 $\hat{\theta}$ 表示动态过程 f 的一个定态。我们不检验动态过程向定态的收敛，而只考察定态本身。（像在前面的几章中一样，定态的存在性不是一个需要研究的问题，因为动态过程是从紧的状态空间到这个状态空间本身的连续映射，从布劳尔不动点定理可以直接得到定态的存在性。）

首先看到，这个模型中的定态不需要和任何类型的均衡有任何特定的联系。如果参与人存活的时间很短，他们很少有机会学习，基本上依据先验信念采取行动。因此惟一令人感兴趣的情况是当参与人的生命长度 $T \to \infty$ 时的极限状态。弗登伯格和莱文（1993）依据参与人是否有耐心证明了两个不同的结论：一般地，如果参与人具有长的生命，则定态近似于异质自确认均衡；如果参与人具有长的生命而且有耐心，则定态近似于纳什均衡。

解释为什么长的生命导致自确认均衡的直觉原因有三部分。第一，任何在定态中被采取的概率大于 0 的战略 s^i 必须被在群体中所占比例大于 0 的参与人在他们生命中所占比例大于 0 的那部分时间内采用。第二，通过将蒂科尼斯（Diaconis）和福里德曼（Freedman）1990 的结论和中心极限定理结合在一起，我们可以证明：当具有长的生命周期时，在他生命中所占比例大于 0 的那部分时间内采用一个战略的参与人应该对这个战略的结果具有近似准确的信念。第三，战略 s^i 应该能够使采取这一战略的绝大多数参与人的当期期望支付最大化。也就是说，大部分参与人采用战略 s^i 的原因是战略 s^i 是短视最优的，而不是因为他们在进行试验。最后这个事实是微妙的，因为像我们在前面几章看到的那样，最优的试验计划相对比较复杂。将这些事实结合在一起意味着，相对于沿着一个行动路径是近似正确的信念，采用战略 s^i 是近似最优反应。也就是说，采用战略 s^i 近似是一个自确认均衡。

在证明长的生命周期加上耐心导致纳什均衡的过程中，取极限的顺序被证明是相当重要的：折现因子趋向于 1 的速度必须比生命的长度趋向于无穷的速度慢得多。现在还不知道对于其他的取极限顺序该结论是否成立。这个结论的直觉是，有耐心的参与人进行足够多的试验去学习定态的真正的最优反应。我们指出如下事实：在定态中参与人不是依据日历时间选择战略意味着，弗登伯格和克雷普斯（1995b）讨论的试验的那种偶尔相关（incidental correlation）在这里不成问题。实际上，在定态/随机匹配模型中，假定绝大多数参与人实际上不进行试验，则一致非试验条件得到满足。

应该注意：显而易见的论点是，如果一个参与人非常有耐心，且一个战略有可能是最优反应的，则这个参与人应该尝试使用这个战略看看是否如此。然而，我们已经看到，如果存在其他的战略，这些战略能够以较低的成本提供相同的信息，则一些战略可能永远不会被尝试，即使它们有可能是最优反应。作为替代，弗登伯格和莱文（1993）实际使用的论点考虑一个试验具有期权价值这一概念：如果试验进行下去，则期权随着试验继续下去。如果战略的定态的概率分布收敛于非纳什均衡的极限，则存在一个以适当的概率被采用的战略，该战略相对于定态不是最优的。这意味着对该战略进行试验的期权价值不能收敛于 0。另一方面，能够证明贝叶斯最优行动和随机匹

216

配意味着绝大多数的期权价值很小。

7.6 "快速学习"模型中的随机 调整和后向归纳

本节讨论扩展式博弈中的"快速学习"模型。诺尔德克和萨缪尔森（Noldeke and Samuelson，1993）使用这个模型考察在多大程度上学习过程可能收敛于纳什均衡的精炼。弗登伯格和克雷普斯（1988）确定了几个因素，这几个因素认为沿着这些路径的结论可能需要相当强的假设。第一，信念必须在比第二节定义的相关信息集更大的一类"序列相关"信息集中是正确的，这需要比 MME 更多的试验。比如说，在完美信息博弈中，所有的信息集是序列相关的，因此在缺乏对支付函数的先验约束的情况下，每一个信息集必须被无限频繁地到达以确保只有后向归纳法得到的解是稳定的。像在图 7—3 中的讨论表明的那样，这需要即使是在时间的逐渐减小的部分可达的信息集中，参与人也要进行试验。显而易见，即使是富有耐心的参与人也不会选择这样做。[8]第二，从子博弈完美到序贯均衡需要参与人对一个信息集内的各个节点的相对概率有共同的评估，即使问题中考虑的信息集在时间的逐渐减小的部分可达。

在诺尔德克-萨缪尔森（1993）中，坎多里-迈拉斯-罗布类型的分析被应用于参与人在博弈树上的任何路径至多行动一次的博弈中。在这样的博弈中，参与人偏离期望的行动不能表明他可能在随后的信息集中偏离，因此存在各种各样的精炼与之相符。比如说，战略式博弈中的颤抖手完美与代理人—战略式（agent-strategic form）博弈中的颤抖手完美一致。我们在第 6 章定义的"在可达的节点上可理性化"这一概念对在期望参与人排除的信息集中的行动没有进行限制。这一概念等价于更强的序贯可理性化的概念。序贯可理性化要求在每一个信息集上的"理性"行动。

诺尔德克和萨缪尔森考虑了具有"变异"或者是"替代参与人"的稳定流入的有限群体中的匿名随机匹配模型。这个分析将首先考虑没有这些随机冲击时系统的行为，然后考虑随机冲击出现但是越来越小的系统的行为。在进行这样的分析之后，我们将解释为什么这个系统比在本章前面部分讨论的模型涉及更快地学习。

7.6.1　模型

在模型中，有限多个代理人中的每一个代理人用当前的战略和对对立群体的行动的"猜测"来描述。这些猜测采用每一个群体的单一行为战略的形式，因此隐含着我们在第 6 章中讨论的独立信念假定。进一步假设，每一个参与人的战略相对于他的当前猜测是最优反应，这里代理人的目标是给定他的猜测使他的事前期望支付最大化。这允许一个参与人的战略描述在被参与人的猜测赋予 0 概率的信息集中的条件被占优行动。在每一个阶段，所有参与人被随机匹配参加博弈。特别地，参与人 i 的一个给定的代理人与参与人 j 的一个给定的代理人匹配的概率是某一个下界为 0 的固定的数。

在一个阶段结束时，每一个代理人学习的概率为 μ。一个学习的代理人观察到这个阶段所有匹配中的终结点，并且将他的在对应信息集中的信念重新设定为与该阶段的观察相等的信念。注意：所有学习的代理人在一个阶段结束时具有相同的（而且是正确的）路径上的信念。还应该注意：如果代理人不学习，则他不会改变他的信念，即使这些信念与他在本阶段的匹配中可达的终结点不一致。这是该模型的一个奇特的方面，但是它对于结论似乎并不重要。[9]

于是，代理人修改自己的战略以使得这个战略是对他所有信息集中的猜测的最优反应。假设存在"惯性"，意思是在那些以前选择的行动是对新猜测的一个（可能是多个）最优反应的信息集中，代理人不会改变他的行动。

218

这个信念修正和战略调整的过程，与坎多里-迈拉斯-罗布模型中的过程相同。在这个过程中，参与人只使用他们最近的观察而忽略所有以前的观察。这里一个新的特征是在这个阶段到达的信息集中观察到的行动对关于不可达信息集中的行动的信念没有影响这一假设。[10]从贝叶斯学习者的角度来看，这等于假设信念具有定义在每一个信息集中的行动之上的独立分布的积的形式。因此，观察到一个参与人将他的反应转移到一个给定的行动并不表示这个参与人可能已经将他的反应改变为其他的反应。与隐含在对作为战略组合的猜测的系统阐述中的参与人之间的独立性假设相比，这是一个更强的假设。

前面一段定义了"无变异"的调整过程 $\Gamma(0)$。这个过程的状态空间是集合 Θ，这个集合的元素说明了一个战略以及对每个个体代理人的猜测。为了将这个过程扩展到具有变异或替代的过程，假设在每一个阶段每个代理人有 λ 的概率被另外一个具有任意猜测和相对于这个猜测是最优反应的战略的代理人所替代，假设这个替代在代理人之间是独立的。这些变异产生了一个遍历系统 $\Gamma(\lambda)$；萨缪尔森和诺尔德克的目标是描述当 $\lambda \to 0$ 时这个遍历分布 μ^{λ} 的极限。

这个系统有两个方面值得特殊的强调。第一，相对于在坎多里-迈拉斯-罗布模型中考虑的变异，这里变异或者是扰动的集合有点小，因为变异不会采取严格被占优的战略。因此 $\Gamma(\lambda)$ 的转移概率矩阵不是严格正定的。但是，因为所有不被占优的战略具有严格大于零的概率，所以容易看出这个系统确实是遍历的。[11]

第二，变异将是对偏离均衡路径行动进行试验的源泉。而且，因为"所有代理人学习"这一事件的概率在 $\lambda \to 0$ 的极限中无限大于变异的概率，所以相对于每一个代理人只观察到他自己匹配中的结果，模型将产生更多的关于偏离均衡路径的信息。因此，我们应该期望，为了排除非纳什均衡的结果，相对于通常的观察结构，在这个模型中需要更少的试验。这个效果被当参与人学习时他们修改其猜测以便和他们最近的观察相一致这个假设条件强化，因此在这里，单一的试验具有与虚拟行动模型中无限多的试验相同的效果。实际上，我们将看到，在确定长期分布时要考虑的关键问题是"一个单一的参与人 i 进行试验，然后在所有其他参与人改变他们的行动之前所有参与人改变他们的猜测以便和试验的结果相匹配"。由于这个原因，我们应该期望在这个模型中收敛于非纳什均衡的结果将比在本章前面考虑的模型中更不普遍。这也是为什么我们称这个模型为（相对）"快速学习"的原因。

7.6.2　确定性动态

像通常那样，研究的方法是首先解决没有变异时将发生什么这一问题。在这种情况下，有任何单一元素极限集（定态）产生的结果必定是独立的、单一的自确认均衡的结果。为了认识到这一点，我们指出，因为每一个参与人都具有一些最终学习的机会，而且学习的参与人观察到所有匹配中的行动，所以，如果行动被一个单一的结果吸收，则所有的参与人将最终知道这个结果是什么，因此所有的参与人必定在对应路径上的所有信息集中具有正确的猜测。于是，结果必须对应于一个单一的自确认均衡。正如我们在上面指出的那样，假设条件包含了独立性。反过来，任何独立的、单一的自确认均衡对应于一个单一元素极限集。

应该指出，一个给定的自确认均衡能够对应于许多不同的定态，因为在不可达的信息集中实际的行动是任意的，而且只存在对这个偏离均衡路径行动的猜测的弱限制。特别地，如果在定态 θ 参与人 i 能够偏离并将行动转移到一个未达到的子博弈，且任何其他参与人的偏离都不能使这个子博弈被达到，则只在除了 i 以外的其他参与人对该子博弈中的行动的猜测这个方面，与 θ 不同的任何其他状态 θ' 也是自确认均衡的，因此也是一个定态。而且，如果只要在定态中参与人 2 的信息集不会实际达到他们就给参与人 2 这个移动，则存在定态，在这些定态下一个给定参与人（比如参与人 1）的不同代理人正好在他们将得到什么支付方面不一致。这样，即使定态的结果必定是单一的自确认均衡，结果也能够对应于一个没有单一信念的稳定状态。

由于稳定状态的巨大的多样性，列举无扰动系统的所有稳定状态并计算最小阶数的树的强力方法可能相当冗长乏味。然而，正如下面将要证明的那样，因为大量的定态使得变异很容易将行动从一个定态转移到另一个定态，所以我们只需要考虑由单个变异引起的转移，因此这样的计算不是必须的。

7.6.3 具有变异的动态

我们现在转移到有变异从而 $\lambda > 0$ 的情况。我们称一个状态是随机稳定的（stochastically stable），如果它包含在当 $\lambda \to 0$ 时遍历分布 μ^λ 的支撑集的极限中。

命题 7.5 （Noldeke and Samuelson，1993）如果状态 θ 是随机稳定的，则吸引域（在 $\Gamma(0)$ 中）在一个单一的变异下能够达到的任何稳定状态 θ' 也是随机稳定的。

直观地看，如果一个单一的变异就足以从 θ 中跳出，则在状态 θ 中花费的期望时间的阶为 $1/\lambda$。而且，因为 θ' 是一个定态，所以在离开该状态前至少发生一次变异。这样，在 θ' 中花费时间的期望值至少与在状态 θ 中花费时间的期望值具有相同的阶。

使用这个关于稳定状态的引理，诺尔德克和萨缪尔森提出了存在一个随机稳定结果的必要条件。这就是极限分布集中在导致定义在终结点之上的相同分布的那些状态上。从我们上面的观察可以看出，为了存在一个稳定的结果，必须存在一个对应的状态的集合，所有这些状态都产生这个结果而且没有单一的变异能够导致具有不同结果的状态。

命题 7.6（Noldeke and Samuelson，1993）考虑一个扩展式博弈，在这个博弈中每一个参与人在任何行动的路径上至多行动一次。假设

一个结果是随机稳定的，而且在一些具有该结果的随机稳定状态上参 *221*
与人 i 能够偏离并将行动转移到某一个子博弈上。则该子博弈没有一
个自确认均衡能够给参与人 i 比他在随机稳定结果中得到的支付更高
的支付。

证明的梗概　令 z 是由随机稳定集 Θ^* 产生的一个随机稳定的结
果。第一步是检验 Θ^* 中的每一个状态都是定态从而是自确认的。
（这个想法是 $\Gamma(0)$ 的非单一元素极限集必须包含具有至少两个不同
结果的状态。）接下来假设在结果 z 处存在一个参与人 i，他能够采
取一个将行动转移到子博弈 $G(a)$ 中的行动 a，这个子博弈具有一
个自确认均衡 σ，而这个自确认均衡能够给这个参与人比他在结果 z
中得到的支付更多的支付。固定随机稳定状态 θ'，并考虑在 $G(a)$
之外的所有信息集中所有参与人的战略和猜测都与 θ' 一致的状态 θ。
在状态 θ 参与人 i 具有和在状态 θ' 中一样的战略和猜测，且所有在
$G(a)$ 中具有一个信息集的参与人的战略和猜测与 σ 对应。因为 θ' 对
应于一个自确认均衡，所以 θ 也对应于一个自确认均衡。

现在考虑一个使参与人 i 的一个代理人进入这个子博弈的变异，
并假定参与人 i 的所有学习都发生在任何其他参与人类型的任何代理
人之前，发生在任何进一步的变异之前。这将系统发送到一个新的状
态，这个状态的结果是 z'，与我们开始时假定的结果 z 不同。而且，
因为在 $G(a)$ 中的行动是这个子博弈的自确认均衡，所以学习机制
不能进一步调整这个子博弈中的行动或猜测。因为在这个子博弈中参
与人 i 的支付大于在初始结果 z 中的支付，因为在结果 z 中参与人 i
能够强迫行动进入这个子博弈，所有在 z' 开始的学习过程不能使系
统回到结果 z。因为一个单一的变异就足以使系统偏离 z，而且回到
z 至少需要一个变异，所以 z 不可能是受扰动系统的遍历分布的支撑
集中的惟一结果。（证明结束）

推论 7.1　在一个具有观察到的行动的多阶段博弈中，每一个参
与人在任何一个行动路径中至多行动一次，则任何随机稳定的结果必

定是一个子博弈完美均衡。[12]

　　证明　从命题6.4可知，在多阶段博弈中，每一个具有独立信念的单一自确认均衡具有与纳什均衡相同的结果。于是命题7.6和事实"每一个随机稳定的结果是自确认的"意味着一个随机稳定的结果必须是一个具有额外性质的纳什均衡的结果。这个额外性质就是没有一个参与人能够偏离并将行动转移到一个在某个自确认均衡中参与人将得到更高支付的子博弈中。从"任何子博弈的每一个子博弈完美均衡都是自确认的"这个事实可以得出推论中的结论。（证明结束）

　　这些结论有三个方面值得强调。第一，在技术层面上，这个证明被事实"一个单一的变异足以离开许多稳定状态的吸引域"极大地简化。在随后的关于"筛选"模型的学习动态的论文中，诺尔德克和萨缪尔森使用了相同的证明技巧。由于一个学习的参与人观察到所有匹配中的行动这个假设条件，这个技巧在这些文章中是有用的。这样，在这两个模型中关键的事件是"由一个给定的学习的参与人的所有代理人产生的一个在以前没有使用的行动上的单一变异"。学习过程的特征意味着在以前没有使用的行动上的一个单一变异能够有戏剧性的后果。

　　从这篇文章开始，这个技巧一直没有被扩展到其他类型的学习过程。然而，这些文章提出的第二个、更一般的观点是：扩展式博弈中的动态应该被期望比具有严格均衡的静态博弈中的动态对各种形式的噪声和扰动的形式更敏感。我们期望这个观点在更一般的情况下也成立。

　　第三，相关地，对扰动的敏感性表明许多博弈将没有随机稳定的结果。这能够从命题7.6的强度中看出，并在图7—5中被解释。图7—5是一个三人"蜈蚣"博弈（three-player "centipede" game），在这个博弈中参与人一个接一个地在 G（走）和 S（停止）之间选择。如果任何一个参与人选择 S，则博弈结束，并且不管在什么情况下博弈在参与人 3 行动之后结束。惟一的子博弈完美均衡是（G，S，

S），其结果为（G，S）。战略组合（G，S，G）具有相同的结果。如果（G，S，S）在随机稳定集中，则（G，S，G）也必须在随机稳定集中。但是，在对应于（G，S，G）的所有参与人3采取行动 G 的状态中，如果所有的参与人2同时学习而所有的参与人1不同时学习，则状态转移到（G，G，G）。假设在随后的阶段，所有的参与人1学习而其他参与人不学习。这一系列只依赖于"学习"的事件在无扰动无变异动态中的概率大于零，并导致结果为 S 的定态（S，G，G），所以结果（G，S）是不稳定的。

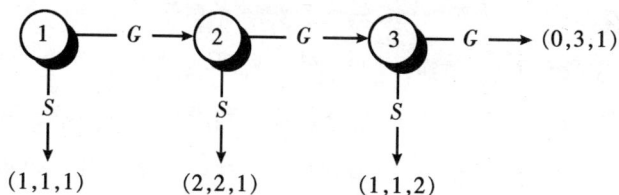

图7—5 三人"蜈蚣"博弈

与这个例子相反，假设子博弈完美均衡给所有的参与人比在任何其他结果中更高的支付。在这种情况下，结果（G，S）是稳定的。诺尔德克和萨缪尔森证明了一个比之稍强的定理。考虑在一个完美信息博弈中的子博弈完美均衡的结果。这个结果是惟一的随机稳定结果，如果没有参与人具有能够将行动转移到一个子博弈中的行动，而在该子博弈中某个终结点能够给这个参与人比他在均衡中得到的支付更高的支付。

因为这个假设不可能满足，所以"单个点是随机稳定的"这个定义没有用。我们能够从中得到的结论是接受"极限集可能不是单个点"这一思想。

7.7 廉价磋商博弈中的变异和快速学习

本节讨论具有变异的快速学习在第3章所讨论的廉价磋商 2×2

协调博弈中的应用。回忆这个博弈的结构：行动有两个阶段。在第一个阶段，参与人同时公布信息，这些信息将被看做是传递他们打算采取的行动 L 或者 R 的信号；在第二个阶段，他们进行支付如图 7—6 所示的协调博弈。磋商在如下意义上是廉价的：宣布一个行动对实现的支付没有任何直接的影响，支付仅依赖于第二阶段的选择。

	L	R
L	2, 2	－100, 0
R	0, －100	1, 1

图 7—6　一个协调博弈的例子

在第 3 章我们观察到，假设在均衡状态某些信息没有被发送，ESS 是剔除均衡 (R, R) 的充分条件。利用相反的方法，我们讨论了马蒂绥 (Matsui, 1991) 提出的基于循环稳定集的观点，该观点即使在具有固定的有限信息空间时也能剔除均衡 (R, R)。像我们指出的那样，马蒂绥的观点隐含地假设，参与人观察到他们的对手实际采取的战略组合，包括与偏离均衡路径相关的那部分战略，并对此做出反应。一旦我们承认廉价磋商博弈的扩展式特征，这就不再是一个令人满意的解释。

我们将在本节简要概述一个与诺尔德克和萨缪尔森的论点类似的论点。不像马蒂绥的论点，该论点假设参与人只观察到在行动的过程中实际发生的事情。而且，我们将看到，结论将取决于代理人是否只观察到他们自己匹配中的结果，还是与之相反，像在诺尔德克-萨缪尔森模型中那样，能够观察到所有匹配中的结果。这些论点的另一个优势是它们都考虑了一个单一动态下的长期行为，回避了一些由吉尔伯和马蒂绥 (Gilboa and Matsui, 1991) 对循环稳定集的定义所引起的需要解释的问题。

我们从对上一节讨论的诺尔德克-萨缪尔森模型的扩展开始。因为每一个参与人在每一个行动路径上行动两次，而不是诺尔德克-萨缪尔森模型所假设的那样只行动一次，所以他们的模型不能直接应用于这个博弈。为了能够应用，通过增加一个条件来扩展他们的独立性假定，这个条件就是：一个给定的参与人在一个给定的信息集中观察的行动独立于这个参与人在所有其他信息集中的行动，即使对于问题中考虑的信息集的后续节点也是如此。利用这个扩展，我们能够证明长期分布的极限给所有参与人选择帕累托最优的行动 L 这一事件赋予概率 1。

这里我们给出这个论点的一个概述。我们还没有在其他地方看到这个概述。我们将首先讨论，给定信息的当前分布，从所有代理人在第二阶段都选择 R 的任何状态出发，只需要三次变异，系统就能够移动到所有代理人选择行动 L 这个状态。也就是说，所有代理人都选择行动 R 的那部分状态空间具有至多是 3 的修正的协半径（见第 5章）。为了认识到这一点，令 θ^{*R} 表示不管第一阶段的信息是什么代理人相信所有的对手将选择行动 R，且所有的代理人宣布将选择行动 R 并实际采取这个行动的状态。如果当前的结果是，给定信息的当前的分布所有的代理人实际选择行动 R，则所有的代理人必须相信不管他们发出什么信息，他们的对手可能选择行动 R。因此，状态能够通过一系列单个变异移动到 θ^{*R}：选择每一个当前宣布将选择行动 L 的参与人，并将他们的猜测替代为他们在 θ^{*R} 中的猜测。因为这些猜测与观察到的分布一致，所以每一个这样的单一变异导致一个新的自确认均衡，从而导致无扰动调整过程的一个新的定态。于是，这一系列变异的修正成本只有 1。下一步，从状态 θ^{*R} 出发，两个变异就足以将这个状态转移到所有代理人选择行动 L 的均衡状态空间的吸引域中：假设在每一方一个单一的代理人变异为具有猜测"如果我说自己将要采取行动 L，则我所有的对手将采取行动 L；如果我说自己将要采取行动 R，则我所有的对手将采取行动 R；"[13]。进一步假设这两个变异马上相互匹配，使得它们以"宣布将采取行动 L 然后采取行动 L"结束，并且紧随着事件"所有的代理人学习"。（回想：这两个事件在无扰动［无变异］动态中具有大于零的概率。）于是，假设信念在每一个信息集中分别修正，学习的参与人具有新的

225

猜测"如果宣布采取行动 L 但实际采取 R，则所有的参与人采取行动 L"，从而所有的代理人宣布采取行动 L 并在下一阶段采取行动 L。因此，"所有的参与人采取行动 R"的修正的协半径至多是 3。

然而，所有参与人采取行动 L 的那部分状态空间的修正协半径与参与人的数量成比例，因此如果群体很大则修正协半径将更大。为了使学习的参与人在开始时选择导致有显著的机会采取行动 R 的信息，两个信息必须有很大的概率导致对手采取行动 R。（否则，学习的参与人将选择使他的对手可能采取行动 L 的信息。）这就是战略之间的关键的不对称性：如果每一个信息都可能导致结果 (L, L)，则行动从 R 转移到 L。这能够在对一个未发送信息的单个变异之后发生；而为了促使参与人选择行动 R，群体中的一部分参与人必须变异。

应该注意，这个不对称性依赖于如下假设：事件"所有的参与人马上学习"比任何单个的变异更可能（无限可能）发生。我们能够看到，通过修改模型使得代理人只学习他们自己选择的战略所引至的结果的分布，否则保持模型不变。[14] 这里，两个变异不足以使系统从状态 θ^{*R} 移动到所有代理人采取行动 L 的那部分状态空间的吸引域中。而且，如果大部分代理人在同一时间变异，则代理人将只选择移动到发送 L。

7.8 试验和期限的长度

本章的结论基本上表明，如果有足够的试验，则我们期望出现纳什均衡而不是自确认均衡。另一方面，我们证明了，特别是在第 4 章，参与人有很好的理由使用诸如平滑虚拟行动的随即规则；有许多理由使我们相信参与人实际上会随机化，包括哈塞尼的随机效用模型和心理学家的经验研究。这产生了一个问题：我们是否应该对自确认均衡感兴趣，为什么会对自确认均衡感兴趣？

为了回到这个问题，我们采取宾默尔和萨缪尔森（Binmore and Samuelson，1997）的短期（short）、中期（medium）、长期（long）和超长期（ultralong）的分类方法。短期是一个如此短的时期以至于参与人没有机会学习而仅使用他们的先验信念。在一个试验条件下，斯塔尔和威尔逊（Stahl and Wilson，1994）已经提出了先验信念形成的模型，这些模型对第一轮试验中的行动有一些预测力量，但是远离任何类型的均衡。内格尔（Nagel，1993）已经检验了当人们开始对对手过去的行动做出最优反应时，从短期到中期的转变如何发生。

在中期，参与人有机会学习。在宾默尔和萨缪尔森（1995）中，中期被认为等同于在定态的一个并非动态稳定的组成部分附近长时间停留；而长期是指足够长的时间使得系统从不稳定的那部分状态空间中移出并到达一个稳定状态。作为替代，我们宁愿强调，在长期中试验可能导致纳什均衡，而在中期自确认均衡可能是对系统的一个好的描述。关键是与他们产生关于他们的偏离均衡路径行动的数据的速度相比，参与人积累关于他们对手的均衡路径行动的数据的速度要快得多。结果，在中期，我们期望不是自确认均衡的结果是不稳定的，但是这只有在相信参与人在更长的时间内会从自确认均衡移动到纳什均衡（或者是纳什均衡的一个精炼）时才有意义。[15]不幸的是，我们没有一种方法来正式地区分这两个时间期限的长度。

最后，在超长期，我们可能期望坎多里-迈拉斯-罗布和杨那类 *227* 的论点变得中肯，因为系统将它的大多数时间花费在一个特定的随机定态附近。像宾默尔、萨缪尔森和沃恩（1995）指出的那样，这个区别对应于评价系统平均行为的两种不同的极限顺序：在相关时间期限内变异是很稀少的这一情形对应于极限顺序 $\lim_{t\to\infty}\lim_{\epsilon\to0}$，其中 ϵ 是对"噪声"规模的一个度量；而超长期是足够长的时期以至于噪声不可忽略不计，因此合适的极限顺序是 $\lim_{\epsilon\to0}\lim_{t\to\infty}$。

在解释这些结论时，重要的是考虑特定的应用。比如说，在对试验条件下将发生什么的研究中，短期和中期似乎更贴切，但是对很简单的博弈进行一些 50 或者更多次的试验除外，在这种情况下长期更合适。在谈论规则、社会规范或者经济条件中的习惯时，我们想像这些已经进化了一个很长的时期，因此长期或者是超长期更合适。这是杨（1993）的观点。

附录：吃角子老虎机问题回顾

在多臂吃角子老虎机问题中，折现因子为 δ 的一个单一的参与人必须从"臂"或者行动 $\alpha \in A$ 的有限集合中选择。选择的行动产生了定义在结果 $\theta \in \Theta$ 上的一个概率分布。这些结果是在每一个阶段从未知的概率分布 $\sigma(a) \in \Delta(\Theta)$ 中独立抽取的。效用 $u(\alpha, \theta)$ 取决于行动和结果。参与人的信念由定义在每一个概率分布 $\sigma(a) \in \Delta(\Theta)$ 上的先验分布 $\mu(\alpha)$ 给出。这些先验分布在行动间是独立的，因此学习对应于一个行动的分布不能传递关于对应于其他行动的分布的信息。学习由一个给定行动 a 产生的分布的惟一方法是采取这个行动。一个行动 a 在第 t 期被采取之后，关于对应行动的信念 $\mu_t(\alpha)$ 将按照贝叶斯法则被修正。比如说，如果 $\mu_t(\alpha)$ 是一个连续密度函数，a 是在 t 时被选择的结果为 θ 的行动，则：

$$\mu_{t+1}(a)[\sigma] = \frac{\sigma(\theta) \cdot \mu_t(a)[\sigma]}{\int \sigma'(\theta) \cdot \mu_t(a)[\sigma'] d\sigma'}$$

228 因为独立性假设，关于未被选择的行动的信念根本不修正。

我们在附录中的讨论遵循罗斯（Ross, 1983）。一般采用动态规划的方法分析问题，也就是通过猜测一个值函数 $v(\mu)$ 并使用贝尔曼方程：

$$v(\mu) = \max_{a \in A} (1 - \delta) E_\mu u(a, \theta) + \delta E_{\mu', a} v(\mu')$$

贝尔曼方程的意思是特定信念的价值等于通过选择使当期期望效用最大化的行动所得到的价值与下一期信念的期望价值之和的最大值。容易看出 v 是 μ 的（弱）凸函数。

吉滕斯（Gittens, 1979）证明了，在多臂吃角子老虎机问题中，动态规划问题的解具有一个特定的简单形式。首先考虑简单的单臂吃角子老虎机问题，在这个问题中选择权是选择一个臂或者是退出并得到一个固定的效用 U。令 $v(\mu, U)$ 为对应于该问题的值函数。容易证明这个函数是连续的，且关于 U 不减。进一步，令 $U(\mu)$ 为使退出是最优的 U 的最小值。这个值被称为吉滕斯指数。于是

$$U(\mu) = \min[\, U \,|\, v(\mu, U) = U \,]$$

在求解多臂吃角子老虎机问题中，关键的事实是每一个个体臂的吉滕斯指数能够被用来决定拉哪一个臂。也就是说，对于当期的信念和每一个行动 a，最优的计划是计算指数 $U_a(\mu(a))$，并使用吉滕斯指数最大的行动。当然，这个结论严重依赖于臂是独立的这一假设。这意味着，吉滕斯指数对于分析扩展式博弈没有太大作用。

多臂吃角子老虎机问题的一个基本特征是在一个错误的臂上永远停止的概率大于零。这容易看出：假设在开始时第一个臂上的吉滕斯指数大于第二个臂上的吉滕斯指数。于是首先尝试第一个臂。只要第一个臂上的吉滕斯指数不小于第二个臂上的先验吉滕斯指数，第二个臂将不会被使用，即使它实际上更讨人喜欢。

另一方面，如果参与人是有耐心的，也就是说 δ 接近 1，则我们认为这个现象不重要。为了认识到这一点，观察对所有的臂进行 T 期试验的战略，然后永远转移到最好的臂。如果 δ 接近 1，而且 T 足够长，则这个行动给出的期望现值与事先知道的最好的臂所给出的期望现值几乎相同。结果，最优的政策必定也近似产生完全信息支付。这意味着当 δ 接近 1 时，不可能存在"在错误的臂上停止"的值得重视的机会。

参考文献

Binmore, K., and L. Samuelson. 1997. Mudding through: Noisy equilibrium selection. *Journal of Economic Theory* 74:235-265.

Binmore, K., and L. Samuelson. 1995. Evolutionary drift and equilibrium selection. Mimeo. University College London.

Binmore, K., L. Samuelson, and K. Vaughan. 1995. Musical chairs: Modelling noisy evolution. *Games and Economic Behavior* 11:1-35.

Boylan, R. 1995. Continuous approximation of dynamical systems with randomly matched individuals. *Journal of Economic Theory* 64: 615-625.

Diaconis, P., and D. Freedman. 1990. On the uniform consistency of Bayes estimates with multinomial probabilities. *Annals of Statistics* 18: 1317-1327.

Er'ev, I., and A. Roth 1996. On the need for low rationality cognitive game theory: Reinforcement learning in experimental games with unique mixed strategy equilibria. Mimeo. University of Pittsburgh.

Fudenberg, D., and D. K. Levine. 1993. Steady state learning and Nash equilibrium. *Econometrica* 61:547-573

Fudenberg, D., and D. M. Kreps. 1988. Learning, experimentation and equilibrium in games. Mimeo. Stanford University.

Fudenberg, D., and D. M. Kreps. 1995a. Learning in extensive games, II: Experimentation and Nash equilibrium. Mimeo. Harvard University.

Fudenberg, D., and D. M. Kreps. 1995a. Learning in extensive games, I: Self-confirming equilibrium. *Games and Economic Behavior* 8:20-55

Gilboa, I., and A. Matsui. 1991. Social stability and equilibrium. *Econometrica* 58:859-867

Gittens, J. 1979. Bandit processes and dynamic allocation indices. *Journal of the Royal Statis-tical Society* B14:148-177.

Kohlberg, E., and J. Mertens. 1986. On the strategic stability of equilibria. *Econometrica* 54:1003-1037.

Matsui, A. 1991. Cheap-talk and cooperation in a society. *Journal of Economic Theory* 54:245-258.

Myerson, R. 1978. Refinment of the Nash equilibrium concept. *International Journal of Game Theory* 7:73-80.

Nagel, R. 1994. Experimental results on interactive competitive *230* guessing. Mimeo, D.P.B-236. University of Bonn.

Noldeke, G., and L. Samuelson. 1993. An evolutionary analysis of backward and forward induction. *Games and Economic Behavior* 5:425-454.

Ross, S. M. 1983. *Introduction to Stochastic Dynamic Programming*. New York: Academic Press.

Stahl, D. O., and P. W. Wilson. 1994. On players' models of other players: Theory and experimental evidence. *Journal of Economic Behavior and Organization* 25:309-327.

Young, P. 1993. The evolution of conventions. *Econometrica* 61:57-84.

【注释】

[1] 存在较少的文献讨论具有相关支付的吃角子老虎机问题。考虑扩展式博弈中的学习的一种方法是它对应于具有特定的、可能很复杂的相关形式的吃角子老虎机问题。

[2] 对吃角子老虎机问题的更详细的讨论见本章的附录。

[3] 一致非试验确实与非折现吃角子老虎机问题的 ε - 最优相一致，但是这是在其他行动中的任意固定的、小量的"颤抖"。这把我们带回在第 6 章结尾做出的结论：非纳什的自确认均衡的结果应该被看做是，对于充分少的噪声，在某一时间 T 之前将发生什么的描述。

[4] 第 8 章讨论了如果参与人发现某种对可交换性和独立性假设的偏离他们将如何行动的工作。

[5] 但是，这样的考虑建议在迈尔森的适当（properness）的意义上进行均衡精炼，因为非均衡的行动倾向于被看做是尽可能廉价的。

[6] 作为旁白，我们指出这个例子也表明为什么最优的试验不会产生前向归纳意义上的结果（Kohlberg and Mertens，1986）。前向归纳将所有对行动路径的偏离解释为试图在当前这一轮博弈中获得收益。因为 L 严格占优于 R，前向归纳认为，无论何时，当参与人 2 的信息集可达时，参与人 2 将相信参与人 1 会采取行动 M。因此参与人 2 将采取行动 1。这将导致参与人 1 采取行动 M。与之相反，在我们的模型中，为了获得将来对他有帮助的信息，参与人 1 偏离行动 L。这样做的成本最低的方式是采取行动 R。当 R 比 M 更可能被采取时，对于参与人 2 来说 r 是最优的。

[7] 博伊兰（Boylan，1995）已经证明了，当参与人的数量趋于无穷时，这个确定性的系统是随机的有限群体随机匹配模型的极限。

[8] 这不是说我们知道这些参与人不会这样做。实际上，一个相关的、仍未解决的问题是，在本章前面部分讨论的定态学习模型中，当折现因子趋向于 1 时，这种更多的试验是否会出现。另一方面，如果像在平滑虚拟行动中一样存在最小的试验概率，则满足这个假设。这种可能性带来的问题将在本章的结尾更加详细地讨论。

[9] 在一次私人通信中，拉里·萨缪尔森简略描述了一个论点：给定代理人仍然将他对每一个信息集中的行动的猜测设定为与他们的最近的观察相等，如果在每一个阶段某一个代理人知道他自己匹配中的结果，则论文中的所有近似的结论不变。然而，当代理人只观察到他们自己的匹配而不是观察到所有的结果时，这个假设就没有什么吸引力，因为代理人试图学习对手行动的总体分布，而且具有代表性的是，他在每一阶段将与一个不同的对手博弈。

[10] 在这个假设条件下，证明如下问题，即当系统只是缓慢地变化而且代

理人具有很小的折现因子时决策规则是否是近似最优的，有点棘手。因为最近观察到的结果不一定是结果的整个历史的充分统计量。然而，这个问题可以通过联合学习的参与人观察到所有匹配中的结果这个假设以及独立假设来解决。进一步指出，这种无记忆学习使得对一个混合战略均衡的先验信念很难是稳定的。这在坎多里，迈拉斯和罗布考虑的 2×2 博弈中不是非常要紧，在这个博弈中混合均衡在任何有意义的动态中很明显是非稳定的。但是当考虑更一般的扩展式博弈时这将成为一个问题。

[11] 见第 5 章的附录。

[12] 诺尔德克和萨缪尔森断言，这个结论并不局限于多阶段博弈。但是，像拉里·萨缪尔森已经给我们指出的那样，他们的证明是错误的。然而，还没有发现相反的例子，是否真的需要这个限制还是一个悬而未决的问题。为了认识到为什么不是如此，我们应该注意到虽然图 6—1 中的不一致的自确认均衡 (A_1, A_1, L_3) 是无扰动学习过程的一个定态时，但是它不是局部稳定的：参与人 1 在 D_1 上的一个单一的变异使无扰动动态到达纳什均衡 (D_1, A_2, A_3)。这产生了仍然没有被证明的猜测，即所有局部稳定的结果必定对应于纳什均衡。

[13] 这个关于行动遵循"未匹配的"信息的猜测是不重要的，这一点可以从下面的论点中清晰地看出。

[14] 如果参与人只观察他们自己的匹配，则猜测等于他们最近的观察这个假设条件是没有意义的。比如说，在没有廉价磋商的协调博弈中，无变异过程使得采取行动 L 和采取行动 R 的代理人的数量保持不变，因此每一个状态都在极限分布的支撑集中。

[15] 欧文和罗思（Er'ev and Roth, 1994）强调了同一个问题。

第8章 老练学习

8.1 引　言

通过对进化和学习模型的讨论，我们已经强调了人们相对擅长于学习这一信念。然而，到目前为止，我们所考察过的模型都隐含着参与人不能发现数据中的简单循环或其他模式。无论是明显的还是隐含的，诸如虚拟行动及其变化形式、最优反应和刺激—反应等规则被设计用来在与一个独立同分布对手进行博弈时取得较好的绩效；没有一个模型试图发现数据中的

循环或其他规律性。本章将要讨论在明确地试图识别数据中的模式的
意义上更"老练"的学习规则。

　　我们考虑三种将参与人试图识别对手行动中的模式这一想法模型
化的方法。最传统的方法是从对手战略的一个集合开始，随着时间的
过去，这些战略也许涉及行动的复杂模式，且这些战略被视为可能的
先验信念。假设参与人对这些战略有导致贝叶斯学习模型的先验信
念。这样一个贝叶斯模型等同于确定以特定事件为条件的对手行动上
的特定的条件概率。一个相关的方法是确定作为条件的事件，然后直
接估计条件概率。例如，我们可以允许参与人相信在奇数阶段和偶数
阶段对手行动的概率分布不同，或者依赖于前一个阶段采取的行动，
而不是像在虚拟行动中那样假设控制对手行动的概率分布是独立于历
史的。在这个方法中，基本的需要确定的事情不是被视为是可能的对
手战略的集合，而是把历史分类，在每一个类中条件概率被假定为常
数。

　　第三种方法不是将被视为是可能的对手战略，而是将被视为是潜 *232*
在最优反应的参与人自身的战略集合当作基本需要确定的事情对待。
在计算机科学文献中，这一基本需要确定的事情指的是专家
（experts），而且目标被认为是选择对一个行动过程提出最好建议的专
家。

　　我们将从本章第三节对贝叶斯学习模型的讨论开始。遵循卡莱和
莱勒（Kalai and Lehrer, 1993），我们证明了，如果这些信念相互之
间满足绝对连续条件，那么行动一定收敛于一个纳什均衡。然而，绝
对连续条件很难被证明是合理的，因为当对手作为贝叶斯学习者进行
行动时，他们可能采取那些不是被视为可能的先验信念的战略，在这
种情况下绝对连续假设是不成立的。在第四节我们探讨绝对连续假设
中的一些难点，包括纳赫巴（Nachbar, 1997）的结论，该结论提供
了该假设不成立的条件。我们的结论是，使用在如下意义上是稳健的
学习程序是很重要的，即不像贝叶斯学习那样，即使没有一个被视为

是可能的战略被实际实施，这个学习程序仍然做得很好。

本章剩余的部分研究稳健的并尝试至少识别某些模式的学习程序。第五节我们将考察在计算机科学文献中提出的程序，即使在最坏的情况下，这些程序也可能近似地做得像最好的专家做的那样好。在第六节我们说明如何将虚拟行动中参与人学习频率的想法扩展为学习条件频率的想法。主要结论是平滑虚拟行动的条件类似物（conditional analogue）近似地做得与平滑虚拟行动一样好，就好像预先知道条件频率一样。

一般来说，我们很难比较谨慎虚拟行动与其他动态——例如最优反应或刺激反应——之间的相对绩效。忽略谨慎虚拟行动有更好的理论性质这一事实，在某些特定的情况下，其他的模型也许比它做得更好。在第七节我们将证明这一情况是由这样一个事实造成的：其他的过程可能无意中以谨慎虚拟行动所忽略的那部分历史为条件。实际上，给定任意其他的程序，我们能够设计一个特定的条件谨慎虚拟行动规则，不管标准是时间平均还是折现支付，也不管折现因子是多少，这一规则不会比其他程序做得差，而且有时候甚至做得相当的好。

233 在第八节我们将考虑是否老练学习具有潜在的不稳定性。例如，索斯诺（Sonsino，1997）认为，老练的学习程序可能导致循环，而较不老练的学习程序将收敛。在第九节我们考察相反的问题，该问题是在较不老练的学习程序产生循环的情况下，老练学习过程能否导致收敛。即使循环可能被成功地识别，是否可能产生不能被参与人识别的更复杂的循环，或者系统是否被强制收敛？答案在很大程度上主要取决于参与人同步使用他们从历史得到的数据。允许产生比参与人行动规则中的预期模式更复杂的模式的可能性，我们注意到这一现象的一个含意是对手的行动似乎与参与人自身的行动相关。换句话说，一个参与人自身的选择可能包含了对对手将采取什么行动的预测能力。第十节我们检验福斯特和沃拉（Foster and Vohra，1995）提出的考虑这一附加信息的程序。如果参与人这样做，长期行动一定类似于一个相关均衡。然而，仍然存在一种理论上的可能性，即对参与人来说，由行动规则中的时间依赖性产生的相关性过于复杂而不能预料；这在实践中是否会发生目前还不知道。

一个重要的问题是，一旦允许参与人以行动历史为条件，他们可能意识到其对手未来的行动依赖于他们自己目前的行动。如果参与人不是短视的，这将引起一系列重要的问题：第一，参与人将试图操纵其对手的学习过程。这一可能性将在第十一节讨论。第二，参与人可能无法正确推断他们自身的行动与对手行动之间的因果联系。这一可能性在前几章考察扩展式博弈时已经探讨过了。最后，即使有足够的试验来揭示对手的战略，目前还不知道是否存在适用于非短视条件下的条件谨慎虚拟行动的类似情况和其他稳健的方法。

8.2　条件学习的三个范例

在本章的大部分内容中，我们回到进行静态同时行动博弈的短视参与人的一个固定集合这一简单的设定上来：与往常一样，这应该被认为是对大群体模型的一个适当简化。在阶段博弈中，战略是 $s^i \in S^i$，效用为 u^i。这一博弈随时间不断重复，而且行动的一个有限历史 $h_t = (s_1, s_2, \cdots, s_t)$ 列出了所有参与人在过去 t 个阶段是如何行动的。除参与人 i 之外所有参与人的行动记为 h_t^{-i}，用 h 表示行动的一个有限的历史记录，等等。所有有限的历史的集合继续用 H 来表示。

我们考察三种用来识别模式的行动范例。最传统的是一个对手战略的集合，随着时间的过去这些战略也许涉及行动的复杂模式，且这些战略是被视为可靠的（plausible）先验信念。在这些战略上增加一个先验信念将导致一个贝叶斯学习模型。特别地，令参与人 i 的模型

为映射 m^i: $H^i \rightarrow \Delta(S^{-i})$，这是一个从历史到重复博弈中参与人 i 的对手的相关战略的映射。贝叶斯信念由一个可靠模型的集合 M^i 以及该可靠的集合上的一个先验信念确定。

不再着重关注被认为是可靠的模型，我们主要关注被认为是潜在最优反应的战略。特别地，和计算机科学文献中一样，对参与人 i 而言，我们将专家（expert）定义为在历史上的一个映射，$e^i(h_t) \in \Delta(S^i)$;在重复博弈中，这只不过是一个战略。使用这一方法，学习规则的目标被认为是选择对一个行动过程提供最好建议的专家。

给定任意一个模型，我们能够考虑对应的是模型的最优反应的专家；给定任意一个专家，我们能够考虑是以这个专家为最优反应的模型。虽然模型和专家并不是一一对应的，但是在两者之间有密切的联系。特别地，我们能够以可靠模型的集合 M^i 的形式或者以可靠专家的集合 E^i 的形式考虑参与人关于其对手行动的可能动态。

不再着重关注模型，也不着重关注专家，我们尝试直接估计对手行动的以特定类为条件的概率。关键要素是将历史划分为不相交的事件的集合。特别地，我们假定存在类的集合 Ψ^i，观察结果被放置在这些类中。分类规则（classification rule）为映射 $\hat{\psi}^i$: $H \times S^i \rightarrow \Psi^i$。[1]解释为在观察 s_t^{-i} 之前，参与人已经知道 h_{t-1} 和 s_t^i，而且必须选择一个仅基于该信息的类 $\hat{\psi}^i(h_{t-1}, s_t^i)$。

8.3 老练学习的贝叶斯方法

235 我们从考察由对一个特定先验信念 Γ^i 采取一个最优反应形成的行动规则 ρ^i 开始，该先验信念给可靠模型的每一个有限集或可数集 M^i 赋予一个大于零的概率。[2]我们的介绍大致基于卡莱和莱勒（Kalai and Lehrer，1993）的研究成果。他们考察了更一般的参与人或者有耐心或者没有耐心的情况。[3]

贝叶斯学习的一个重要特性是，如果先验信念与实际模型一致，则信念是一致的，即他们收敛于实际模型。在当前的情况下，这意味着收敛于纳什均衡。为了进一步明确这一思想，我们首先定义收敛于静态纳什均衡的含义。给定每个参与人的行动规则 ρ^i，存在明确定义在有限历史或无限历史之上的概率分布 D_ρ。如果存在一个从历史到阶段博弈的纳什均衡的映射 $\hat{\sigma}_t(h_{t-1})$，使得相对于 D_ρ 几乎一定有 $|D_\rho(s_t|h_{t-1}) - \hat{\sigma}_t(h_{t-1})(s_t)| \rightarrow 0$，则我们称学习规则收敛于静态均衡（converge to static equilibrium）。这一收敛准则要求每一个阶段都收敛，但并不要求收敛于一个单一的静态纳什均衡；在几个静态纳什均衡之间的确定性移动是允许的。因为不再假定参与人相信世界是静止不变的，没有理由认为他们不能进入不同纳什均衡之间的循环。

下面我们将证明无论何时只要信念关于行动路径（因此，隐含的，关于彼此）满足一个绝对连续条件，贝叶斯规则一定收敛于静态均衡的集合。令 $D^i_{\rho^i, \Gamma^i}$ 为由参与人 i 的行动规则和信念引起的历史上的概率分布。

定义 8.1　如果存在某一个可靠的模型 $m^i \in M^i$，满足 $D^i_{\rho^i, m^i} = D_\rho$，则信念 Γ^i 关于行动路径是绝对连续的（absolutely continuous with respect to the play path）。

也就是说，应该存在某个可靠的模型，从历史上的概率分布是相同的意义上而言，该模型等价于对手的实际战略。然而，可靠的模型可能产生不同的偏离均衡路径的行动。在目前短视的情况下，这一点是不相关的，因为参与人并不关心他们的偏离如何影响对手未来的行动；在卡莱和莱勒研究的有耐心的参与人的情况下，这意味着我们可能只能得到一个自确认均衡而不是一个纳什均衡，因为信念只需要在均衡路径上是（渐近）正确的。

命题 8.1　（Kalai and Lehrer, 1993）如果每一个 ρ^i 是对关于行动路径绝对连续的信念 Γ^i 的最优反应，则规则收敛于静态均衡。

证明的梗概　我们将证明，对于足够大的 t，每一个参与人关于

236

对手在阶段 t 的行动的预测是近似正确的。因为每一个 ρ^i 是参与人 i 的信念的最优反应，而且最优反应对应具有闭图像（closed graph），所以得到命题的结论。

预测近似正确这一事实基本上是布莱克韦尔和杜宾斯（Blackwell and Dubins，1962）的一个结论，该结论是由鞅收敛定理得到的。为简化起见，我们假定对每一个参与人 i，模型 m^i 是使得 $D^i_{\rho,m^i} = D_\rho$ 在每一个历史中指定一个纯战略组合的模型。这允许我们仿照我们在关于信誉效应的文章进行证明。

固定一个参与人 i 和一个使得 $D^i_{\rho,m^i} = D_\rho$ 的模型 m^i，令 ω 表示对手行动由 m^i 产生这一事件（在参与人 i 关于他的对手行动的模型）。令 $\tilde{\omega}$ 表示 ω 没有出现的对立事件。我们将使用下面的引理：

引理 8.1 存在一个 $r < 1$，使得无论何时只要参与人 i 关于按照 m^i 行动的对手的后验概率大于或等于 r，$\rho^i(h_{t-1})$ 就是对 m^i 的最优反应。

这个对一般闭图像的结论的微弱强化的结论是假设在阶段博弈中存在有限多个战略的结果，这一结论被证明是成立的，例如在弗登伯格和莱文（1989）中。

现在，在任何与 h（D_ρ 下的一个确定结果）一致的历史中，我们能够利用贝叶斯规则确定参与人 i 关于事件 ω 的后验概率，

$$\Gamma^i(\omega \mid h_t) = \frac{D_\rho(s_t^{-i} \mid h_{t-1}, \omega)\, \Gamma^i(\omega \mid h_{t-1})}{D_\rho(s_t^{-i} \mid h_{t-1})}$$

使得

$$\frac{\Gamma^i(\omega \mid h_t)}{\Gamma^i(\omega \mid h_{t-1})} = \frac{D_\rho(s_t^{-i} \mid h_{t-1}, \omega)}{D_\rho(s_t^{-i} \mid h_{t-1})}$$

237 从而，在参与人 i 不采取由 m^i 描述的战略的最优反应的任何阶段，事件 ω 的后验概率通过一个至少为 $1/r$ 的因子增大，因此能够存在至多有限个这样的阶段。取参与人的有限数量上的界限的最大值将得

到想要的结论，而且实际上得到了更多的结论：存在一个有限的时间 T，在 T 之后的每一个阶段采取的行动正好是静态纳什均衡中的行动。

细心的读者会注意到，假设条件读起来像一个均衡定义：学习规则被假定是对如下信念的最优反应，即关于由那些规则产生的行动路径是可靠的信念。这个"不动点"性质使得这一假设有点难以解释，但是该假设还没有强到意味着从第一个阶段开始行动就是一个静态纳什均衡。为了更深入地阐明这一条件，考虑卡莱和莱勒的一个例子，该例子表明了关于我们在对他们的结论进行证明时假设的那种纯战略模型，绝对连续是如何被满足的。这个例子也可以帮助说明绝对连续假设的"不动点"特征。

例 8.1　（Kalai and Lehrer，1993）考虑图 8—1 所表示的两人"斗鸡"阶段博弈，在该博弈中战略为"屈服"（Y）或"坚持"（I）。该博弈具有两个纯战略均衡——一个是参与人 1 屈服而参与人 2 坚持，反之亦然——和一个混合战略均衡。遵循卡莱和莱勒，我们假定可靠集由具有如下形式的纯战略模型组成，即"在最初的 n 个阶段（可能无限）坚持，然后永远屈服"。此外，我们还假定先验信念使这些模型的权重呈指数减少，而始终坚持的概率大于零。

	Y	I
Y	0, 0	1, 2
I	2, 1	-1, -1

图 8—1　斗鸡博弈

对于参与人 i 而言，这类先验信念的最优反应是坚持有限时段 t_i，然后如果其他参与人还没有屈服则自己屈服，因为其他参与人越来越可能永远不屈服。最后得到的行动路径是否满足绝对连续取决于两个参与人先验信念的差别有多大。如果相对于"对手坚持"这一信念，参与人 1 对"对手屈服"这一信念更悲观，则参与人 1 的最优反应是在更早的阶段屈服，于是行动路径将是在 t_1 以前，两个参与人都坚持，从 t_1 这一阶段开始，参与人 1 将屈服而参与人 2 将坚持。这一路径不仅是在参与人 2 在时间 t_1 和 t_1 之前坚持的前提下，任一模型 m^2 对 D^1_{ρ',m^2} 的预测；而且也是在参与人 1 在时间 t_1 正好停止坚持的前提下，任一模型 m^1 对 $D^2_{\rho^2,m^1}$ 的预测，因此两个参与人的信念关于行动路径都是绝对连续的。而且，正如定理所表明的那样，从 t_1 开始的所有时期的结果都是一个静态纳什均衡。

现在假定两个参与人具有对称的先验信念（或近似如此）使得两个参与人将在同一时间停止坚持。当这一情况发生时，对两个参与人而言，最优反应都是停止屈服，这是一个依照初始信念具有概率 0 的路径，因此违背了绝对连续。[4]这阐明了在寻找满足绝对连续假设的可靠模型的集合的问题。同时它也提出了一些更加复杂的信念是否满足绝对连续假设这一问题，我们将在下一节对这一问题作更一般化的讨论。

8.4　绝对连续条件的解释

正如我们观察到的，将卡莱-莱勒的结论解释为贝叶斯学习的一个有利的结论所面临的问题是，先验信念必须满足绝对连续条件。然而由于绝对连续是内生的，原则上寻找信念与寻找一个均衡需要相同类型的不动点解。这个问题的解决方法之一是将这一结论解释为一个新而且更弱的均衡条件，而不是解释为"我们如何得到均衡"这一问题的回答。也就是说，在这种情况下，"均衡"允许在参与人之间存在关于行动的可能过程的实质上的不一致，但最终这种不一致将会消失。这一解释在很多地方都类似于乔丹（Jordan, 1991）的模型（和结论），在该文章中，乔丹考察了重复博弈的一个完全贝叶斯纳什均衡，在该博弈中参与人最初不知道他们在进行什么博弈。在这里，结论同样是行动收敛于阶段博弈中的纳什均衡。

239

　　然而，在这里我们感兴趣的是允许先验信念是外生指定的、不需要参照不动点问题的模型。理想的情况是，先验信念具有不管对手的战略如何都满足绝对连续假设这一性质，但这是不可能的：空间 H^{-i} 是不可数的，因而所有模型的集合也是不可数的。如果我们继续限定可靠的模型的集合是可数的，那么这一集合不一定包括所有可能的模型。另一方面，如果我们允许可靠的模型的集合是不可数的，我们必须依靠大于零的概率来定义绝对连续，而且在一个不可数空间上的任何概率分布给某些点分配的概率必须为 0。如果对手确实选择了这样一个点，绝对连续假设将不成立。

　　作为替代，我们将考察更弱的可能性，即有可能指定一类先验信念，该先验信念具有如下性质：如果所有的参与人都从该类先验信念中选择先验信念则满足绝对连续假设。即使是这个更弱的目标也很难达到。特别地，正如图 8—2 所示的例子表明的那样，这个条件在博弈的无限时间期间内比在博弈的有限时间期间内更难满足。我们假设参与人的信念是对手的行动独立于他们自身的行动，而且这一先验信念是"最终均衡"。这个假设的意思是战略的可靠集是随机开始的具有形式（s_1^{-i}，s_2^{-i}，…，s_t^{-i}，s_t^{-i}，…）的非偶然（uncontingent）战略，但在这一可靠集中对手的行动最终收敛于一个特定的纯战略。而且，所有的这样的序列都具有大于零的概率，也只有这样的序列具有大于零的概率。

	A	B
A	1, 1	0, 0
B	0, 0	1, 1

图 8—2　纯战略协调博弈

　　作为这些信念的一个例子，我们假设参与人 1 相信在阶段 1 行动 A 出现的概率是 90%，而参与人 2 相信行动 B 出现的概率是 90%。而且两个参与人的信念都是如果对方在过去采取（s_1^{-i}，s_2^{-i}，…，s_{t-1}^{-i}），那么在阶段 t 他不采取 s_{t-1}^{-i} 的概率只有 $(0.1)^t$。于是每一个参与人总是以对手在上一阶段行动的方式行动，但最初参与人 1 采取行动 A 而参与人 2 采取行动 B。因此行动一定在（A，B）和（B，A）之间交替，这是一个在先验信念中概率等于零的事件。两个参与人永远不会达成协调。对于博弈的任何有限时间期间，绝对连续假设得到满足，但问题是绝对连续假设不是渐近满足的。

当然，有人可能认为参与人应该给两个循环以正的先验权重。但这仍然不能保证不会导致三个循环。我们必须检验，当每一个参与人相对于他对可靠集的先验信念最优化时，最后得到的行动给其对手认为是可靠的集合分配的概率等于 1。在上述例子中问题在于它并不是这样。

我们对这一问题更深入的讨论大致是基于纳赫巴（Nachbar，1997）的。为简化起见，我们将限定讨论图 8—3 所表示的便士匹配博弈。回忆一下，参与人 i 的模型是从历史到重复博弈中参与人 i 的对手采取的战略的一个映射 $m^{-i}(h_t) \in \Delta(S^{-i})$，而且用 M^i 表示参与人 i 认为是可靠的模型的集合。如果一个模型给参与人 i 的对手的一个战略赋予概率 1，我们将这个模型称为纯战略模型（pure model）（类似于一个纯战略）。对任意一个纯战略模型 m^{-i}，我们用 $\widetilde{m}^i(m^{-i}) = BR^i(m^{-i})$ 表示相对于 m^{-i} 在每一个阶段都产生支付 1 的纯战略模型。遵循纳赫巴的方法，我们假设如果一个纯战略模型 $m^{-i} \in M^i$ 被参与人 i 认为是可靠的，那么纯战略模型 $\widetilde{m}^i(m^{-i})$ 被参与人 $-i$ 认为是可靠的，也就是说 $\widetilde{m}^i(m^{-i}) \in M^{-i}$。

	H	T
H	1, −1	−1, 1
T	−1, 1	1, −1

图 8—3　便士匹配博弈

假设存在一个最优反应 ρ 使得具有概率 1 的最终行动对每一个参与人 i 而言是可靠的，而且使得某一个纯战略模型 m^i 具有大于零的概率。那么，由假设这意味着模型 $\widetilde{m}^{-i}(m^i)$ 必须被参与人 i 认为是可靠的，因此在其先验信念中具有大于零的权重。由命题 8.1 这意味着最终参与人 i 必定知道参与人 $-i$ 正在实施 $\widetilde{m}^{-i}(m^i)$。一旦参与人 i 知道了这一事实，他将不再按照 m^i 行动，这与 ρ^i 是参与人 i 的先验信念的最优反应这一事实相矛盾。

这一系列争论中的难点在于它仅仅表明如果最优反应赋予一个纯战略模型一个大于零的概率，则该最优反应不可能是可靠的。然而，如果最优反应是充分混合的（例如，在每一个阶段抛一个均匀硬币，该是进行便士匹配博弈的一个显而易见的方式），那么它们就不可能赋予任一纯战略模型一个正的概率。因此，对所有参与人而言是否存在可靠集使得最优反应导致可靠的结果这个问题仍然有待回答。纳赫巴（1997）证明了，如果我们坚持可靠集的所有最优反应都是可靠的（而不是像我们这里所做的那样，只有一部分是可靠的），那么这一不可能的结果能够被扩展到混合战略和颤抖手均衡（tremble）以及其他博弈中。以某种宽松的观点来看，这表明绝对连续假设很难得到满足。

8.5　选择专家

贝叶斯方法的问题是，内生决定的真实过程也许不在最初被认为是可能的过程的集合中，而且当先验信念的支撑集不包含生成数据的过程时，贝叶斯修正可能有奇异的结果。贝叶斯修正使与"真实模型"的对数距离的某种度量最小化，但这无法保证参与人将得到一个合理的支付；特别地，对于对手的某一个没有预料到的行动，贝叶斯最优决策法则给参与人的支付小于最小最大化支付。

由于这一原因，我们对相对于产生数据的过程可能不在先验信念的支撑集中这个可能性是稳健的学习规则感兴趣。也就是说，我们探索那些即使在生成数据的真实过程与最初预期的过程不同的情况下也会做得很好的规则。由于我们衡量成功的标准是学习规则带来的效用，所以在这里放弃贝叶斯观点而直接将注意力放在被认为是潜在的最优战略上是合适的。在这一部分我们将采用在本章前面部分引入的计算机科学术语并重新将学习问题看做是选择为行动过程提供最好建议的专家。我们的目标是证明相对简单地根据历史绩效评价专家的程序确实渐近地与最好的专家做的一样好。换言之，如果"真实的"模型或"真实的"专家被认为是一个可靠的先验信念，则没有一个专家（或模型）一定做得尽可能的好，但从所有专家中得到最高的时间平均效用被认为是一个可靠的先验信念这一意义上而言，不一定比与"真实的"专家最接近的专家做得差。

为证明这一事实，我们回顾一下第 4 章关于谨慎虚拟行动的结论；关于专家的结论可以作为这个基本结论的一个推论推导出来。我们将采用时间变化效用函数的结论形式。定义

$$\vec{u}_t^i(e^i) = \frac{1}{t} \sum_{\tau=1}^{t} u^i(e^i(h_{\tau-1}), s_\tau^{-i})$$

为当专家（e^i）代表参与人 i 行动时将实现的效用。注意，当通过选择行动进行的博弈是不变的时候，通过选择专家进行的博弈是由时间和历史决定的，因为给定历史，对应于选择一个特定专家的效用将取决于专家推荐的行动。采用与第 4 章类似的结构，我们定义一个将历史映射到定义在专家之上的概率分布的规则 $\overline{BR}_e^i(\vec{u}_t^i)$，该规则是通过求解如下最优化问题得到的：

$$\max_{\vartheta^i} \vartheta^i \cdot \vec{u}_t^i + \lambda v^i(\vartheta^i)$$

其中 $\vartheta \in \Delta(E^i)$ 为定义在可靠专家的集合上的概率分布，v^i 是在单纯形边界上变大的平滑函数，λ 为一个小的正实数。

通过首先使用 $\overline{BR}_e^i(\vec{u}_t^i)$ 然后令（随机选择）专家选择行动，我们可以定义一个更一般意义上的学习规则；用 $\overline{BR}^i(\vec{u}_t^i)$ 表示该规则。

在这种情况下，采用这个定义，我们能够定义一个与普遍一致性

类似的概念。

定义 8.2　规则 ρ^i（从历史到混合行动的映射）为 ε-普遍专家（ε-universally expert），如果对于任一 ρ^{-i}，

$$\limsup_{T\to\infty} \max_{e^i\in E^i} \vec{u}_T^i(e^i) - \frac{1}{T}\sum_{t=1}^{T} u^i(\rho_t(h_{t-1})) \leqslant \varepsilon$$

相对于（ρ^i, ρ^{-i}）几乎一定成立。[5]这说明最好的专家得到的效用不会比实际获得的效用大 ε。

根据这个定义，我们将命题 4.5 重新表述如下。

命题 8.2　假设 v^i 是一个平滑的、严格可微的凹函数，并满足边界条件：当 ϑ^i 接近单纯形的边界时，v^i 的斜率变为无限。则对任意的 ε，存在一个 λ 使得 $\overline{BR^i}$ 程序为 ε-普遍专家。同样要注意的是，我们可以很容易从命题 8.2 推导出命题 4.5：假设在可靠的专家中，每个专家都推荐在每一个阶段采取一个固定的行动，而且每一个行动都用某一个专家来表示。这样，最好的专家得到的支付是采取相对于行动的时间平均而言是最优的行动而得到的支付，因此一个普遍专家规则是普遍一致的。

在 $v^i(\sigma^i) = -\sum_s \sigma^i(s^i)\log(\sigma^i(s^i))$（第 3 章定义的熵的相反数）的情况下，选择专家的策略是以与历史效用指数成比例的频率进行选择。利特斯通和沃缪斯（Littlestone and Warmuth, 1994），德善提斯、马科斯基和韦格曼（Desantis, Markowski and Wegman, 1992），费德、梅拉和古特曼（Feder, Mehrav and Gutman, 1992），沃克（Vovck, 1990）在计算机科学中引入了这类指数加权的策略。沃克（1990）在一个特定条件下给出了命题 8.2 的证明，而程（Chung, 1994）以及弗罗因德和沙派尔（Freund and Schapire, 1995）给出了完整定理的证明。弗罗因德和沙派尔（1995）特别注意了收敛比率。也存在一些不同的扩展，例如基维纳和沃缪斯（Kivinen and Warmuth, 1993），将其扩展到连续结果的情况下。对这一文献的一

个好的评论参见福斯特和沃拉（Foster and Vohra，1996）。

8.6 条件学习[6]

研究在一大类学习环境中做得很好的规则的另一方法是，在给定所有参与人的行动历史的情况下，直接估计对手行动的条件概率的集合。也就是说，我们将样本分为子样本，并询问参与人是否做得与他在知道每一个子样本中对手行动的频率，并被提前告知每一个观察值将从哪一个子样本中抽取的情况下做得一样好。从而普遍一致性条件是这一稳健标准的特例，在普遍一致性条件下，只有一个子样本。

244　　　　为了更精确地说明这一点，假定存在类 Ψ^i 的一个集合，观察值被放入这些集合中。分类规则（classification rule）为一个映射 $\hat{\psi}^i$：$H \times S^i \to \Psi^i$。在观察到 s_t^{-i} 之前，参与人知道 h_{t-1} 和 s_t^i，而且必须使用这一信息选择一个类 $\hat{\psi}^i(h_{t-1}, s_t^i)$；这个类就成为参与人预测阶段 t 的行动的基础。这里，也许似乎有点奇怪的是，类的选择不仅依赖于历史 h_{t-1} 还依赖于 s_t^i；因为我们的第一个结论将涉及不以 s_t^i 为条件的规则，我们将推迟对这一可能性的解释，直到它变得重要了。为简化起见，我们的论述局限于具有有限个类的情况。弗登伯格和莱文（1995）在"有效类"（effective categories）的数目不会增长得太快的情况下考虑了可数个类。[7]

并不是将样本分成子样本的任意方法都没有意义——除了在观察以前，以可以利用的信息为基础，将结果分配到类中的分类规则。例如，如果一个参与人怀疑结果可能遵循一个确定性的两循环，则他能够根据是奇数阶段还是偶数阶段使用两个类。或者，如果参与人考虑到结果可能由一个一阶马尔可夫过程产生，则他能够利用前一期的结果定义类。[8]

固定分类规则 $\hat{\psi}$。给定一个历史 h_t，我们定义 $n_t^i(\psi)$ 为类 ψ 被

观察到的总次数。定义 $D_t^{-i}(\psi)$ 为向量，其元素为当观察到 ψ 时，参与人 i 的对手采用的每个战略组合已经出现的频率。例如，类可能对应于前期的行动，因此分布 $D_t^i(s^2)$ 仅仅为在前期行动为 s^2 的条件下结果的经验分布。[9]同样地，我们用 $u_t^i(\psi)$ 表示子样本 Ψ 中已经获得的平均效用。对每一个子样本，我们可以定义可能获得的效用与实际得到的效用之差为：

$$
c_t^i(\psi) =
\begin{cases}
n_t^i(\psi)\Big[\max_{s^i} u^i(s^i, D_t^{-i}(\psi)) - u_t^i(\psi)\Big] & \\
& \text{如果 } n_t^i(\psi) > 0 \\
0 & \text{如果 } n_t^i(\psi) = 0
\end{cases}
$$

245

这是在该类中已经实现的支付与采取是该类中经验分布的最优反应的固定战略得到的支付之差。（注意在某些历史阶段，类中的"损失"可能为负——当参与人"运气非常好"或"很好的猜测"时，这一情况就发生了。）我们定义总成本为 $c_t^i = \sum_{\psi \in \Psi^i} c_t^i(\psi)$。与用来选择子样本的规则 $\hat{\phi}$ 相关的普遍一致的类似物（analogue）是，时间平均成本 c_t^i/t 应该小。从而参与人做得与他知道每一个子样本中的行动频率一样好。

定义 8.3　如果对于每一个行动规则 $\rho^{-i}: H \to \overset{-i}{\textstyle\sum}$，$\limsup\limits_{t\to\infty} c_t^i/t \leqslant \varepsilon$ 相对于由 $\rho = (\rho^1, \rho^2)$ 诱导的随机过程几乎一定成立，则行动规则 $\rho^i: H \to \overset{i}{\textstyle\sum} = (\Delta(S^i))$ 是在 Ψ 条件下 ε-普遍一致的（ε-universally consistent conditional on $\hat{\Psi}$）。

当分类规则固定时，我们只参考 ε-普遍条件一致的战略。

与具有普遍一致性时一样，这一准则衡量规则是在对对手行动的外生分布进行最优化的效果。注意，它既不要求参与人进行试验以学习其对手的行动是如何随参与人自身的行动而变化的，也不要求规则在影响其对手的行动方面表现得很好。因此在匿名随机匹配的情况下，这一条件看起来是最自然而然的。为了说明这一点，有必要考虑重复进行的囚徒困境博弈，在该博弈中，参与人 2 采取针锋相对的战略。如果参与人 1 在每一个阶段欺骗，则以 ε－普遍条件一致为标准，这个战略是"最优的"：给定参与人 2 的行动的经验分布（在阶段 1 合作，在所有其他阶段欺骗），最优反应实际上总是欺骗。当然，对于有耐心的参与人 1 来说，在每一个阶段合作更好。

我们现在暂时将注意力集中到形式为 $\hat{\psi}^i(h_{t-1})$ 的规则上，该规则使得类的选择不依赖于参与人自己打算采取的行动。令 ρ^i 为一个学习规则。给定任何这种规则，我们用下面这一简单方式构造一个有条件的类似规则 $\rho^i(\hat{\psi})$：对任何历史 h_{t-1}，我们可以定义另一个历史 $h_{t-1}(\hat{\psi})$ 为被分配到类 ψ 中的过去结果的序列。（这一亚历史的长度一般小于 $t-1$。）

然后我们定义 $\rho^i(\hat{\psi})(h_{t-1}) = \rho^i(h_{t-1}(\hat{\psi}))$，也就是说，我们将原始的规则应用到对应于类 ψ 的亚历史中。这样一个条件规则的本质特征是如果原始规则是普遍一致的，那么扩展规则是普遍条件一致的。

命题 8.3 如果 ρ^i 是 ε－普遍一致的，则 $\rho^i(\hat{\psi})$ 是 ε－条件普遍一致的。

证明 我们考察在条件普遍一致性定义中的成本

$$\frac{c_t^i}{t} = \sum_{\psi \in \psi^i} n_t^i(\psi) \frac{\left[\max_{s^i} u^i(s^i, D_t^{-i}(\psi)) - u_t^i(\psi)\right]}{t}$$

因为 ρ^i 是 ε－普遍一致的，所以如果 $n_t^i \to \infty$，则 $\max_{s^i} u^i(s^i, D_t^{-i}(\psi)) - u_t^i(\psi) \leqslant \varepsilon$。另一方面，如果 $\lim n_t^i < \infty$，则 $n_t^i/t \to 0$。因此很明显 $\limsup c_t^i/t \leqslant \varepsilon$。

我们应该注意到，奥亚吉（Aoyagi，1994）的条件精确虚拟行动的模型（Aoyagi's model of conditional but exact fictitious play）与本节的条件学习规则密切相关。在这个模型中，按照最近的 L 个历史阶段对历史进行分类，这里 L 是一个固定的数。也就是说，每一个类对应于 L 个结果构成的一个序列，同时，将历史分类的规则是将历史分配到与历史的最近 L 个结果相对应的类中。正如在条件虚拟行动中那样，在每一个类中对手行动的各自的频率（separate frequency）都被记录下来。然而奥亚吉模型与本节的模型的差异在于它假设沿着每一个历史，一个参与人采取一个相对于类的频率而言是精确最优反应的行动，而不是一个平滑最优反应。在这一模型中，奥亚吉证明了，严格纳什均衡是稳定的，而且在一个具有惟一均衡的零和博弈中，边际频率收敛于该均衡。在这一模型中，对混合均衡的分析更需慎重处理；我们将在下面的第八节进行讨论。

即使老练学习程序保持稳定性，但是仍有可能引入循环，而没有这样的老练学习程序时不存在循环。这显然是成立的，因为早期的行动将趋向于相对随机，而这可能偶然建立一个将被保持下来的模式或循环。虽然在更一般的情况下这一可能性仍然存在，但是已经有人在如下模型中对这一可能性进行了研究：在模型中，参与人遵循一个相对不老练的学习程序直到识别一个循环（或者认为被识别），然后引入一个更为老练的学习程序。在这样一个条件普遍虚拟行动的变形中，奥亚吉证明了由于在老练和不老练程序之间不断的来回转换，混合均衡的稳定性被推翻。

247

8.7 折　现

到目前为止，我们一直从效用的时间平均的角度研究学习。这反映了这样一种思想：在长期中一个"好的"学习规则应该做得很好。然而，经济学家一般将人们视为没有耐心的，并将折现视为跨期偏好（intertemporal preference）的更好的模型。一般来说，对于从参与人支付的折现值的角度来看学习规则做得如何好这一问题，我们知之其少。在博弈的早期，在有许多数据可供学习之前，参与人基本上是在猜测结果将是什么。不管"学习"是有效的还是无效的，一个正好在早期猜测得很好的规则能够做得比在早期猜测得不好的规则好。而且除了猜测结果外，参与人必须猜测最可能存在哪一种数据模式。在具有很少数目的数据的情况下，只能估计一个相对较少数量的条件概率。如果其他参与人在每一个其他阶段转换战略，一种猜测是这可能是事实的参与人将比一个更关注两循环的可能性的参与人做得好。

作为这些考虑的结果，我们不希望从折现的角度比较两个任意的学习规则并确定哪个规则"更好"。我们所能期望的是，比较足够多种类的学习规则以至于可以包含"猜测"的各种各样的可能性。在这一节我们将证明，条件平滑虚拟行动规则具有一种占优特性。给定一个任意的规则 ρ^i 和任意 $\varepsilon > 0$，我们可以构思一个条件平滑虚拟行动规则，不管折现因子有多大，该规则做的比 ρ^i 差的程度不会超过 ε。

为了说明这一结论，考虑最优—反应学习规则和乔丹的 3 人便士匹配博弈。在该博弈中，如果参与人 1 采取与参与人 2 相同的行动则参与人 1 赢，如果参与人 2 采取与参与人 3 相同的行动则参与人 2 赢，如果参与人 3 采取与参与人 1 不相同的行动则参与人 3 赢。如果所有的参与人都遵循一个虚拟行动，则行动循环。然而从某种意义上来说，每一个参与人在转换行动之前等待太长的时间。例如，当参与人 1 由行动 H 转向行动 T 时，参与人 3 不会从行动 T 转向行动 H，直到参与人 1 已经转换了充分长的时间使得他采取的行动 H 的平均频率降到 1/2。平滑虚拟行动有相似的行动。然而，一个采取最优—反应规则的参与人将在其对手转换行动的下一个阶段转换行动，结果，与采取平滑虚拟行动的参与人相比，这个参与人将得到一个更高的支付（即使是从时间平均这一意义上来说）。最优反应规则做得更好的原因是，这一规则不仅正确地猜测到对手上一阶段的行动是对本阶段行动的好的预测，而且正确地猜测到相关系数是正的。如果相关系数实际上是负的，例如，如果对手在 H 和 T 之间进行确定性的交替，那么与平滑虚拟行动相比，最优反应将做得相当的差。

我们在这一节提出的基本思想是，以对手上一个阶段的行动为条件，如果对手持有这样的强烈的先验信念：本阶段的行动与下阶段的行动相同，并且在这个信念基础上选择上一阶段的行动，则通过利用一个条件平滑虚拟行动获得在两种情况下都是最好的支付（以较低的成本）是可能的。在短期中，这样一个规则的行动与最优反应的行动完全相同。在长期中，如果与在乔丹的例子中一样相关系数确实是正的，那么这一规则将继续具有与最优反应函数的行动相似的行动。然而，如果相关系数是负的，就像对手在头尾之间进行确定性的交替一样，最终，数据将推翻先验信念，条件平滑虚拟行动开始匹配对手的移动，因此这一规则比最优—反应甚至普通虚拟行动做得更好。

为了得到这一基本结论，从一个简单的情况开始会很有帮助。我们考虑一个相对于对手如何行动的特定猜测 σ^{-i} 的普通平滑虚拟行动。我们首先证明，对任意这样的猜测，我们可以设计一个平滑虚拟行动，不管折现因子有多大，它的现值不会比猜测的现值小 ε。因为平滑虚拟行动是普遍一致的，所以对于接近于 1 的折现因子，其现值不会比对手行动的经验分布的极限值的最优反应的现值低多少，然而一个特定的猜测，其现值可能会比对手行动的经验分布的极限值的最优反应的现值低很多。

引理 8.2 对任意固定战略 σ^i 和任意 ε>0，存在一个平滑虚拟行动 ρ^i，使得对任意严格递减的和为 1 的正权重 β_t 与任意 ρ_t^{-i}，有

$$\sum_{t=1}^{\infty}\beta_t\mu^i(\sigma^i,\rho_t^{-i})\leqslant\sum_{t=1}^{\infty}\beta_t\mu^i(\rho_t)+\varepsilon$$

这一引理的证明可以在弗登伯格和莱文（1995）中找到，而且这一证明基本上遵循命题 4.5 的证明思路。关键问题在于，对命题 4.5 中论点的小心应用同样使得不管时间期限有多长，时间平均损失一致有界是可能的。因为平均现值能够写成所有不同的可能时间期限上的时间平均的凸组合，这个一致有界性在折现的情况下给出了期望的

结果。

这个做得更好的猜测对手将总是采取一个单一行动的规则并不很令人感兴趣。然而，令 ρ^i 为任意确定性学习规则[10]，并令 $\varepsilon>0$ 是给定的。用集合 $\Psi^i = S^i$ 表示参与人 i 的战略集。定义分类规则 $\hat{\psi}^i(h_i) = \rho^i(h_t)$，也就是说，按 ρ^i 将采取的方式将历史分类。对于每一个 s^i，选择一个平滑虚拟行动 $\overline{BR}^i(\varepsilon, s^i)$ 使得关于 ε 满足引理 8.2，并通过将合适的平滑虚拟行动应用到选择的类的亚历史，定义一个规则

$$\hat{\rho}^i(\rho^i, \varepsilon)(h_t) = \overline{BR}^i(\varepsilon, \hat{\psi}(h_t))(h_t(\hat{\psi}))$$

因为我们证明了即使对于非固定的折现（对应于规则没有被使用的略过的阶段）引理 8.2 也成立，我们有下面一个直接的推论：

命题 8.4　对任意规则 ρ^i 和任意 $\varepsilon>0$，存在一个条件平滑虚拟行动 $\hat{\rho}^i$，使得对任意折现因子 $\delta>0$ 和任意 ρ^{-i} 有

$$(1-\delta)\sum_{t=1}^{\infty}\delta^{t-1}\mu^i(\rho_t^i, \rho_t^{-i}) \leqslant (1-\delta)\sum_{t=1}^{\infty}\delta^{t-1}\mu^i(\hat{\rho}_t^i, \rho_t^{-i}) + \varepsilon$$

这表明，即使考虑了折现，使用普遍一致性规则的"额外成本"也能够任意小，而且损失在折现因子上是能够一致有界的。从一个规范的观点来看，这一结论提出了如下论点：理性的参与人"应当"使用普遍一致性规则。这是否意味着现实的人们将倾向于使用普遍一致性规则是一个更加复杂的问题，但是这个结论并没有令预测更加不可靠。

8.8　分类策略和循环

既然分类策略趋向于允许参与人识别循环，一个自然要问的问题是在两个参与人都使用分类策略时循环实际上是否会出现。在这一节

我们考虑不依赖于参与人自己的预期行动的分类策略，在下一节我们将考虑内生分类。首先我们考虑奥亚吉的在一个混合战略均衡附近的精确条件虚拟行动（在第六节中讨论的）模型的行动。因为假定在给定条件频率的情况下参与人使用精确虚拟行动而不是平滑虚拟行动，所以他们不使用随机化战略而是随时间改变其行动。如果每一个参与人试图识别其对手的这样一个确定性变化，为了维持均衡必须引入比以具有固定滞后时间的历史为条件的模式更加复杂的模式。相对地，我们将期望一个平滑条件虚拟行动相对稳健：在一个相对于非条件平滑虚拟行动是稳定的混合均衡附近（在适当的空间），我们期望参与人以近似于均衡概率的概率随机化，从而在参与人可能考虑的任意类中的频率将趋向于保持在均衡水平附近。换言之，在一个平滑条件虚拟行动中，不存在可以识别的模式。

下面，假设两个参与人都使用"沙普利博弈"中的具有一个单一类的逻辑虚拟行动。有两个参与人而且每个参与人有三个行动的博弈及其支付见图 8—4。我们知道行动渐近于任意一个的稳定最优反应循环。回忆一下，在这一博弈中，这样一个循环开始于 (U, M)。然后参与人 1 希望转移到行动 D。在 (D, M)，参与人 2 希望转移到行动 L，然后从 (D, L) 转移到 (M, L)，再转移到 (M, R)，再转移到 (U, R)，然后回到开始时的 (U, M)。能够证明，这个循环不管是在最优反应动态中还是在近似虚拟行动动态中都是渐近稳定的。

	L	M	R
U	0, 0	0, 1	1, 0
M	1, 0	0, 0	0, 1
D	0, 1	1, 0	0, 0

图 8—4　沙普利博弈

在我们感兴趣的近似虚拟行动的情况下，循环具有永远增长的长度。于是，保持对手的行动不变，通过以上一阶段采取的战略组合为条件，每个参与人能够做得更好。假设两个参与人确实是这样做的。于是，在这九个类中的每一个，行动又一次是近似虚拟行动，而且（对于某些初始状态）行动将简单地遵循每一个类中的沙普利循环。当然，参与人可能注意到这一点并引入更老练的条件循环检测方法，但是只要他们都以完全相同的历史为条件，在每一个类中就仍然存在251 一个沙普利循环。直观上看来，一个共同的分类策略的使用很像在虚拟行动的初始条件之间公开随机化。

然而，假设两个参与人不是以完全相同的历史为条件，这产生了参与人可能不能像在他们使用完全相同的条件程序时他们所做的那样"偶尔"使他们的行动相关联的可能性。为了更好地理解这种可能性，我们考虑如下情况：在沙普利博弈中每一个参与人只以他自己对手的（但不是他自己的）上一个行动为条件。[11] 最终导致的动态系统具有 18 维，因为每一个参与人必须知道在对应于对手上一阶段行动的三个类的每一个类中，三个结果发生的次数。因为很难用解析的方法分析这样的高维系统，弗登伯格和莱文（1995）使用了一种模拟的方法。假设每一个参与人使用一个形式为 $v^i(\sigma^i) = -(1/\kappa)\sum_{s^i}\sigma^i(s^i)\log\sigma^i(s^i)$ 的平滑函数（其中 $\kappa = 10$），使得在类内，参与人使用逻辑虚拟行动。支付就是上面给出的沙普利博弈中的支付。为了初始化系统，每个参与人被赋予 12 个独立于类的初始观察。参与人 1 被赋予初始样本（1，1，10），参与人 2 被赋予初始样本（10，1，1）。给定这些频率，对参与人 1 来说采取行动 U，对参与人 2 来说采取行动 M 是最优的，这是开始沙普利循环的初始条件。图 8—5 中的图形给出了结果的联合分布的时间平均值。图中的每一条线表示一个单一结果的时间平均频率。例如，接近于 1 的前六个阶段的线对应于结果 U、M。粗水平线代表在惟一的纳什均衡中的共同频率 1/9。注意，水平轴以对数单位度量，因为这是沙普利循环发生的时间尺度。在这个模拟中，系统没有循环但是在 1 000 个阶段之后实质上收敛于纳什均衡。

　　相对地，弗登伯格和莱文还在参与人完全不以历史为条件的情况下进行了模拟。也就是说，每一个参与人使用一个单一的类，并采取对应于普通逻辑虚拟行动的行动。所有包含在初始条件中的其他参数保持在上面给出的水平不变。模拟的结果如图 8—6 所示。正如我们能够期望的那样，在大约 500 个阶段之后系统停留在一个相对稳定的循环中。一个显著的特征是对应于对角线（U，L）、（M，M）和（D，R）的频率依然接近于 0。当参与人以彼此的上一个行动为条件时情况并非如此。

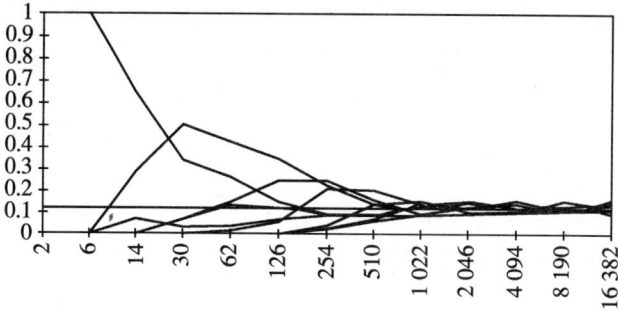

图 8—5　以对手上一阶段的行动为条件的模拟行动

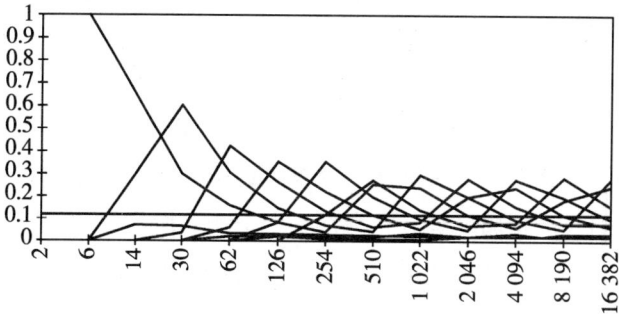

图 8—6　指数虚拟行动的模拟沙普利循环

　　一般情况下，我们不知道由以不同的历史为条件的不同参与人引入的"噪声"在何种程度上最终将引起关联断裂。如果最终引起了关联断裂，则在长期中，学习将导致纳什均衡。尽管我们已经看到在一个特定的例子中这种情况发生了，但是，这是否是一个一般的结论还是一个需要将来研究的尚未解决的问题。[12]

8.9　内省的分类规则，校准和相关均衡

我们在第六节提出的一般分类框架允许参与人以他将要采取的行动为条件，也允许参与人以历史本身为条件。直到现在，我们一直避免讨论这种"内省"规则的可能性，前面几节的正式结论也没有讨论这种规则。现在我们希望提出，内省规则可能有意义的情形。注意，相对于参与人以自己打算采取的行动为条件，参与人在沙普利循环中得到较少的效用。假设参与人在如下意义上以他们自己期望的行动为条件：没有一个类能够分配到两个这样的观察值，在这两个观察值中，参与人自己的行动是不同的。这有两个含义。第一，两个参与人不是以完全相同的历史为条件，因为每个参与人能够预期他自己的行动，但是不能预期他对手的行动。这产生了如下的可能性：参与人不能以在上面的讨论中使用的相同的方法"偶尔"与他们的导致纳什均衡的行动相关联，而在上面的讨论中参与人以对手先前的行动为条件。[13]第二，行动组合的经验联合分布必须近似于一个相关均衡。[14]这个结论可以立刻得到，因为每一个以自己的行动为条件的参与人将采取相对于对手行动的分布是近似最优反应的行动。

行动组合的经验联合分布类似于一个相关均衡与福斯特和沃拉最早提出的一个观点紧密相关，他们考虑对校准信念的最优反应。这意味着如果我们按照对对手行动的预测对阶段进行分类，则对手实际行动的频率分布收敛于预测的分布。例如，如果在预报有 50% 的机会下雨的情况中，有 50% 的时间实际下雨，我们将认为该天气预报被校准。[15]从我们的观点看来，信念校准的重要特征是信念校准意味着行动被校准。我们的意思是每一个以他自己的行动为条件的参与人

将采取相对于对手行动的分布是近似最优反应的行动，这个条件直接
导致相关均衡。

　　然而，即使使用校准规则，也存在对手"偶尔"使他们的行动相
互关联的可能性。如果他们不这样做，则我们将有更强的结论：行动
最终将类似于一个纳什均衡。需要指出的是，校准并不保证一定如
此。解释该问题的最简单方法是观察到行动的校准实际上并不要求参
与人以自己的行动为条件。如下条件是充分的：没有类能够被分配两
个这样的阶段，在该阶段中，参与人自己的行动有多于两个的不同
值。实质的问题是，如果定义在两个行动和所有结果之上的联合分布
具有如下性质，即实现的效用至少等于采取相对于定义在结果之上的
边际分布是最优反应的单个行动所得到的效用，那么实际上每一个行
动必须是以该行动为条件的最优反应。[16]特别地，如果每一个参与
人只有两个行动，那么即使他只使用一个单一的类，他的战略也是校
准的。例如，在这种情况下逻辑虚拟行动是校准的，然而在每一个参
与人具有两个行动的博弈中逻辑虚拟行动不一定收敛于纳什均衡。

　　例如，考虑乔丹（1993）提出的三个参与人、每个参与人有两个　　256
行动的便士匹配博弈。在这个博弈中，参与人 1 希望与参与人 2 匹
配，参与人 2 希望与参与人 3 匹配，而参与人 3 却希望避免与参与人
1 匹配。我们再次使用贝纳姆和赫希（Benaim and Hirsch，1994）的
结论，并且假设参与人使用逻辑虚拟行动[17]，重点关注最优反应循
环。关键是在每一个纯战略组合中每一参与人恰好可通过偏离来获
利。在一个循环的模式中，一旦他这样做了，一个对手就希望改变战
略，依此类推。乔丹还证明了，在精确虚拟行动下该循环是渐近稳定
的；贝纳姆和赫希将这个结论扩展到随机平滑虚拟行动中。而且，由
于每个参与人只有两个行动，从这个结论可以得到这个循环（几乎）
在整个相关均衡集中发生。尽管参与人是校准的且行动类似于一个相
关均衡，但是该循环同沙普利循环一样麻烦：参与人观察到他们的对
手重复采取相同行动的长序列，但仍不能预测它是否再次发生。如果

他们（都）引入以上一期的行动为条件的策略，则循环将简单地在每一个类中独立发生，等等。因此，循环中的问题本质上不是校准，而是参与人的分类规则如何结合在一起。

下面我们介绍福斯特和沃拉的结论，即设计以一个参与人自己的期望行动为条件的学习规则是可能的。为了简化起见，我们假设只以一部分历史为条件。换句话说，我们认为分类等于参与人自己的战略，即 $\Psi^i = S^i$；分类策略是 $\hat{\psi}^i(h_{t-1}, s_t^i) = s_t^i$。正式地，我们将这种情况下的普遍一致性称为校准。

定义 8.4 一个行动规则 $\rho^i : H \to \overset{i}{\Sigma}$ 是 ε - 校准的，如果对于每一个行动规则 $\rho^{-i} : H \to \overset{-i}{\Sigma}$，相对于由 ρ 诱导的随机过程，如下关系几乎一定成立：

$$\limsup_{t \to \infty} \sum_{s^i} n_t^i(s^i)[\max_{\sigma^i}\mu^i(\sigma^i, D_t^{-i}(s^i)) - \mu_t^i(s^i)]/t \leqslant \varepsilon$$

我们不采取福斯特和沃拉（Foster and Vohra, 1995）的证明方法，而是给出一个基于一个任意普遍一致性规则的简单结构。令 ρ^i 是任意的 ε -普遍一致性学习规则。假设参与人 i 预期采取行动 s^i，则他应该将 ρ^i 应用于 $h_t(s^i)$。惟一的问题是 ρ^i 没有给行动 s^i 赋予概率 1。然而，假设参与人 i 预期采取行动 σ^i。则他将以概率 $\sigma^i(s^i)$ 采取行动 s^i，从而应该采取 $\rho^i(h_t(s^i))$。因此实际上他将按照 $\sum_{s^i}\sigma^i(s^i)\rho^i(h_t(s^i))$ 采取行动。实际上，如果

$$\sigma_i = \sum_{s^i}\sigma^i(s^i)\rho^i(h_t(s^i))$$

则他预期的行动和渴望的行动在结束时是相同的。注意：$\sigma^i = \sum_{s^i}\sigma^i(s^i)\rho^i(h_t(s^i))$ 是一个从非负的单元到它自身的一个线性映射的简单的不动点问题。因此它很容易用线性代数解决。用 $\hat{\rho}^i(h_t)$ 表示这个解。

命题 8.5 如果 p^i 是 ε-普遍一致性的，则 $\hat{\rho}^i$ 是 ε-校准的。

证明　我们检验渐近平均成本

$$\frac{\sum\limits_{s^i} n_t^i(s^i)[\max_{\sigma^i}\mu^i(\sigma^i, D_t^{-i}(s^i)) - \mu_t^i(s^i)]}{t}$$

$$= \frac{\sum\limits_{s^i}\left(n_t^i(s^i)[\max_{\sigma^i}\mu^i(\sigma^i, D_t^{-i}(s^i))] - \sum\limits_{\tau\leqslant t\mid \hat{\varphi}_\tau^i = s^i}\mu^i(s^i, s_\tau^{-i})\right)}{t}$$

$$= \frac{\sum\limits_{s^i}\left(n_t^i(s^i)[\max_{\sigma^i}\mu^i(\sigma^i, D_t^{-i}(s^i))]\right)}{t} - \frac{\sum\limits_{\tau=1}^{t}\mu^i(s_\tau^i, s_\tau^{-i})}{t}$$

根据正交序列的强大数定理，在极限中 $\sum\limits_{\tau=1}^{t}\mu^i(s_\tau^i, s_\tau^{-i})/t$ 几乎一定与下式相同：

$$\frac{\sum\limits_{\tau=1}^{t}\mu^i(\hat{\rho}_\tau^i, s_\tau^{-i})}{t}$$

$$= \frac{\sum\limits_{\tau=1}^{t}\sum\limits_{s^i}\mu^i(\rho^i(h_\tau(s^i)), s_\tau^{-i})\rho^i(h_\tau(s^i))(s^i)}{t}$$

$$= \frac{\sum\limits_{\tau=1}^{t}\sum\limits_{s^i}\mu^i(\rho^i(h_\tau(s^i)), s_\tau^{-i})\rho_\tau^i(s^i)}{t}$$

其中我们使用了 $\hat{\rho}^i$ 的定义方程。再次使用正交序列的强大数定理，$\sum\limits_{\tau=1}^{t}\mu^i(s_\tau^i, s_\tau^{-i})/t$ 几乎一定具有如下相同的极限：

$$\frac{\sum\limits_{\tau=1}^{t}\mu^i(\rho^i(h_\tau(s_\tau^i)), s_\tau^{-i})}{t}$$

$$= \frac{\sum\limits_{s^i}\sum\limits_{\tau\leqslant t\mid \hat{\varphi}_\tau^i = s^i}\mu^i(\rho^i(h_\tau(s^i)), s_\tau^{-i})}{t}$$

将这个式子代入平均成本的表达式中,得到:

$$\frac{\sum_{s^i} n_t^i(s^i)[\max_{\sigma^i}\mu^i(\sigma^i,D_t^{-i}(s^i)) - \mu_t^i(s^i)]}{t}$$

$$= \frac{\sum_{s^i}(n_t^i(s^i)[\max_{\sigma^i}\mu^i(\sigma^i,D_t^{-i}(s^i))] - \sum_{\tau \leqslant t|\hat{\varphi}_\tau^i = s^i}\mu^i(\rho^i(h_\tau(s^i)),s_\tau^{-i}))}{t}$$

$$= \sum_{s^i}\frac{n_t^i(s^i)}{t}\Big([\max_{\sigma^i}\mu^i(\sigma^i,D_t^{-i}(s^i))] - \frac{1}{n_t^i(s^i)}\sum_{\tau \leqslant t|\hat{\varphi}_\tau^i = s^i}\mu^i(\rho^i(h_\tau(s^i)),s_\tau^{-i})\Big)$$

然而,因为 ρ^i 是 ε - 普遍一致性的,不管是

$$\limsup\Big([\max_{\sigma^i}\mu^i(\sigma^i,D_t^{-i}(s^i))] - \frac{1}{n_t^i(s^i)}\sum_{\tau \leqslant t|\hat{\varphi}_\tau^i = s^i}\mu^i(\rho^i(h_\tau(s^i)),s_\tau^{-i})\Big) \leqslant \varepsilon$$

还是 $n_t^i(s^i)/t \to 0$ 都给出直接的结论。(证明结束)

指出如下问题是有用的(这来自哈特和马斯-科尔(Hart and Mas-Colell,1996)的结论):不用涉及求解一个不动点问题的规则 $\sigma^i = \sum_{s^i}\sigma^i(s^i)\rho^i(h_t(s^i))$,使用迭代规则

$$\hat{\rho}^i(h_t) = \sum_{s_i}\hat{\rho}^i(h_{t-1})\rho^i(h_t(s^i))$$

就足够了,因为 $\hat{\rho}^i(h_t)$ 近似地等于 $\hat{\rho}^i(h_{t-1})$,因而近似地解决不动点问题。我们应该强调,在长期中存在许多导致相关均衡的学习规则。例如,哈特和马斯-科尔(1996)考虑采取与 $(1/t)\sum_{\tau=1}^{t}[\mu^i(s^i,D_t^{-i}) - \mu_t^i]$ 的大于零的部分成比例的战略。使用布莱克韦尔(Blackwell,1956)的可接近定理(approachability theorem),他们证明了这个规则 $\hat{\rho}^i$ 是普遍一致性的。从而得到对应的规则是普遍一致性的。他们考虑了进一步的变化,使得参与人要么采取与上一阶段相同的行动,要么以一定的概率采取另一个行动,这个概率与以对应于上一阶段采取的行动的历史为条件这个备选行动比原来的行动好的程度成比例。他们证明

了如果所有的参与人使用这种类型的规则，则每一个规则能够按照在他的环境中发生的概率为 1 的一类结果进行校准。

哈特和马斯-科尔考虑的最后的规则不是普遍校准的（universally calibrated），也就是说，他们不是按照所有对手的行动校准的。例如，假设采取与上一阶段相同的行动的概率的下界是 3/4，且博弈是便士匹配博弈。很明显，一个聪明的对手将总是采取与一个使用这个规则的参与人在上一阶段采取的行动相反的行动，因为这样做将至少有 3/4 的时间获胜，因此在这种情况下哈特和马斯-科尔规则有 3/4 的时间失败。因为他们从中得到这个最后规则的普遍校准规则 $\hat{\rho}^i$ 不是特别难以计算，所以为什么参与人应该满足于使用只在某些时候校准的规则的原因并不是那么显而易见的。

8.10 模式识别中的索斯诺模型

索斯诺（Sonsino，1997）提出了一个"模式识别"（pattern recognition）的选择模型，该模型假设参与人在不老练行动和老练行动之间转换依赖于模式是否在过去已经确定了。模式一定是纯纳什均衡序列，该序列蕴涵着参与人必须知道彼此的支付，但这一假设大概并不是本质上的。索斯诺将注意力集中在具有一般（generic）支付并满足条件——每一个在最优反应对应下封闭的战略式"子博弈"包含一个纯战略纳什均衡——的博弈上。[18]关于"不老练行动"的假设形式近似于桑奇里科（Sanchirico，1966）和赫肯斯（Hurkens，1995）所假设的参与人至少具有某个跟随最优反应动态的机会。索斯诺做了许多其他关于学习过程的极专业的假设，并证明系统全局收敛于一个通过纯纳什均衡的循环。如果存在足够的初始随机性，则非平凡循环的确定具有正的概率。

不像前面的讨论中用到的专家或条件平滑虚拟行动，索斯诺考虑循环的准确识别。也就是说，一个循环要么以概率 1 被识别要么就根本没有被识别。这引起了一些值得注意的复杂问题。举个例子来说，识别循环的一个方法是假设一个循环 *ABAC*，如果它被重复了足够多的次数，则认为这个循环被识别了。然而，在博弈早期也许没有循环，只是在博弈已经进行了一段时间以后，循环才出现。我们希望参与人也能够识别这些循环，因此如果一个循环在最近发生足够多次则它被识别这个假设似乎是合理的。但是这会新增一些困难：特别地，假设事件序列 *ABABABAC* 重复出现三次，然后是序列 *ABABABA*。令循环识别的规则是，如果一个模式在历史结束时重复了三次，则它被"识别"。在这个例子中，模式 *ABABABAC* 在历史结束时已经重复三次了，因此当接着出现 *ABABABA* 时，参与人会期望接着出现 *C*。然而，模式 *AB* 在历史结束时也重复了三次，因此当接着出现 *A* 时，参与人会期望接着出现 *B*。在这个例子中，有两个模式被"识别"，而且每一个模式产生不同的结论。索斯诺建议对循环识别程序进行限制以消除这种不确定性。

注意，在条件虚拟行动中，不管是弗登伯格和莱文（1995）讨论的平滑虚拟行动还是奥亚吉（Aoyagi, 1994）讨论的精确虚拟行动，这类问题不一定出现，因为这些模型考虑对历史分类的更一般的规则。例如，按照奥亚吉，如果我们按照最后的 *L* 个结果对历史进行分类，并通过设定 *L* = 1 来简化分析，则在 *A* 之后出现 *B* 的频率是 80%，出现 *C* 的频率是 20%，因此实际上这是"期望"接下来发生什么。更一般的是，条件虚拟行动模型允许使用任意的规则对历史进行分类，而且在一个给定类中观察到的行动不一定在每一次观察到该类时都相同。这样，索斯诺的论文能够被看作是研究随着一种特定的分配规则而出现的困难。

当我们有像 *ABCAABCDABCADABCDCCAB* 这样的一个序列，在这个序列中 *AB* 之后总是 *C*，即使本质上不存在循环 *ABC*，此时会出现另一个准确模式识别中的问题。该模式可以被识别这个观点似乎是有意义的,尽管它不能用索斯诺的方法识别。值得注意的是,只要 $L \geqslant 2$,一个条件(平滑的或者是精确的)虚拟行动就能够识别这一模式。

8.11 操纵学习程序

本书以及最近的博弈论文献将注意力集中在短视学习程序上,这不是因为参与人不关心未来,而是在战略的意义上缺乏对相对于对手未来的行动及当前行动结果的关注。我们已经通过有时偶尔参考大群体模型证实了这一点。

本节讨论两个相关的论点。第一,尽管在"相似"博弈之间进行外推(extrapolation)的思想表明,相关群体可能是比较大的,即使只有极少数人正好参与问题中的博弈,但是还存在一些相关群体必须被看做小群体的有趣情形,因此人们对考虑小群体情况有一些兴趣。这样产生了一个重要问题:一个参与人会试图操纵其对手的学习过程,并试图"教导"他如何进行博弈。这个问题已经在"信誉效应"模型中被广泛地研究过了,但是该模型假设纳什均衡不在学习理论之中。第二个问题是由埃利森(Ellison,1994)提出的,他考虑了在我们用来证明短视是合理的大群体匿名随机匹配模型中扩散效应的可能性。埃利森在某些条件下证明了即使在这个设定中,对一个更理性的参与人来说仍有教导其对手如何进行博弈的机会。特别地,如果更理性的参与人相对群体规模而言具有足够的耐心时,这是正确的;但如果群体规模相对于他的耐心较大时(即极限的顺序起作用),这是不正确的。

8.11.1 信誉模型

开始理解如何教导一个对手进行博弈的一个简单假定是想像一个参与人是短视的并采取我们在本书中讨论的那种学习程序,而另一个参与人是老练的并对其对手使用这种类型的学习过程有相当好的理解。在这种情况下会发生什么呢？这个问题已经在均衡理论中被深入地研究过了，在那里这类模型被称为"有信誉的"，但是在学习理论中没有对该问题进行讨论。然而，正如卡莱和莱勒（Kalai and Lehrer，1993）证明的那样，乔丹（1991）关于均衡学习的结论可以运用到非均衡学习中，因此，我们期望，有关信誉模型的文献中的经验同样能运用到非均衡学习中。

为了在均衡环境中引入学习，应该像在乔丹模型中那样，有必要在正在进行的博弈中引入参与人角色的不确定性。也就是说，当纳什均衡及其精炼假设参与人知道彼此的战略时，他们被允许对其对手的偏好产生质疑，在许多情况下这与对其对手的战略产生质疑是一回事。像在许多关于信誉效应的文章中一样，假设有两个参与人：一个为长期参与人，一个为短期参与人。短期参与人是短视的，而且是一个"学习者"。长期参与人有许多可能的不同类型，在博弈重复时其类型保持不变，而且每一种类型对应于不同的偏好。因此，为了采取相对于该类型的行动的最优反应，短期参与人希望学习到长期参与人的类型。因为这是一个均衡理论，所以如果短期参与人具有较长期参与人的战略而言相对分散的先验信念，则如下事实是重要的，即在均衡情况下不同类型的长期参与人实际采取不同的战略。为了解决这一问题，克雷普斯和威尔逊（Kreps and Wilson，1982）、米尔格朗和罗伯茨（Milgrom and Roberts，1982）引入了承诺的偏好类型的思想，承诺的偏好类型强迫参与人不管特定的均衡是什么都必须采取某一特定的战略。

第二个必须解决的问题是短期参与人使用的学习程序的长期一致性。使用基于上鞅的上穿数的论证，弗登伯格和莱文（1992）证明，短期参与人的信念以一个均匀的速度收敛于看起来与事实等价的信念。实质上，信誉文献引入了承诺类型的思想，使得布莱克韦尔和杜宾斯的绝对连续假设正好得到满足。

如果我们现在假定长期参与人是相对有耐心的，则弗登伯格和莱文（1989）证明了长期参与人能够得到与他在阶段博弈的施塔赫尔伯格均衡中能够得到的几乎同样多的效用。其思想是长期参与人能够通过永远采取最优的事先承诺的战略保证他自己做到这一点。在非均衡学习情况下，基本的论证以一个直截了当的方式进行[19]：如果长期参与人永远采取最优的事先承诺的战略，则短期参与人将最终知道这一点，并开始采取相对于该战略的最优反应。由于长期参与人很有耐心，这意味着其得到的平均现值将接近于他采取最优的事先承诺的战略而短期参与人采取相对于该战略的最优反应时的平均现值。而且，由于短期参与人总是采取相对于某些关于长期参与人战略的信念的最优反应，长期参与人确实不能希望比这做得更好。关键在于，如果你的对手采取短视的行动，而不是采取相同的行动，则你应该像施塔赫尔伯格领导者那样行动并"教导"他如何与你博弈。

263

8.11.2　大群体中的教导

信誉模型的关键在于有耐心（或理性）的参与人可以通过自己的行动以一种显著的方式改变其对手的行动。我们自然会推测，这在我们用来证明短视行动是正当的大群体匿名随机匹配模型中是不真实的。然而，埃利森(1994)指出，由于扩散效用，这不一定是正确的。

我们可以在下面的来自埃利森的例子中最好地理解这一点。假设存在一个有 N 个代理人的同质群体，这 N 个代理人进行如图 8—7 所示的 2×2 匿名随机匹配的纯战略协调博弈。值得注意的是，这个博弈在（10，10）和（1，1）处有两个纯战略纳什均衡。其中一个，即在（10，10）处的帕累托—有效均衡（Pareto-efficient equilibrium），也是施塔赫尔伯格均衡。换句话说，一个能够教导其对手如何行动的参与人将可能教导他们采取行动 A。

	A	B
A	10, 10	0, 0
B	0, 0	1, 1

图 8—7　协调博弈

首先假设每一参与人遵循由精确虚拟行动描述的行动，事前权重为 $(0, 1)$。然后，所有参与人在第 1 阶段选择 B，结果是所有参与人在每一阶段都选择 B。下面假设由于某些原因，参与人 N 在第 1 阶段选择行动 A，并在未来所有阶段都采取虚拟行动，而从参与人 1 到参与人 $N-1$ 继续在每个阶段都采取虚拟行动。那么，不管是哪个参与人在第 1 阶段与参与人 N 相匹配，他都在第 2 阶段具有权重 $(1, 1)$，所以至少在第 10 个阶段之前必须选择 A；我们称这个参与人为参与人 1。然后，我们假设参与人 1 在第 2 阶段没有与参与人 N 匹配，而是与某个其他参与人 2 匹配，则这个参与人 2 也将至少在第 10 个阶段之前选择 A。进一步，如果参与人 1 和参与人 2 在第三阶段与两个新的参与人 3 和 4 匹配，而不是与他们自己或参与人 N 匹配，则在第 4 阶段将有 4 个参与人选择行动 A。在第 10 阶段之前的每个阶段，采取行动 A 的参与人的数量翻番的概率大于零，因此，如果 N 足够小，则每一个参与人在第 9 阶段采取行动 A 的概率大于零，以至于从那个阶段开始参与人只会采取行动 A。

现在假设参与人 N 是理性的，并且他知道其他所有参与人遵循虚拟行动。则通过只在第一阶段采取行动 A 并在随后的所有阶段采取虚拟行动，参与人 N 知道，在 10 个阶段内整个群体将永远移动到帕累托—偏好均衡（Pareto-preferred equilibrium）$(10, 10)$ 的概率是非零的。[20] 对于一个小的折现因子，引致这个转变的短期成本可能超过收益的期望折现值。事实上，对于任何固定的折现因子，当群体规模增大时，期望折现值将变小，因为改变其他 M 个参与人的行动至少需要 $\log (M)$ 个阶段。然而，改变取极限的顺序将改变这个结论：如果理性的代理人在第一个阶段采取行动 A，则对于任何固定的群体，存在某一个期限 T，使得所有代理人从第 T 阶段开始采取行动 A 的概率大于 0。因此，如果理性的参与人的折现因子充分接近 1，采取行动 A 得到的收益将超过采取行动 A 的成本。埃利森计算出，如果折现因子超过 0.67，则这一个简单但非短视的战略将改变在规模为 100 的群体中的天真的参与人，而且，即使是在规模为5 000的群体中，如果折现因子超过 0.94，则老练行动将产生更高的支付。[21]

此外，值得注意的是，不管折现因子是多少，如果幼稚的行动能够导致他所偏好的均衡，则理性参与人没有动机采取老练的行动。埃利森证明了相反的结论是不正确的：一般来说，在 2×2 协调博弈中，即使当理性参与人偏好其他均衡时，他也不能指导博弈向那个方向进行，除非这个"偏好"的均衡也是风险占优的：参与人从风险占优均衡中发现"扩散"得太快了以至于他无法把握。

同样值得注意的是，在这个例子中，在大群体中"教导"对手的动机对于参与人采取的噪声行动并不稳健。如果参与人随机化，则即使没有理性的"教导者"的干预，扩散也可能发生。因此干预的动机就减少了。下面的例子说明了即使在具有"少"量噪声的情况下，扩散在多大程度上会发生。考虑如图 8—8 所示的一般的协调博弈（埃利森的对应于 $a=10$ 的例子）。这里我们假设 $a>1$，因此 (A, A)（原文是"A，A"，与本书其他地方对战略组合的表示方式不符。——译者注）是帕累托—偏好均衡。假设参与人不采取通常的确定性虚拟行动，而是采取平滑虚拟行动。如果平滑函数为

$$v^i(\sigma^i) = \sum_{s^i} - \sigma^i(s^i)\log\sigma^i(s^i)$$

正如我们在第 4 章中看到的，平滑最优反应为

$$\overline{BR}^i(\sigma^{-i})[s^i] \equiv \frac{\exp(1/\lambda)\mu^i(s^i,\sigma^{-i})}{\sum_{r^i}\exp(1/\lambda)\mu^i(r^i,\sigma^{-i})}$$

如果参与人的行动收敛于一个对称的确定性定态，在该定态下，每一个参与人以概率 σ_A 采取行动 A，则利用强大数法则的标准扩展式，经验分布将以概率1收敛于相同的极限。[22]渐近经验主义意味着评估沿任何路径收敛于这一极限值使得在定态有

$$\sigma_A = \overline{BR}^i(\sigma_A) = \frac{\exp((1/\lambda)a\sigma_A)}{\exp((1/\lambda)a\sigma_A) + \exp((1/\lambda)\sigma_B)}$$

这对应于麦凯尔维和帕尔弗里（McKelvey and Palfrey, 1995）的"可数性反应均衡"。一个考虑是对每一个 $a>1$ 存在一个足够大的 λ（即足够的噪音）使得这一等式具有惟一的结果而且该结果满足 $\sigma_A > 0.5$，也就是说，帕累托—偏好的行动更有可能。

	A	B
A	a, a	0, 0
B	0, 0	1, 1

图 8—8　一般协调博弈

为了说明定态的噪声的数量上的显著性，我们用 $b_A(\lambda) = \overline{BRi}(\sigma_A=0)$ 度量噪声的规模，当评估为 B 发生的概率是 1 时使用行动 A 的概率（在通常的虚拟行动中，这个概率为 0）。对于每个 a，我们能够计算 $b_A(\lambda)$ 的最小值，对于这个最小值存在惟一对称的定态，以及 σ_A 的定态值。这公布在表 8—1 中。在埃利森的例子中，即使 1% 的噪声也足够保证一个惟一的定态，在该定态下（在计算机的精度极限内）参与人有 100% 的时间采取行动 A。然而，表 8—1 说明了扩散效应是多么的显著：当帕累托—偏好均衡只是 10% 的改进时（$a=1.1$），一个 10% 的噪声率导致惟一的均衡，在这个均衡中，参与人有 85% 的时间采取行动 A。如果不管怎样系统将收敛于一个令人满意的定态，则理性参与人干预的动机很小。

表 8—1　　　　　　　　　　　噪声对定态的冲击

a	$b_A(\lambda)$	σ_A
1.1	10.0%	85%
1.3	8.3%	95%
1.5	6.3%	99%
2	4.7%	100%
3	2.9%	100%
4	2.2%	100%
6	1.5%	100%
7	1.2%	100%
10	1.0%	100%

这个例子说明了几个事情。第一，在有噪声的环境中"教导"对手的动机变弱，而且对于参与人来说采取短视的行动更合理。这并不是说，在具有一个理性参与人的噪声模型中，结果与没有噪声的标准虚拟行动模型的结果相同，在没有噪声的标准虚拟行动模型中所有参与人都是短视的。从这个例子得到的第二点是，少量的噪声再一次能够用来在无噪声模型的长期结果中进行选择。

参考文献

Aoyagi, M. 1994. Evolution of beliefs and the Nash equilibrium of normal form games, *Journal of Economic Theory* 70:444-469.

Benaim, M., and M. Hirsch. 1994. Learning processes, mixed equilibria and dynamical systems arising from repeated games. Mimeo. University of California at Berkeley.

Blackwell, D. 1956. An analog of the minmax theorem for vector payoffs. *Pacific Journal of Mathematics* 6:1-8.

Blackwell, D., and L. Dubins. 1962. Merging of opinions with increasing information. *Annals of Mathematical Statistics* 38:882-886

Chung, T. 1994. Approximate methods for sequential decision making using expert advice. *Proceedings of the 7th Annual ACM Conference on Computational Learning Theory*, 183-189.

Desantis, A., G. Markowski, and M. Wegman. 1992. Learning probabilistic prediction functions. *Proceedings of the 1988 Workshop of Computational Learning*, 312-328.

Ellison, G. 1994. Learning with one rational player. Mimeo. Massachusetts Institute of Technology.

Feder, M., N. Mehrav, and M. Gutman, 1992. Universal prediction of individual sequences. *IEEE Transactions on Information Theory* 38: 1258-1270.

Foster, D. , and R. Vohra. 1993. Calibrated learning and correlated equilibrium. Mimeo. Wharton School.

Foster, D. , and R. Vohra. 1995. Asymptotic calibration, Mimeo. Wharton School.

Foster, D. , and R. Vohra. 1996. Regret in the on-line decision problem. Mimeo. Wharton School.

Freund. Y. , and R. Schapire. 1995. A decision theoretic generalization of on-line learning and an application to boosting. *Proceedings of the Second European Conference on Computational Learning*. New York: Springer, pp. 23-27.

Fudenberg, D. , and D. K. Levine. 1989. Reputation and equilibrium selection in games with a patient player. *Econometrica* 57:759-778.

Fudenberg. D. , and D. K. Levine. 1992. Maintaining a reputation when strategies are imperfectly observed. *Review of Economic Studies* 59:561-579.

Fudenberg. D. , and D. K. Levine. 1995. Conditional universal consistency. Mimeo. University of California at Los Angeles.

Fudenberg. D. , and D. Kreps. 1993. Learning mixed equilibria. *Games and Economic Behavior* 5:320-367.

Grenander. U. 1981. *Abstract Inference*. New York: Wiley.

Hart, S. , and A. Mas-Collel. 1996. A simple adaptive procedure leading to correlated equilibrium. Mimeo. Hebrew University.

Hurkens, S. 1995. Learning by forgetful players: From primitive formations to persistent retracts. *Games and Economic Behavior* 11: 301-329.

Jordan, J. 1991. Bayesian learning in normal form games. *Games and*

Economic Behavior 5:368-386.

Jordan. J. 1993. Three problems in learning mixed strategy equilibria. *Games and Economic Behavior* 5:368-386.

Kalai. E. , and E. Lehrer. 1993. Rational learning leads to Nash equilibrium. *Econometrica* 61:1019-1045.

Kalai, E. , E. Lehrer, and R. Smorodinsky. 1995. Calibrated forecasting and merging. Mimeo, MEDS 1144. Northwestern University.

Kivinen, J. , and M. Warmuth. 1993. Using experts in predicting continuous outcomes. *Computational Learning Theory: EURO COLT*. New York: Springer, 109-120.

Kreps, D. , and R. Wilson. 1982. Reputation and imperfect information. *Journal of Economic Theory* 27:253-279.

Littlestone, N. , and M. Warmuth. 1994. The weighted majority algorithm. *Information and Computation* 108:212-261.

Loeve, M. 1978. *Probability Theory* II. Berlin: Springer.

McKelvey, R. , and T. Palfrey. 1995. Quantal response equilibria for normal form games. *Games and Economic Behavior* 10:6-38.

Milgrom, P. , and J. Roberts. 1982. Predation, reputation and entry deterrence. *Econometrica* 50:443-460.

Nachbar, J. 1997. Prediction, optimization and learning in repeated games. *Econometrica* ,65:275-309.

Sanchirico. C. 1996. A probabilistic model of learning in games. *Econometrica* 64:1375-1393.

Sonsino, D. 1997. Learning to learn, pattern recognition and Nash equilibrium. *Games and Economic Behavior* 18:286-331.

Vovck, V. 1990. Aggregating strategies. *Proceedings of the 3rd Annual Conference on Computational Learning Theory* ,371-383.

Watson, J. 1993. A "reputation" refinement without equilibrium.

Econometrica 61:199-205.

Watson, J., and P. Battigalli. 1997. On "reputation" refinements with heterogeneous beliefs. *Econometrica* 65:363-374.

【注释】

[1] 为简化符号，我们主要将注意力限定在确定性分类规则上。

[2] 显然，不失一般性，假设存在大于零的权重；可靠模型的集合正好是概率分布的支撑集。下面我们将讨论可靠模型的集合是无限不可数的情况。

[3] 我们下面将讨论耐心这个问题。

[4] 这一例子中的可靠集令人联想起摩擦战博弈中的均衡行动，在该博弈中，一旦参与人屈服了，他就必须从此永远屈服，所以如果"战争"一直持续下去，参与人的战略空间就简化为选择屈服的时间。这一摩擦战博弈有两个纯战略均衡结果："参与人1在一开始就屈服而参与人2坚持"和"参与人2在一开始就屈服而参与人1坚持"。这些结果对应于一个参与人总是坚持而另一个参与人总是屈服的重复博弈的均衡，这就是在重复博弈中相伴的（associated）不对称先验信念满足绝对连续的原因。摩擦战博弈在混合战略中也有对称均衡，该对称均衡对应于重复博弈中的对称先验信念。然而同样由于相伴的（associated）信念不满足绝对连续，这个混合均衡并不是重复博弈的均衡：如果对手的战略是战略上的随机化，且所有的战略都规定一旦参与人屈服，她将继续屈服，因此一个特许时间（concession-time）战略将不是一个最优反应。正如卡莱和莱勒所提到的，根据定义摩擦战博弈的所有这三个均衡在摩擦战博弈自身中满足绝对连续，但摩擦战博弈并不是一个重复博弈。

[5] 注意，$u^i(\rho_t(h_{t-1}))$ 并不需要时间下标，因为按照定义规则 $\rho_t(h_{t-1})$ 仍然是一个行动的选择而不是一个专家的选择。等价地，我们能够将学习规则定义为一个专家的选择，在这种情况下，效用将取决于历史数据。自然地，计算效用的这两种方式实际产生相同的答案。

[6] 本节中的讨论遵循弗登伯格和莱文（1995）。

[7] 在非参数统计文献中，这一可数个类的情况被认为是筛选法。例如，参见 Grenander（1981）。

[8] 需要引起注意的是，要求每一部分历史都被分到惟一的一个类中并没

有它看起来那么严格，因为给定两个具有有限个类的分类策略（例如，一个策略用奇数阶段和偶数阶段进行区分，第二个策略则考虑前期的行动），我们能够构造一个新的策略，该策略对应于这两个划分的最粗糙的一般精炼（即结合）。

[9] 奥亚吉和索斯诺考虑的这一规则对应于通过对手的"最近"的过去的行动进行的分类。

[10] 可以将其直接扩展到随机规则。

[11] 奥亚吉（Ayoyagi, 1994）也考虑了一个例子，在这个例子中，两个参与人使用不同的类对观察值进行分类。然而，在他的例子中，参与人使用类中的精确虚拟行动，因此具有更加精炼的分类策略的参与人能够利用具有相对不那么精炼的分类策略的参与人。这在逻辑虚拟行动中不可能发生。

[12] 桑奇里科（Sanchirico, 1996）和索斯诺（Sonsino, 1997）最近的文章强调噪声的另一个含义：它能够确保长期行动结束于博弈的一个"最小 CURB集"（见第 4 章）。这是一个有趣的事实，但是与我们这里讨论的事实有很大差异，因为在沙普利博弈中最小 CURB 集是整个博弈。

[13] 福斯特和沃拉（Foster and Vohra, 1995）考察了仅仅以参与人自己的期望行动为条件的情况，并给出了收敛于纳什均衡的模拟结果，这与上面讨论的参与人以他们对手先前的行动为条件的情况非常相似。

[14] 然而，除非相关均衡实际上是纳什均衡，否则经验联合分布不能收敛，而必定从一个相关均衡转移到另一个相关均衡。

[15] 这个校准的概念可以和预测者的预测相同的所有历史放在一起。通过以所有的历史为条件精炼这个概念导致一个与一致性的统计概念密切相关的概念。卡莱、莱勒和斯摩罗丁斯基（Kalai, Lehrer and Smorodinsky, 1996）详细讨论了这个关系。

[16] 更一般地，从直接的代数运算可以得到：如果定义在所有行动和所有结果之上的联合分布具有如下性质，即实现的效用至少等于采取相对于定义在结果之上的边际分布是最优反应的行动所能够得到的效用，则不存在具有大于零的概率的行动是对定义在以该行动为条件的结果上的分布的最差反应。

[17] 我们隐含地假设当存在多于两个的参与人时，对手行动的组合被当作一个单一的结果对待。这意味着每一个参与人追踪对手行动的联合分布。乔丹实际上建议，假设对手的行动是独立的，则参与人通过保持每一个对手的分离

的分布（separate distribution）采取虚拟行动。然而，在这个特殊的博弈中，这两个程序之间不存在区别，因为每一个参与人只关心一个对手的行动。

[18] 这里，一个战略式博弈的"子博弈"是通过将每一个参与人限制到某一个初始战略的子集中而得到的。如果集合中的战略组合的所有最优反应都在这个集合中，即 CURB 集的定义（参见第 4 章），则一个"子博弈"在最优反应对应下是封闭的。然而从索斯诺的意义上而言，并不是所有的 CURB 集都是子博弈，因为一个 CURB 集不要求是一个积集。例如，由两个严格纳什均衡构成的集合是一个 CURB 集但不是一个子博弈。

[19] 实质上，沃森（Watson, 1993）、沃森和巴蒂盖利（Watson and Battigalli, 1997）进行了这一论证，他们将纳什均衡弱化为可理性化均衡。

[20] 如果这种转移在前 10 个阶段没有发生，则只观察到一次行动 A 的参与人将在第 11 阶段转而采取行动 B，但是以在前 10 个阶段观察到两次或者更多次行动 A 的参与人为基础，扩散仍有机会重新开始。

[21] 从某种意义上而言，这些计算可能夸大这种情况，因为使用具有较不极端的支付差异的博弈将产生较不显著的数量。另一方面，如果像指数加权那样，参与人给更接近现在的观察分配更大的权重，则教导对手的动机比计算中的动机更大。

[22] 例如，弗登伯格和克雷普斯（1993）。这与标准强大数定理惟一的区别在于在每一个阶段 t 的分布依赖于该阶段的历史。

索 引

A

Aggregate monotonicity，总体单调性，76-77，142

Aggregate statistic model，总体随机模型，6，

Alternating-move Cournot dynamic，交替行动的古诺动态，11

Anticipatory learning models，期望学习模型，10n.8

Approximation theory，statistic，逼近理论，随机，46，130-133

Aspiration level，期望水平，70，122-123，128，129

Assessment，估价，评估，31，104，194

Asymmetric coordination game，非对称协调博弈，55-56

Asymmetric population，非对称群体，7

Asymmetric replicator models，非对称模仿者模型，63-66

Asymptotically myopic behavior rule，渐近短视行为法则，104，104n.3

Asymptotic empiricism，渐近经验主义，46，101，103-105，265

当代世界学术名著·第一批书目

图书在版编目（CIP）数据

博弈学习理论
［美］弗登伯格（Fudenberg D.），［美］莱文（Levine D. K.）著；肖争艳，侯成琪译.
北京：中国人民大学出版社，2009
（当代世界学术名著）
ISBN 978-7-300-05747-7

Ⅰ. 博…
Ⅱ. ①弗…②莱…③肖…④侯…
Ⅲ. 对策论-应用-经济
Ⅳ. F224.32

中国版本图书馆 CIP 数据核字（2008）第 171254 号

当代世界学术名著
博弈学习理论
［美］朱·弗登伯格　戴维·K·莱文　著
肖争艳　侯成琪　译
陈彦斌　校

出版发行	中国人民大学出版社				
社　　址	北京中关村大街 31 号		**邮政编码**	100080	
电　　话	010 - 62511242（总编室）		010 - 62511398（质管部）		
	010 - 82501766（邮购部）		010 - 62514148（门市部）		
	010 - 62515195（发行公司）		010 - 62515275（盗版举报）		
网　　址	http://www.crup.com.cn				
	http://www.ttrnet.com（人大教研网）				
经　　销	新华书店				
印　　刷	河北涿州星河印刷有限公司				
规　　格	155 mm×235 mm　16 开本		**版　　次**	2004 年 7 月第 1 版	
印　　张	22 插页 2		**印　　次**	2009 年 1 月第 3 次印刷	
字　　数	287 000		**定　　价**	44.00 元	